◎ 本书为湖南省哲学社会科学基金青年项目（21YBQ107）、湖[
　（2023JJ30109）、湖南省教育厅科学研究优秀青年基金项目（18B
　评审委员会项目（XSP21YBC218）和湖南省教育科学规划项目（XJI

◎ 本书获湖南财政经济学院学术专著出版基金资助。

U0636582

基于行为偏好的
低碳供应链定价决策
优化研究

邹 浩 著

湖南师范大学出版社

·长沙·

图书在版编目(CIP)数据

基于行为偏好的低碳供应链定价决策优化研究 / 邹浩著.—长沙:湖南师范大学出版社,2023.11

ISBN 978-7-5648-5070-8

Ⅰ.①基… Ⅱ.①邹… Ⅲ.①供应链管理—节能—定价决策—研究 Ⅳ.①F252.1

中国国家版本馆 CIP 数据核字(2023)第 177411 号

基于行为偏好的低碳供应链定价决策优化研究

Jiyu Xingwei Pianhao de Ditan Gongyinglian Dingjia Juece Youhua Yanjiu

邹 浩 著

◇出 版 人:吴真文
◇组稿编辑:李　阳
◇责任编辑:李健宁　李　阳
◇责任校对:王　璞　谢兰梅
◇出版发行:湖南师范大学出版社
　　　　　地址/长沙市岳麓区　邮编/410081
　　　　　电话/0731-88873071　0731-88873070
　　　　　网址/https://press.hunnu.edu.cn
◇经销:新华书店
◇印刷:长沙市宏发印刷有限公司
◇开本:710 mm×1000 mm　1/16
◇印张:12
◇字数:260 千字
◇版次:2023 年 11 月第 1 版
◇印次:2023 年 11 月第 1 次印刷
◇书号:ISBN 978-7-5648-5070-8
◇定价:69.00 元

凡购本书,如有缺页、倒页、脱页,由本社发行部调换。

投稿热线:0731-88872256　微信:ly13975805626　QQ:1349748847

前　言

　　面对全球气候变化问题,世界众多国家在控制碳排放方面已达成广泛共识,尤其是部分国家已开始实施多种碳减排政策,其中碳交易和激励企业投资碳减排等策略,由于比较成熟和操作性强,已被包括中国在内的很多国家作为减排重要措施积极推广。在我国政府提出的"双碳"目标实施中,一方面,考虑到社会经济发展中各个产业行业环环相扣且互为支撑,因此基于供应链研究碳减排优化决策将更具有合理性。另一方面,企业投资减排设备和技术会增加企业的额外成本,又进而会影响到企业的产品定价决策。基于此,考虑碳交易机制和企业碳减排投资对企业定价决策行为的影响特征,研究低碳供应链最优定价决策问题,就具有重要的理论与现实意义。

　　本书以制造商主导的低碳供应链为研究对象,综合考虑碳交易机制、成员企业碳减排投资、消费者低碳偏好等因素的影响,在分析供应链成员企业行为偏好对其决策行为影响机理的基础上,分别从点、线、网的视角,研究了供应链成员企业单独定价、单条供应链协调定价和供应链网络均衡定价等问题。

　　首先,结合碳交易机制、碳减排投资、消费者心理偏好等,明确低碳供应链的内涵与特征,在此基础上进一步分析了消费者低碳偏好、供应链成员企业利润分配公平关切以及市场销售风险规避等行为因素,对低碳供应链成员企业的相关决策行为的影响规律。

　　其次,从节点视角,运用博弈理论和行为运作方法,分别构建了考虑利润分配公平关切、市场销售风险规避、公平关切且风险规避下的成员企业单独定价决策模型,探讨了单行为因素和多行为因素对低碳供应链定价与减排决策的影响;同时,进一步基于契约视角,以实现成员企业利润分配协调为目标,运用契约协调理论分别针对制造商的公平关切行为和风险规避行为,构建了碳减排成本分担契约模型，有效营造了供应链成员实现经济与环保的双赢局面。

最后，针对市场中由多条供应链交织构成的供应链网络，考虑碳交易机制、公平关切特征与风险规避特征，基于变分不等式理论构建了零售商库存能力约束下的低碳供应链网络均衡定价模型，并设计修正投影收缩算法进行求解和计算分析，以优化确定低碳供应链网络中的最佳订购量、批发价格以及低碳减排投资策略。

通过上述系统研究，本书致力于构建基于行为偏好视角的低碳供应链定价决策优化理论与方法，为低碳供应链成员企业定价与减排提供理论支持与决策依据，增强我国低碳供应链决策的科学性与可持续性。

本书是湖南省哲学社会科学基金青年项目(21YBQ107)、湖南省自然科学基金项目（2023JJ30109）、湖南省教育厅科学研究优秀青年基金项目(18B484)和湖南省社会科学成果评审委员会课题(XSP21YBC218)等项目的研究成果，它包括近年来在 *Journal of Cleaner Production*、《铁道科学与工程学报》、《计算机集成制造系统》、《统计与决策》等国内外期刊发表的相关论文；同时，本书出版得到了湖南财政经济学院学术专著资助基金资助，希望本书的出版能为我国低碳供应链成员企业的定价与减排决策的理论方法和实证分析提供可以借鉴的新思路。

在本书写作过程中，笔者力争全面参考和述评国内外同行学者有关低碳供应链运营管理决策的研究成果，但由于水平有限，加上时间仓促，书中难免存在疏漏与不妥之处，敬请有关专家、同行和广大读者批评指正。

邹　浩

2023 年 7 月

目　录

绪　论

一、选题背景与意义

近年来,随着高新技术不断革新,全球经济得到了快速发展,但随之而来的温室效应也日趋严重。[①] 由于全球气候变暖,人类面临的外部自然环境越来越复杂,直接影响着人类的可持续发展,这引起了世界各国的持续关注。许多国家试图通过法规来控制碳排放。例如 1997 年的《京都议定书》对参与国家的排放目标进行了规定,2009 年的《哥本哈根协议》提出根据 GDP 控制减排额,2015 年的《巴黎协定》对 2020 年后的减排问题提出要求等。然而,相关数据表明全球温室气体总排放量还在缓慢增长。[②] 根据全球碳计划发布的数据,2018 年全球能源消耗的二氧化碳排放总量增加了 1.7%。[③] 其中,中国能源消耗的二氧化碳排放总量增加了 2.5%,达到 95 亿吨,约占全球总量的28.7%。为了表明碳减排的决心,中国政府已两次提出明确的减排目标,其中2009 年首次提出 2020 年的碳排放量降至 2005 年的 55%～60%,2015 年进一步提出 2030 年的碳排放量降至 2005 年的 35%～40%。显然,在相当长的一段时间内,中国因经济发展导致碳排放总量继续增加,中国将承受越来越大

[①]　DING H P, ZHAO Q L, AN Z R, et al. Collaborative mechanism of a sustainable supply chain with environmental constraints and carbon caps[J]. International Journal of Production Economics, 2016, 181:191-207.

[②]　MICHEAL M. A global carbon market? [J]. Frontiers of Engineering Management, 2019, 6 (1):5-18.

[③]　SUN L C, CAO X X, ALHAREHI M, et al. Carbon emission transfer strategies in supply chain with lag time of emission reduction technologies and low-carbon preference of consumers[J]. Journal of Cleaner Production, 2020, 264:1-16.

的压力以减少其碳排放量。

作为世界制造工厂，中国也在积极减少碳排放并努力参与可持续发展。2020 年 9 月，中国政府领导人首次提出力争于 2030 年前达到碳峰值，2060 年前实现碳中和的减排目标（简称"双碳"目标）。同时，为了抓紧落实该目标，2021 年 10 月 24 日，中国政府已印发《2030 年前碳达峰行动方案的通知》。"双碳"目标是指国家每年排放的二氧化碳不再增长，并通过植树造林、减排投资等策略吸收所有排放量，从而实现碳中和的目的。"双碳"目标从国家可持续发展的角度对各行各业提出了排放要求，包括质量标准、时间下限等，这对相关企业的减排决策提出了新的挑战，并进一步使得企业减排技术投资日益凸显。为了满足政府因"双碳"目标而设置的排放约束，企业的生产、定价、减排决策成了管理的重点。而由于"双碳"目标涉及面广且任务重，因此有必要从供应链的角度审视"双碳"目标下相关企业的决策过程，以达到快速降低系统排放量的目的。实践证明，低碳供应链管理是降低产品碳足迹的有效手段，能为"双碳"目标的实现提供有力的方法指导。

通过市场机制来调节碳排放量对"双碳"目标的可持续实施具有重要意义。此时，碳交易机制成了实现"双碳"目标的重要手段。与命令控制和劝说鼓励相比，碳交易机制作为一种经济刺激手段，在减少碳排放方面更有效。[①] 碳交易制度的特点是政府向企业免费分配碳配额，企业可以根据实际排放量出售或购买额外的配额。[②] 例如，欧盟排放交易计划、中国限额与交易制度以及韩国的碳交易体系都是成功的解决方案。2012 年以来，为了激励企业落实碳减排政策，中国已经在北京、上海、深圳等 8 个城市进行了碳交易试点。目前，全国碳排放权交易市场已于 2021 年 7 月 16 日投入运转，数据显示当日累计市场成交量就达 410 万吨。因此，基于"双碳"大背景，考虑碳交易政策与减排技术投资，研究低碳供应链相关企业生产运营管理、减排决策等问题具有一定的现实价值。

消费者对产品的低碳偏好直接影响企业的减排决策过程，其对"双碳"目标的实现具有较强的推动作用。生活中，为倡导低碳消费，政府通过碳标签引

---

① HUA G, CHENG T, WANG S. Managing carbon footprints in inventory control[J]. International Journal of Production Economics, 2011, 132 (2):178-185.

② LIU L W, CHEN C X, ZHAO Y F, et al. China's carbon-emissions trading:overview, challenges and future[J]. Renewable and Sustainable Energy Reviews, 2015, 49:254-266.

导顾客购买绿色产品。例如,2005 年中国出台的能源标签计划,涉及家电、汽车等行业,对引导消费者购买低碳环保型产品具有重要意义。① 中国能源标签计划通过政府补贴政策,不仅鼓励了企业为生产低碳产品而主动进行碳减排技术投资,也改变了消费者的购买偏好。根据美国客户的调查,环保产品越来越受到消费者的青睐,将近 85.7% 的被调查者表示愿意为环保产品支付更多的费用。越来越多的顾客关注产品的环境属性,并且这种低碳偏好正在逐步稳定增长。② 这种消费偏好将给低碳产品带来一个附加市场,可能抵消了低碳产品与普通产品之间的价格差距。正因如此,企业具有实施低碳技术的巨大动力,从而鼓励企业生产和销售低碳密集型产品。实际上,减少排放量对上游企业品牌的形象影响更大,而不是对其利润产生更大的影响,从而推动了品牌追求绿色生产。③ 例如,加州一家服装公司多年来一直致力于绿色产品的生产;宜家为控制碳排放量于 2014 年对产品生产制作流程做出了更严格的规定;西门子等许多跨国企业为提高产品竞争力都将低碳环保和可持续发展作为其品牌定位。而为满足顾客低碳偏好需求,相关企业进行碳减排投资将增加额外成本,此时,企业如何根据自身产品生产计划进行减排决策具有重要现实意义。

在传统的供应链管理中,相关企业一般被假定为理性的经济个体,各成员通常以自身利益最大化为出发点进行最优决策。然而随着国家"双碳"政策的出台以及消费者低碳偏好的增强,制造企业为了适应国家发展的需要并提升市场竞争力,会积极实施减排技术。此时,碳政策、减排投资和低碳偏好等因素将使得供应链决策面临更加复杂的环境。因投资减排技术而增加额外的成本,制造企业在决策时不仅需要规避自身风险,也会关注自身是否受到公平对待。同样,因消费者低碳偏好而面临更加不确定的市场,销售企业往往表现出较强的风险规避倾向。已有研究显示,企业在进行运营管理决策时,不仅会考虑自身收益状况,还会受自身行为偏好的影响。决策者会根据自身认知情况

① JI J N, ZHANG Z Y, YANG L. Carbon emission reduction decisions in the retail-/dual-channel supply chain with consumers' preference[J]. Journal of Cleaner Production, 2017, 141:852-867.

② DU S F, HU L, SONG M L. Production optimization considering environmental performance and preference in the cap-and-trade system[J]. Journal of Cleaner Production, 2016, 112:1600-1607.

③ XIE J P, LI J, LIANG L, et al. Contracting emissions reduction supply chain based on market low-carbon preference and carbon intensity constraint[J]. Asia-Pacific Journal of Operational Research, 2020, 37(2):1-32.

和面临的外部环境,选择一个相对满意的决策策略。从而使得传统的最优理论模型与企业的实际决策出现偏差,导致完全理性的假设不能很好地解释现实中的经济行为。[①] Simon 等考虑决策者心理和认知等行为因素,提出了有限理性学说,引起了学术界的高度关注。[②] 后来,Gino 和 Pisano 将决策者行为与认知因素引入企业运作管理过程,促使行为运作管理领域的兴起。[③]

为表彰在行为经济学中的突出贡献,Kahneman 和 Smith 于 2002 年被共同授予诺贝尔经济学奖。此后,许多学者将行为决策理论分别应用到营销、金融、供应链管理等多个领域。将行为因素融入供应链管理的研究最初始于牛鞭效应的行为实验。[④] 随后,国外许多学者从不同角度研究了行为供应链决策问题,并获得了许多具有重要意义的发现,其研究成果也都发表于管理学权威期刊。近些年,国内部分学者将行为决策理论引入不同领域对其展开了研究。为了分享行为供应链领域的最新成果,从 2009 年开始,国家自然科学基金委员会每年都会召该领域的国际会议。然而,纵观已有行为供应链的相关文献,将决策者行为特征、碳排放机制以及消费者低碳偏好同时引入供应链决策过程的较少。因此,基于"双碳"大背景,考虑决策者行为偏好特征,研究低碳供应链的最优决策问题具有重要的理论意义和良好的前景。

企业进行碳减排投资有效地落实了政府碳减排的任务,是实现可持续发展的重要途径之一。因此,将消费者低碳偏好与政府碳排放机制融入低碳供应链最优决策过程具有一定的现实价值。考虑顾客对产品的低碳偏好行为、企业公平关切行为以及风险规避行为等特征,研究低碳供应链中各成员的决策过程,并揭示各行为特征对低碳供应链成员最优定价以及减排决策的作用机理,更贴近现实情况。已有关于低碳供应链决策的研究,大多考虑定价或者协调决策,而对网络决策研究较少。本书引入决策者行为偏好,分别从节点视

---

① 张鹏,张杰,马俊. 行为供应链决策模型研究文献综述[J]. 科技管理研究,2014,34(2):205-209.

② 李广海,陈通. 现代决策的基石:理性与有限理性研究述评[J]. 统计与决策,2008(3):49-52.

③ GINO F, PISANO G. Toward a theory of behavioral operations [J]. Manufacturing & Service Operations Management,2008,10(4):676-691.

④ CROSON R, DONOHUE K. Experimental economics and supply-chain management[J]. Interfaces,2002,32(5):74-82.

角、契约视角、网络视角研究了低碳供应链各成员的决策行为,丰富了低碳供应链管理的理论成果,并通过数据仿真得到了一定的管理启示,这对指导低碳供应链企业进行实践决策具有深远的管理意义。

此外,碳减排投资不仅有利于企业可持续发展,也能满足消费者低碳产品购买需求。通过对低碳供应链企业决策行为的分析,有助于制造企业实现经济低碳的发展目标并提升企业的品牌竞争力。在低碳供应链决策过程中,制造企业因低碳技术投资而增加额外成本,使得上下游企业存在一定的利益冲突。本书将成员行为特征引入低碳供应链决策过程,深入分析了行为特征对低碳供应链相关企业定价决策、利润分配以及减排决策的影响,并设计了成本分担契约进行协调,有效提高了低碳供应链相关企业的绩效。这不仅有助于指导制造企业通过谈判确保自身的利益,也可以推动政府制定相应的补贴政策,从而帮助制造企业贯彻落实国家碳交易政策并实现我国的碳减排目标。

"双碳"背景下,如何基于政府碳排放约束、消费者低碳偏好以及决策者行为特征等现状建立一个可持续且具有竞争力的低碳供应链系统,关键在于对低碳供应链的内涵与特征(碳政策、碳减排投资、低碳偏好等)进行正确界定,分析低碳供应链的竞争优势以及行为特征对低碳供应链成员决策的影响,协调供应链企业因行为决策产生的利益冲突并提升系统整体的效益,从点—线—网的角度审视低碳供应链系统并进行网络决策等。本书从一个新的视角对低碳供应链系统的决策过程进行界定,考虑碳政策、低碳偏好、减排技术投资等因素,将公平关切、风险规避、低碳偏好等行为特征引入低碳供应链定价决策过程,并采用博弈理论、效应理论、变分不等式理论、数学建模等研究方法,深入分析行为因素对低碳供应链决策的影响,为企业落实"双碳"目标提供了可靠的科学依据。

二、研究内容和框架

(一) 研究内容

本书以低碳供应链为研究对象,综合考虑碳交易机制、碳减排技术投资以及消费者低碳偏好特征,引入公平关切和风险规避两大行为因素,分别从企业单独决策视角、供应链视角以及网络视角,研究成员行为特征对低碳供应链企业定价决策的影响。具体内容如下:

绪论。首先介绍了选题的背景,指出了研究的理论价值和实践价值,接着提出了本书研究的主要内容与框架,最后概括了本书的研究思路与方法。

第一章 理论基础和研究综述。本章首先从"双碳"背景的减排策略进行分析,分别介绍了碳交易与碳减排投资策略,然后从成员定价、协调定价和网络定价的角度对本书用到的博弈理论、供应链协调理论、变分不等式理论等进行了概括,最后梳理了碳减排投资、供应链行为特征以及供应链定价决策等相关的研究文献,这些为后面的研究奠定了相关的理论基础。

第二章 低碳供应链成员行为特征分析。在对低碳供应链的内涵进行界定的基础上,从消费者低碳偏好、供应链企业利润分配公平关切与市场销售风险规避三个角度分析低碳供应链的行为特征,探讨三种行为特征对低碳供应链成员单独定价、协调定价以及网络均衡定价决策的影响。

第三章 碳交易机制下考虑行为偏好的低碳供应链成员单独定价决策。考虑消费者低碳偏好、企业碳减排投资以及碳交易机制,分别分析利润公平关切、市场风险规避、公平关切且风险规避行为对低碳供应链定价决策和减排决策的影响规律,基于博弈理论分别得到成员企业的最优定价与碳减排投资策略。

第四章 碳交易机制下考虑行为偏好的低碳供应链协调定价决策。基于契约协调理论设计成本分担契约对低碳供应链定价决策过程进行协调,分别构建成员行为中性、公平关切、风险规避等特性下的契约协调模型,并利用博弈理论得到成员企业的最优定价与碳减排投资策略。

第五章 碳交易机制下考虑行为偏好的低碳供应链网络均衡定价决策。考虑碳交易机制和企业碳减排投资,分别研究制造商公平关切行为和零售商风险规避行为下的供应链网络均衡决策过程。通过对低碳供应链网络成员的优化行为及均衡条件进行分析,基于制造商公平关切行为、零售商风险规避行为与库存能力约束构建低碳供应链网络均衡模型。

结语。对本书的研究内容进行总结,并提出未来可能的研究方向。

(二) 主要框架

本书通过论述国内外关于碳减排投资、供应链行为决策、供应链定价决策研究现状,分别从企业单独决策视角、供应链视角和网络视角研究碳交易机制下考虑行为因素的低碳供应链定价决策过程。本书技术路线如图 0-1 所示。

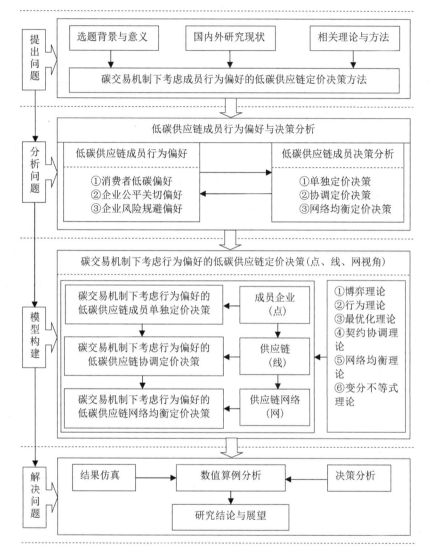

图 0-1　技术路线图

三、研究思路和方法

(一) 研究思路

本书基于"双碳"背景,考虑碳交易和企业减排技术投资,研究了成员行为偏好下的低碳供应链定价决策问题。在分析"双碳"目标减排策略的基础上,提出了低碳供应链的内涵并探讨了行为偏好对决策的影响机理,接着从点——

线—网的角度审视了低碳供应链的定价决策过程。具体的研究思路如下：

首先，结合"双碳"目标分析了低碳供应链的内涵与成员行为决策问题。"双碳"背景下，政府已全面实施碳交易政策，企业减排技术投资也日益凸显。基于此，综合考虑碳交易、减排技术投资以及低碳偏好的相互作用，分析了低碳供应链的内涵与特征。因减排投资以及面对不确定的低碳市场，决策者表现出一定的行为偏好特征，重点分析了低碳偏好特征、公平关切特征以及风险规避特征对低碳供应链决策的影响机理。

其次，从节点视角探讨了低碳供应链成员行为偏好下的企业定价问题。综合考虑碳交易机制与减排技术投资，首先构建了成员行为中性下的定价决策模型；然后分别考虑公平偏好与风险规避特征，构建了不同成员行为偏好下的定价决策模型；最后通过对不同决策模型结果的比较分析，探讨了行为偏好系数对定价决策、利润分配以及减排决策的影响。

再次，从契约视角探讨了低碳供应链成员风险规避下的协调定价问题。首先构建了行为中性下的低碳供应链协调定价模型；随后考虑制造商因减排技术投资而表现出一定的公平关切与风险规避特征，设计了行为偏好下的减排成本分担契约模型，并获得了满意的参数取值范围；最后探讨了公平关切系数、风险规避系数、契约参数等对低碳供应链协调决策的影响。

最后，进一步从网络视角研究了低碳供应链成员行为偏好下的均衡定价决策问题。综合考虑制造商碳减排技术投资和政府碳交易政策，对低碳供应链网络成员的优化行为及均衡条件进行分析。通过构建制造商公平关切行为和零售商风险规避行为约束下的供应链网络均衡定价模型，设计了求解算法并获得了系统的均衡策略，同时探讨了风险规避系数、库存能力约束等参数对低碳供应链网络决策的影响。

(二)研究方法

本书通过查阅相关文献，以博弈理论、公平关切理论、契约协调理论、风险规避理论、变分不等式理论为基础，采用最优化方法构建低碳供应链的成员单独定价、协调定价、网络均衡定价模型，并对比分析不同成员、不同行为偏好对低碳系统定价决策的影响。主要研究方法如下：

(1)文献研究方法

本书首先对碳排放政策、碳减排技术投资、低碳偏好以及公平关切和风险规避下的低碳供应链管理文献进行梳理，发现缺乏减排技术投资、碳交易以及低碳偏好相互影响机理的系统研究,并鲜有文献将行为偏好特征和碳交易机制同时纳入低碳供应链网络均衡定价过程,进而确定本书的主要内容与研究方向。

(2)博弈论方法

博弈论是利用优化方法研究相互作用主体的决策行为,并获得决策均衡解的过程。本书构建的低碳供应链中,相关成员的关系可以刻画为一个主从博弈过程,且上游的制造企业处于主导地位。制造商根据生产计划与碳交易机制确定产品的批发价格和碳减排率;零售商依据上游制造商提供的批发价格进行最优订购量和销售价格决策。此过程采用逆向推导法获得决策的均衡解。

(3)行为运作方法

低碳供应链中,因进行减排投资以及面临不确定的低碳市场,成员往往表现出一定的行为偏好。本书将公平关切、风险规避和消费者偏好引入低碳供应链决策过程,在考虑碳交易机制与碳减排技术投资的基础上,采用行为运作方法重点研究不同行为偏好和多重行为偏好对供应链成员企业决策的影响机理。

(4)比较分析方法

为了对比分析有无行为偏好以及不同成员行为偏好对低碳供应链定价决策的影响,本书首先分别研究了制造商公平关切、风险规避、公平关切且风险规避下的定价决策过程,并与行为中性决策情形进行了比较分析,接着考虑碳减排投资成本分担契约,对制造商行为中性、公平关切、风险规避决策下的协调定价决策过程进行了比较分析,最后将低碳供应链进一步拓展到网络,对制造商不同公平关切行为、零售商有无风险规避偏好下的网络均衡定价决策过程进行比较分析。

(5)网络均衡方法

从网络视角审视低碳供应链成员的决策过程,对加速系统整体的减排效率具有重要意义。本书综合考虑制造商公平关切行为、零售商风险偏好行为和库存能力约束,基于碳交易与减排投资策略构建了供应链网络均衡定价模型,并利用网络均衡的方法获得系统的均衡策略。

(6)数值仿真方法

为了更直观地描述不同参数对模型最优决策的影响,本书先利用 Maple 软件进行求解,然后利用 Matlab 仿真软件对公平关切系数、风险规避系数、碳减排投资系数、低碳偏好系数以及库存能力约束因子等进行灵敏度分析,以验证所建模型的科学性与合理性,并获得有意义的管理启示。

四、主要创新

(1)系统研究碳交易机制、碳减排技术投资与消费者低碳偏好之间的影响机理。为应对碳交易机制,并满足顾客对产品的低碳偏好需求,企业往往进行碳减排技术投资。与单一碳因素的研究不同,本书综合考虑三者之间的相互作用机理,系统研究碳机制与低碳偏好下企业的碳减排技术投资行为。

(2)提出碳交易机制下考虑行为因素的低碳供应链成员单独定价决策模型。本书考虑碳交易机制与行为偏好特征,构建一个可持续的低碳供应链,研究低碳供应链的定价决策过程。利用博弈理论,在公平关切、风险规避以及公平关切且风险规避决策情景下获得最优定价和碳减排策略,丰富和完善有限理性行为下低碳供应链企业的决策情境。

(3)提出碳交易机制下考虑行为因素的低碳供应链协调决策模型。针对政府实施碳配额与交易机制,结合制造企业因减排投资而关注公平或规避风险的行为,本书构建基于减排成本分担契约的低碳供应链协调决策模型。通过分析公平关切行为、风险规避行为和契约参数对低碳供应链协调机制的影响规律,丰富契约协调的内涵。

(4)提出碳交易机制下考虑行为因素的低碳供应链网络均衡决策模型。进一步考虑低碳供应链网络成员之间的竞争与合作,本书构建成员公平关切特征、风险规避特征与库存能力约束下的低碳供应链网络均衡决策模型,并基于变分不等式理论设计修正投影收缩算法进行求解。通过分析公平关切行为、风险规避行为和库存能力约束等对低碳供应链网络均衡决策的影响规律,丰富低碳供应链网络均衡决策理论。

第一章
理论基础和研究综述

本章首先从"双碳"背景介绍了政府的碳交易策略和企业的碳减排投资策略;其次结合本书后续研究中的企业定价决策、协调定价决策以及网络定价决策,对博弈理论、供应链协调理论、变分不等式理论进行了概述;最后从碳减排投资、供应链行为特征以及供应链定价决策三个方面介绍了供应链的研究现状并进行了相关评述。

第一节　"双碳"背景下的减排策略

"双碳"目标是实现经济可持续发展的必然选择,它通过政府的碳减排政策对相关企业的排放量进行约束,并鼓励企业积极进行碳减排投资以改进工艺或流程,最终达到减排的目的。作为实现"双碳"目标的两大主体,政府应该从政策的角度考虑"双碳"目标实施的可持续性,而企业则应从技术创新的角度落实"双碳"目标并实现自身经济的可持续增长。在众多的碳政策中,碳交易机制采用市场手段调控碳排放量具有可持续性,而进行企业碳减排投资不仅能降低排放量也能提高市场竞争力。

一、碳交易策略

温室效应是全球共同面对的问题,为了制定全球排放公约,1997 年在日本通过了限制温室气体排放的《京都协议书》。该协议书对参与国家的排放目标进行了规定,并提出碳排放量可以作为商品进行交换。后来,美国经济学家和政策分析师普遍一致认为,以二氧化碳排放为目标的市场政策工具应该是任何气候政策的核心要素。① 尽管总量管制与交易系统和碳税之间存在权衡,但多数国家还是采用碳排放和交易制度。②

总量管制与交易系统是一项政策,参与者可以在第三方监管的市场上买卖有限数量的碳信用。该系统的基本设计包括向每个市场成员提供一定数量的免费信用,表明其在给定时间范围内的总量管制。如果成员的排放量低于上限,剩余的信用将在市场上出售,从而创造额外的利润。如果成员的排放量超过其上限,他们将不得不以卖方价格从市场上购买更多的信用。限额交易的一种变化是拍卖有限数量的信用。拍卖在每个时间段之前进行,允许会员以取决于信用需求的价格购买所需数量的信用。为了监管信用价格,监管机构可以设定价格下限和上限,并限制单个会员可以购买的信用比例。总量管制与交易的一个问题是在拍卖阶段对碳信用价格的不确定性缺乏控制。规模较大的参与者会推高信用成本,这将阻止新买家进入市场。在这种情况下,价格管制可以有所帮助。

碳排放上限和信用价格的选择对于政策和供应链的成功都至关重要。如果过于严格,供应链将负担过重的碳成本;过于宽松,排放量几乎不会减少。学者们从固定与变化两个维度出发,对碳上限与信用价格进行了研究。Chaabane 等③基于工业温室气体排放监管框架研究了固定碳上限与信用价格对供应链网络设计的影响。Rezaee 等④进一步探讨了碳上限固定而信用价格变化时的家具供应链决策问题。Choudhary 等⑤研究了固定信用价格下多

———————

① STAVINS R N. A meaningful US cap-and-trade system to address climate change[J]. Harvard Environmental Law Review, 2008, 32(2):293-371.

② WALTHO C, ELHEDHLI S, GZARA F. Green supply chain network design: a review focused on policy adoption and emission quantification[J]. International Journal of Production Economics, 2019, 208:305-318.

③ CHAABANE A, RAMUDHIN A, PAQUET M. Designing supply chains with sustainability considerations[J]. Production Planning & Control, 2011, 22(8):727-741.

④ REZAEE A, DEHGHANIAN F, FAHIMNIA B, et al. Green supply chain network design with stochastic demand and carbon price[J]. Annals of Operations Research, 2017,250(2):463-485..

⑤ CHOUDHARY A, SARKAR S, SETTUR S, et al. A carbon market sensitive optimization model for integrated forward-reverse logistics[J]. International Journal of Production Economics, 2015, 164:433-444.

种碳上限的实例。Zakeri 等①同时改变碳上限和信用价格,对总量管制与交易机制进行了更全面的探索。总体而言,碳交易政策虽然存在价格不稳定且监管困难的不足,但却使得企业获取了更多的经济利益,也降低了经济成本,同时更是刺激了环保产业的发展。

二、碳减排投资策略

碳减排投资是指企业增加额外成本改进生产工艺流程或引进先进技术以达到减少碳排放量的目的,其通常为减排率的敏感函数。以往企业进行碳减排投资多为满足顾客对产品的低碳偏好,并提升产品的品牌竞争力。然而与普通产品相比,较高的产品价格对消费者的购买力提出了要求,从而影响了部分企业的减排积极性。随着"双碳"目标的提出,以及全国碳交易机制的全面实施,企业的减排决策被提到了首要位置。通过控制产能以减少排放量的策略显然无法实现企业经济的可持续增长。此时,企业进行碳减排投资不再仅仅是满足顾客对产品的低碳偏好需要以及政府的减排约束,而是实现经济增长的有效手段。在政府碳交易机制下,企业的碳减排投资行为一方面提高了产品的竞争力并满足了政府对排放量的要求;另一方面,决策者还可以充分利用碳交易价格与碳配额进行减排决策,以实现自身利润的最大化。因此,碳减排技术投资使企业真正实现了经济与环境的双目标。

第二节　相关理论方法概述

供应链被一些研究人员定义为一组管理过程。比如,LaLonde② 将供应链定义为采用系统的方法同步管理从原材料采购到商品销售相关企业的物料流、信息流的过程,以提供增强的客户服务和经济价值。根据该定义,大多数与供应链管理相关的研究都具有运营管理和营销问题所共有的特征,例如生

① ZAKERI A, DEHGHANIAN F, FAHIMNIA B, et al. Carbon pricing versus emissions trading:a supply chain planning perspective[J]. International Journal of Production Economics,2015,164:197-205.

② LALONDE B J. Supply chain management:myth or reality? [J]. Supply Chain Management Review,1997(1):6-7.

产和定价、库存控制、产能投资、广告和新产品介绍等。

与传统供应链不同,低碳供应链面临的外部环境更加复杂,各成员为满足碳排放要求需要付出额外的努力。比如,制造商为满足政府排放约束进行减排技术投资,零售商为提高低碳产品销量进行低碳宣传等。此时,制造商与零售商之间如何确定产品批发价格以及零售商如何确定产品销售价格都将直接影响成员的收益和市场需求的变化。因此,低碳供应链成员之间如何基于各自的经济与环境目标进行定价决策具有重要意义。然而,对于成员独立决策的分散式供应链,存在两个问题:(1)供应链成员竞争以提高各自的绩效。(2)供应链成员可能同意签订一份合同,以协调其战略,从而提高系统整体的绩效以及各自的利润。同时,基于网络视角研究低碳供应链决策问题将涉及网络均衡模型,加入行为因素的低碳供应链网络决策将变得更加复杂。解决这些问题的方法理论主要包括:报童模型、博弈理论、供应链协调理论以及变分不等式理论。

一、博弈理论

博弈论是以多个直接相互作用的主体为研究对象,探讨各成员之间的决策行为,并利用优化方法获得决策均衡解的过程。由于成员的行为相互影响导致决策反复进行,如何根据其他成员的决策来选择合理的对策成了关键。1944 年,冯诺依曼和摩根斯特恩最先运用博弈论知识解决了生活中的经济问题,其主要研究成果发表于《博弈论与经济行为》著作当中。后来,该理论被广泛用于政治、军事、法律、国际关系等学科。一般的博弈模型通常包含参与者、策略、得失、次序以及均衡五个要素,根据不同的要素可以将博弈分为以下几种类型:

(一)静态博弈与动态博弈

静态博弈通常指参与者同时决策,此时各成员都无法获得其他成员的选择策略。动态博弈是指成员根据相互关系的主导地位而进行有先后顺序的决策,此时后者将根据前者提供的策略集进行确保自身利益最大化的决策行为。

(二)完全信息博弈与不完全信息博弈

如果相互作用的个体之间,有关参与者的特征、选择策略空间等信息对称且公开,则称之为完全信息博弈。相反,如果相互作用的个体之间,没有公开或部分公开参与者的信息,则称之为不完全信息博弈。

(三)合作博弈与非合作博弈

合作博弈指参与者先根据签订的协议进行策略选择以获得更高的集体收益,之后再对收益进行合理分配以确保所有参与者收益有所提高。非合作博弈强调参与者自身的收益最大化,其结果可能导致参与者之间的收益冲突,最终降低整个系统的效率。Nash 均衡和 Stackelberg 均衡①是许多非合作博弈中使用最多的概念,基于本书的研究,现将二者的定义描述如下。

定义 1.1(Nash 均衡)　令 i 和 j 表示两个直接相互作用的个体,并进行非合作博弈决策;x_i 和 x_j 表示参与者 i 和 j 选择的策略;X_i 和 X_j 表示策略集,且满足 $x_i \in X_i$ 和 $x_j \in X_j$;$f_i(x_i, x_j)$ 和 $f_j(x_i, x_j)$ 表示 i 和 j 的目标函数。如果对于所有的 $x_i \in X_i$ 和 $x_j \in X_j$,策略(x_i^N, x_j^N)满足(1-1)、(1-2)两个不等式,则被称为 Nash 均衡。

$$f_i(x_i^N, x_j^N) \geqslant f_i(x_i, x_j^N) \tag{1-1}$$

$$f_i(x_i^N, x_j^N) \geqslant f_i(x_i^N, x_j) \tag{1-2}$$

定义 1.2(Stackelberg 均衡)　令 i 和 j 表示两个直接相互作用的个体,并进行非合作博弈决策,且 i 为领导者,j 为跟随者;x_i 和 x_j 表示参与者 i 和 j 选择的策略;X_i 和 X_j 表示策略集,且满足 $x_i \in X_i$ 和 $x_j \in X_j$;当参与者 i 选择策略 x_i,则参与者 j 的策略响应函数表示为 $x_j^R(x_i)$;$f_i(x_i, x_j)$ 和 $f_j(x_i, x_j)$ 表示 i 和 j 的目标函数。如果 $x_i^S \in X_i$ 对于所有的 $x_i \in X_i$ 都满足公式(1-3),则被称为 Stackelberg 均衡。

$$f_i(x_i^S, x_j \,|\, x_j = x_j^R(x_i^S)) \geqslant f_i(x_i, x_j \,|\, x_j = x_j^R(x_i)) \tag{1-3}$$

二、供应链协调理论

一般来说,供应链系统涉及采购、运输、储存、生产、配送等不同组织部门。这些组织往往仅从自身需要出发进行运营决策,较少考虑战略合作需求而从供应链视角审视整个产品流程,通常热衷于优化其个人目标,而不是整个系统的目标。

尽管一个完全集成的解决方案可能会产生最佳的系统性能,但该解决方案并不总是符合系统中每个成员的最佳利益。因此,为了确保各参与主体与

① LENG M, PARLAR M. Game theoretic applications in supply chain management:a review [J]. INFOR:Information Systems and Operational Research,2005,43(3):187-220.

供应链系统的目标同步,有必要设计一个协调系统对各成员的相互关系、决策行为以及责任等进行明确,用以将多个职能和组织结合在一起。[①] 然而,供应链相关企业之间的动态结构对有效的系统协调提出了挑战。由于供应链成员都参与了产品的增值过程,因此供应链成员之间的相互协调成了可能。如果成员之间能开发一种协调机制确保每个组织的目标与供应链系统的目标保持一致,则可以实现最佳绩效。

供应链管理中协调各成员的决策与利润的策略主要包括:供应链契约、信息技术、信息共享以及联合决策等,其中供应链契约被证实为解决冲突和风险相关问题的有效机制。供应链契约通过对价格、数量、利润分配系数、成本分担比例等参数的设置来规定合作双方的行为准则,以提高各成员的收益并降低风险,达到有效防止双重边际化效应与牛鞭效应的目的。供应链契约协调机制的一个最基本准则为协调后各成员的收益不低于协调前非合作情形,否则供应链成员将拒绝参与契约合作。主要的契约类型如下:

(一)批发价格契约

批发价格契约是指零售商向批发商购买商品时,批发商提供每单位产品一个固定批发价格的模式。该契约操作简便、易于实施,在企业决策过程中经常应用。此时,零售商将根据给定的批发价格和预测的产品需求从自身利益出发进行最优订购量决策,批发商则根据下游企业确定的订购量进行供给。由于批发价格为外生变量以及产品需求的不确定,零售商将独自承担因产品缺货或过剩带来的潜在风险。因此,该契约被证实在供应链企业协调运作管理中具有无效性。

(二)收益共享契约

收益共享契约是指供应链中的下游企业向上游企业进行产品订购行为时,为了提高产品的市场占有率并确保各参与者的收益,上游企业提供一组包含批发价格与收益分配比例有关的参数模式。为了激励下游企业努力提高产品订购量,契约中的批发价格可能低于产品的实际成本。如果下游企业接受了该契约,那么在销售期末,其须按照契约中的分配比例将部分收益转移给上

---

① ARSHINDER, KANDA A, DESHMUKH S G. Supply chain coordination:perspectives, empirical studies and research directions[J]. International Journal of Production Economics,2008,115 (2):316-335.

游企业。该契约将上、下游企业的收益有机地结合在一起,有效地防止了双重边际效应。然而该契约的关键点在如何设置收益分配比例,这通常采用谈判考虑各成员对供应链系统的贡献率来确定。

(三)回购契约

回购契约是指供应链中的下游企业向上游企业进行产品订购行为时,为了降低下游企业因不确定需求而产生的剩余风险,上游企业提供一组包含批发价格与回购价格有关的参数模式。为了确保零售商不能从剩余产品中获得额外收益,通常回购价格要小于批发价格。如果下游企业接受了该契约,那么在销售期末,上游企业将按照契约中的回购价格对下游企业处的剩余产品进行回购。该契约通过分担下游企业的风险激发其加大产品订购,从而有效提高了供应链系统以及各成员企业的绩效。而契约的关键点在如何设置回购价格,这通常结合剩余产品在零售商与供应商处的残值来确定。

(四)成本分担契约

为了提升产品市场占有率或者满足消费者偏好,供应链成员会进行努力水平的投入,比如零售商为了扩大销售而进行营销广告的投入,制造商为满足顾客对商品的低碳偏好以及政府的碳减排约束而进行减排技术的投资等。这些努力水平的投入虽然提高了供应链系统的绩效,但也增加了相关成员的额外成本与风险。如何协调成员的努力水平,以确保供应链系统获得较高的绩效成了研究的重点。成本分担契约是指为了激励供应链成员进行努力水平的投入而对其额外成本进行分担的模式。与收益共享契约类似,关键点在如何通过谈判来确定成本分担比例。

三、变分不等式理论

变分不等式理论最初用于解决偏微分方程问题,包括方程组、优化理论、互补理论以及不动点理论,后来被广泛用于交通、经济等网络结构的均衡分析。Nagurney[①]最先将变分不等式理论引入供应链网络均衡问题,后来又将模型扩展到随机需求和闭环供应链情形。此后,许多学者采用同样的方法分别从网络结构、外部环境、决策者偏好、决策周期等方面对供应链网络均衡策

---

① NAGURNEY A, DONG J, ZHANG D. A supply chain network equilibrium model[J]. Transportation Research Part E: Logistics and Transportation Review,2002,38(5):281-303.

略进行了研究。下面将从定义、最优问题、互补问题以及存在与唯一性四个方面对变分不等式理论进行介绍。

(一)定义

定义 1.3 假设存在有界闭凸集 $K \in R^n$，函数 $F: K \to R^n$。则变分不等式问题 $VI(F, K)$ 可以描述为：寻找向量 $x^* \in K$ 以满足不等式：$\langle F(x^*)^T, x - x^* \rangle \geqslant 0, \forall x \in K$。

(二)最优问题

命题 1.1 假设函数 f 是连续可微的，K 是有界闭凸集。如果 x^* 是如下最优化问题的一个解：

$$Minimize \quad f(x)$$

$$subject \ to： \quad x \in K \tag{1-4}$$

那么 x^* 也是变分不等式 $\langle \nabla f(x^*)^T, x - x^* \rangle \geqslant 0, \forall x \in K$ 的解。

证明：令 $\varphi(t) = f(x^* + t(x - x^*))$，其中 $t \in [0, 1]$。由于当 $t = 0$ 时，$\varphi(t)$ 达到最小，因此可以推出 $0 \leqslant \varphi'(0) = \langle \nabla f(x^*)^T, x - x^* \rangle$，即 x^* 为 $\langle \nabla f(x^*)^T, x - x^* \rangle \geqslant 0, \forall x \in K$ 的解。

命题 1.2 如果 $f(x)$ 是凸函数，x^* 是变分不等式 $VI(\nabla f, K)$ 的解，那么 x^* 也是最优化问题(1-4)的解。

证明：因为 $f(x)$ 是凸函数，所以可得：

$$f(x) \geqslant f(x^*) + \langle \nabla f(x^*)^T, x - x^* \rangle, \quad \forall x \in K \tag{1-5}$$

因为 x^* 是 $VI(\nabla f, K)$ 的解，固有 $\langle \nabla f(x^*)^T, x - x^* \rangle \geqslant 0$。从而可以推出：

$f(x) \geqslant f(x^*), \forall x \in K$，也即 x^* 是数学规划问题(1-4)的最优解。

(三)互补问题

假设 R_+^n 表示 R^n 中非负的向量，映射 $F: R^n \to R^n$。那么 R_+^n 上的非线性互补问题就是寻找 $x^* \geqslant 0$ 满足如下不等式组合方程组：

$$F(x^*) \geqslant 0, \langle F(x^*)^T, x^* \rangle = 0 \tag{1-6}$$

命题 1.3 如果 $VI(F, R_+^n)$ 和公式(1-6)有解，那么他们的解相同。

证明：令 $x = x^* + e_i$，其中 e_i 为 n 维向量，在第 i 个位置为 1，其他位置为 0。由于 x^* 满足 $VI(F, R_+^n)$，将 $x = x^* + e_i$ 带入 $VI(F, R_+^n)$，则有 $F_i(x^*) \geqslant 0$，$F(x^*) \geqslant 0$。然后将 $x = 2x^*$ 和 $x = 0$ 分别带入 $VI(F, R_+^n)$，可以得到

$\langle F(x^*)^T, x^* \rangle \geq 0, \langle F(x^*)^T, -x^* \rangle \geq 0$，从而可推出 $\langle F(x^*)^T, x^* \rangle = 0$。相反，如果 x^* 满足互补问题，由于 $x \in R_+^n$，$F(x^*) \geq 0$，易得：$\langle F(x^*)^T, -x^* \rangle \geq 0$。

(四)存在与唯一性

定理 1.1(存在性)　如果 K 为有界闭凸集，$F(x)$ 为 K 上的连续函数，那么变分不等式问题 $VI(F, K)$ 至少存在一个解 x^*。

定义 1.4(严格单调性)　$F(x)$ 在 x^* 处称为局部严格单调，如果存在 x^* 的一个领域 $N(x^*)$ 使得如下不等式成立：

$$\langle (F(x) - F(x^*))^T, x - x^* \rangle > 0 \quad \forall x \in N(x^*), x \neq x^* \tag{1-7}$$

如果对于所有的 $x \in K$，不等式(1-7)都成立，则称 $F(x)$ 在 x^* 处严格单调；如果对于所有的 $x, x^* \in K$，$x \neq x^*$，不等式(1-7)都成立，则称 $F(x)$ 是严格单调的。

定理 1.2(唯一性)　假设 $F(x)$ 在 K 上是严格单调的，如果变分不等式问题 $VI(F, K)$ 存在有解的情形，那么这个解一定是唯一解。

证明： 假设 x^1 和 x^* 都是变分不等式的解，且满足 $x^1 \neq x^*$。则有：

$$\langle F(x^1)^T, x' - x^1 \rangle \geq 0 \quad \forall x' \in K \tag{1-8}$$

$$\langle F(x^*)^T, x' - x^* \rangle \geq 0 \quad \forall x' \in K \tag{1-9}$$

用 x^* 和 x^1 分别替换(1-8)和(1-9)中的 x'，并将所得不等式相加得到：

$$\langle (F(x^1) - F(x^*))^T, x^* - x^1 \rangle \geq 0 \tag{1-10}$$

由于不等式(1-10)与 $F(x)$ 严格单调性的定义矛盾，可得：$x^1 = x^*$。

第三节　国内外研究现状

目前国内外关于低碳供应链的文献主要考虑企业碳减排技术投资、政府碳排放约束、顾客低碳偏好研究、供应链相关企业的定价与协调决策、网络均衡决策等，同时也有部分学者将成员公平关切、风险规避等行为特征引入低碳供应链决策过程。并且，随着环境复杂性的增加，许多学者综合不同因素研究低碳供应链的决策过程。这些为本书的研究提供了很好的理论基础。因此，下面将从碳减排投资、供应链行为特征、供应链定价决策三个方面进行分析，具体如图 1-1 所示。

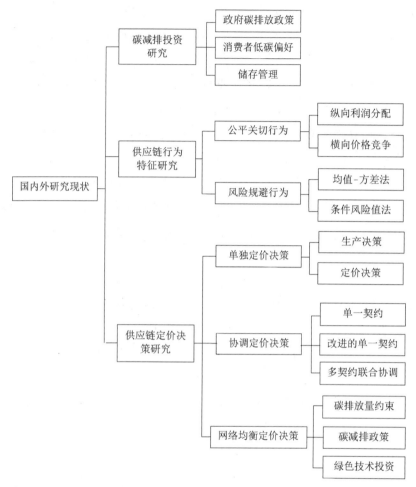

图 1 - 1 国内外研究现状框架

一、碳减排投资研究现状

随着越来越多的环境规范被实施以及低碳技术的不断开发,许多制造企业为了提高竞争力,都致力于低碳产品的生产,这些将导致碳排放量的不断降低。[①]

---

① KUMAR A, JAIN V, KUMAR S. A comprehensive environment friendly approach for supplier selection[J]. Omega, 2014, 42 (1):109-123;KENNEDY M, DINH V N, BASU B. Analysis of consumer choice for low-carbon technologies by using neural networks[J]. Journal of Cleaner Production,2016, 112:3402-3412.

例如,加州一家服装公司多年来一直致力于绿色产品的生产①;格力一直注重节能产品的设计和创新,2008 年在碳减排技术方面的投资超过 10 亿元。② 研究人员也开始考虑在不同的供应链模式下进行绿色投资。目前,已有部分学者分别从政府碳排放政策、消费者低碳偏好以及储存管理等角度研究了企业碳减排技术投资决策问题。

政府通过制定各种环境立法影响企业的活动。政策制定者要么提供激励或补贴,要么对碳排放施加成本或者限额。如果企业不降低碳排放量,它们将承担额外的成本和市场份额的损失。因此,为了将排放量降至最低,企业必须为其低碳管理作出必要的运营或战略决策。政府为了有效降低企业碳排放量,实施了诸如碳税、碳交易、碳限额、碳补贴等减排策略。如何基于政府碳减排政策进行减排技术投资决策是当今企业运营管理的一个重要内容。

在考虑政府碳排放约束方面:Zou 等③基于碳税和碳交易政策,研究了零售商低碳投资对供应链效益的影响,发现零售商低碳投资对供应链是有利的。魏守道等④基于碳税政策背景,考虑低碳技术研发竞争与合作模式,研究了企业低碳技术研发策略选择问题。曹细玉等⑤考虑市场需求具有低碳偏好敏感属性,通过博弈模型分析了碳税政策下的双渠道低碳供应链决策过程,研究了企业绿色技术投资问题。Liu 等⑥通过比较零售商、制造商是否投资减排情形,构建了不同的碳减排投资决策模型,结果发现集中决策可以达到保护环境和增加利润的双重目的。Li⑦ 考虑了排放税和研发投资以减少污染,同时提

---

① GHOSH D, SHAH J. A comparative analysis of greening policies across supply chain structures[J]. International Journal of Production Economics, 2012, 135 (2):568-583.

② JI J N, ZHANG Z Y, YANG L. Carbon emission reduction decisions in the retail-/dual-channel supply chain with consumers' preference[J]. Journal of Cleaner Production, 2017, 141:852-867.

③ ZOU F, ZHOU Y, YUAN C. The impact of retailers' low-carbon investment on the supply chain under carbon tax and carbon trading policies[J]. Sustainability, 2020, 12(9):1-27.

④ 魏守道,周建波. 碳税政策下供应链低碳技术研发策略选择[J]. 管理学报,2016,13(12):1834-1841.

⑤ 曹细玉,吴晓志. 碳税政策下的双渠道供应链碳减排技术创新协作策略[J]. 华中师范大学学报(自然科学版),2020,54(5):898-909.

⑥ LIU Z, LANG L L, HU B, et al. Emission reduction decision of agricultural supply chain considering carbon tax and investment cooperation[J]. Journal of Cleaner Production, 2021, 249:1-7.

⑦ LI S D. Optimal control of production-maintenance system with deteriorating items, emission tax and pollution R&D investment[J]. International Journal of Production Research, 2014, 52(6):1787-1807.

出了生产维持系统的替代税收政策。Ghosh 等[1]考虑碳排放限额约束,构建了混合整数非线性规划模型,发现绿色技术的投资可以降低整个供应链的成本。丁志刚等[2]在碳限额与交易政策下,将实物期权理论引入企业低碳技术投资决策过程,研究了投资时机决策问题。Zhu 等[3]基于政府补贴激励机制,利用决策者不断调整策略的博弈框架,研究了供应商和制造商如何优化低碳投资的问题,发现政府补贴是激励共同投资的有效途径。刘名武等[4]考虑顾客对产品具有低碳偏好属性,采用博弈理论构建了碳交易政策下的减排决策模型,并利用微分博弈方法提高了低碳供应链相关企业各自的绩效。

低碳偏好消费者通过购买低碳产品不仅给制造企业施加了压力,而且可能会创造一个新的市场需求。制造企业如果不努力改善产品的环境特征,将无法进入该新兴市场。忽视这一约束可能会导致企业放弃新的机会,并对企业品牌产生负面影响。考虑到这一背景,企业必须就如何减少碳排放作出决定,并说服客户承担起环境责任。

在考虑消费者对产品的低碳偏好方面:为了满足消费者对产品的低碳偏好需求,企业将从自身利益出发考虑如何进行碳减排技术投资决策。Yu 等[5]基于产品具有低碳偏好敏感的需求函数,建立了基于成本分担协调的随机微分博弈模型,研究了供应链成员联合减排机制的最优均衡策略及其演化特征。Chen 等[6]在考虑绿色技术投资的同时,开发了一个具有价格和排放敏感需求的模型,研究了两个竞争型制造商之间的定价决策、利润分配以及减排决策问

① GHOSH A, SARMAH S, KANAUZIA R. The effect of investment in green technology in a two echelon supply chain under strict carbon-cap policy[J]. Benchmarking-An International Journal, 2020, 27(6):1875-1891.

② 丁志刚, 徐琪. 碳限额与交易政策下供应链低碳技术投资时机研究[J]. 北京理工大学学报(社会科学版), 2015, 17(5):9-14.

③ ZHU G, PAN G Z, ZHANG W W. Evolutionary game theoretic analysis of low carbon investment in supply chains under governmental subsidies[J]. International Journal of Environmental Research and Public Health, 2018, 15(11):1-27.

④ 刘名武, 万谧宇, 付红. 碳交易和低碳偏好下供应链低碳技术选择研究[J]. 中国管理学, 2018, 26(1):152-162.

⑤ YU S, HOU Q. Supply chain investment in carbon emission-reducing technology based on stochasticity and low-carbon preferences[J]. Complexity, 2021,2021:1-18.

⑥ CHEN X, LUO Z, WANG X J. Impact of efficiency, investment, and competition on low carbon manufacturing[J]. Journal of Cleaner Production, 2017, 143:388-400.

题。Nouira 等①分析了价格和排放敏感需求情形下,排放敏感客户对制造商利润的影响。结果发现,为实现企业的经济与低碳目标,制造商必须关注生产过程中的碳排放并进行低碳技术投资。刘名武等②针对零售商主导与排放敏感需求情形,研究了供应商进行减排投资决策问题,并给出了供应商进行减排投资的条件,结果发现供应商的减排投资行为有助于提高各成员的收益。邓万江等③基于顾客环保偏好,研究了寡头垄断市场中两家碳排放制造企业竞争策略选择问题。刘名武等④针对供应商主导与排放敏感需求情形,采用契约理论研究了低碳供应链协调决策问题。

政府的规章制度和客户的低碳偏好行为是企业对环境采取有效的管理策略和减少碳排放的关键驱动力。几乎所有公司的活动都会产生碳排放,但储存环节因能源消耗过高而产生较大成本。因此,对物流储存环节实施碳减排策略可以使企业获得更高收益。

在考虑储存管理的碳减排技术投资方面:Huang 等⑤考虑产品生产、运输与储存过程中产生的碳排放,探讨了碳政策与绿色科技对两级供应链联合库存的影响。研究结果表明,采用碳税政策的企业更愿意投资相对有效的绿色技术。Bazan 等⑥考虑绿色技术投资,提出了两个排放税政策下的库存模型。Toptal 等⑦将经济订购量模型扩展到考虑碳减排、投资有效性等方面,探讨了

① NOUIRA I, FREIN Y, HADJ-ALOUANE A B. Optimization of manufacturing systems under environmental considerations for a greenness-dependent demand [J]. International Journal of Production Economics, 2014, 150:188-198.

② 刘名武,吴开兰,付红,等. 消费者低碳偏好下零售商主导供应链减排合作与协调[J]. 系统工程理论与实践, 2017, 37(12):3109-3117.

③ 邓万江,马士华,关旭. 碳交易背景下存在顾客环保偏好的双企业竞争策略研究[J]. 中国管理科学, 2017, 25(12):17-26.

④ 刘名武,吴开兰,许茂增. 面向消费者低碳偏好的供应链减排成本分摊与协调[J]. 工业工程与管理, 2016, 21(4):50-57.

⑤ HUANG Y S, FANG C C, LIN Y A. Inventory management in supply chains with consideration of Logistics, green investment and different carbon emissions policies[J]. Computers & Industrial Engineering, 2020, 139:1-16.

⑥ BAZAN E, JABER M Y, ZANONI S. Carbon emissions and energy effects on a two-level manufacturer-retailer closed-loop supply chain model with remanufacturing subject to different coordination mechanisms[J]. International Journal of Production Economics, 2017, 183:394-408.

⑦ TOPTAL A, OZLU H, KONUR D. Joint decisions on inventory replenishment and emission reduction investment under different emission regulations[J]. International Journal of Production Research, 2014, 52(1):243-269.

零售商的库存补充和碳减排投资联合决策问题,并通过数值分析说明了投资可用性与监管参数的影响。Chen 等[①]将碳政策引入仓库管理决策过程,得到了最佳的碳减排政策,并分析了绿色技术投资在管理仓储业务的经济和环境绩效之间的权衡中的作用。范体军等[②]将可变的减排技术投资策略引入企业生产与库存决策过程,结果发现,提高减排技术投资成本可使制造企业的总成本进一步降低。蓝海燕等[③]基于政府碳税机制,将碳减排技术投资策略引入制造企业生产决策过程,研究了企业的最优库存问题。

此外,Cheng 等[④]将碳标签制度纳入供应链经营决策过程,探讨了制造商与零售商低碳技术投资问题。Jiang 等[⑤]考虑策略性顾客行为和企业碳减排技术投资,研究了低碳供应链成员最优决策问题。唐书传等[⑥]针对企业社会责任,分别研究了零售商、制造商主导情形下供应链成员的减排决策。丁志刚等[⑦]将绿色信贷引入制造商低碳技术采纳决策中,发现绿色信贷有助于提高企业低碳技术投资的积极性。

综上可知,碳减排技术投资问题引起了学者们的广泛关注,已有文献从不同角度对其进行了研究,并获得了一定的研究成果。但是,上述研究较少综合考虑碳减排技术投资、碳交易以及低碳偏好相互影响机理,且没有考虑成员的行为偏好特征。相比之下,本书基于"双碳"背景,综合考虑碳交易机制与减排投资策略,研究了成员行为偏好下的定价及减排决策问题。

---

① CHEN X, WANG X J, KUMAR V, et al. Low carbon warehouse management under cap-and-trade policy[J]. Journal of Cleaner Production, 2016, 139:894-904.

② 范体军,杨鉴,骆瑞玲. 碳排放交易机制下减排技术投资的生产库存[J]. 北京理工大学学报(社会科学版), 2012, 14(16):14-21.

③ 蓝海燕,刘旭晔. 碳税与减排技术投资下制造企业生产—库存运营[J]. 科技管理研究, 2017, 37(18):228-234.

④ CHENG Y H, SUN H, JIA F, et al. Pricing and low-carbon investment decisions in an emission dependent supply chain under a carbon labelling scheme[J]. Sustainability, 2018, 10(4):1-17.

⑤ JIANG W, CHEN X. Optimal strategies for low carbon supply chain with strategic customer behavior and green technology investment[J]. Discrete Dynamics in Nature and Society, 2016, 2016:1-13.

⑥ 唐书传,刘云志,肖条军. 考虑社会责任的供应链定价与碳减排决策[J]. 中国管理科学, 2020, 28(4):99-108.

⑦ 丁志刚,许惠玮,徐琪. 绿色信贷支持下供应链低碳技术采纳决策研究[J]. 软科学, 2020, 34(12):74-80.

二、供应链行为特征研究现状

经过几十年的发展,组织间相互作用的不同关系方法,包括合作、协调、决策等已被用于提高供应链的绩效。然而,传统的供应链管理研究通常基于理性的经济人假设,各成员仅考虑自身利益最大化进行决策,很少考虑人的行为因素的影响。实际上,受认知能力和心理因素的影响,人的决策行为会出现有限理性的现象。

Simon[①] 通过对心理学与经济学中的行为模型进行比较分析,发现现实生活中理性经济人的假设存在缺陷。Kahneman 和 Tversky[②] 将认知心理学与实验心理学的成果引入不确定条件下人的决策过程,发现新古典经济理论中关于理性人的假设与现实不符。此后,许多学者将行为与认知因素引入不同的经济与管理领域,从而形成了现代的行为经济学。国内方面,刘作仪和查勇[③]最先引入行为运作管理的概念,并提出了行为运作管理研究的范式以及未来研究方向。本书将行为与认知因素引入低碳供应链决策过程,在考虑碳政策与碳减排技术投资的基础上,重点研究消费者低碳偏好特征、企业公平关切特征和风险规避特征对系统成员决策的影响机理。

(一)公平关切下供应链管理研究

传统供应链运营管理的研究,都假设决策者是完全自利的,而现实生活中,当参与者之间存在利润分配时,都会关注自身是否受到公平对待,甚至为了追求公平而牺牲自身部分利益。目前供应链管理中关于公平关切的研究主要涉及纵向利润分配与横向竞争两种情况引发的公平问题。

关于纵向利润分配引起的公平问题:Cui 等[④]将公平关切引入传统的渠道协调中,发现制造商提供较高的批发价格就可以获得最大的渠道利润和渠道

---

① SIMON H A. Rational choice and the structure of the environment[J]. Psychological review,1956,63(2):129-139.

② KAHNEMAN D, TVERSKY A. Prospect theory:an analysis of decision under risk[J]. Econometrica,1979,47(2):263-291.

③ 刘作仪,查勇. 行为运作管理:一个正在显现的研究领域[J]. 管理科学学报,2009,12(4):64-74.

④ CUI T H, RAJU J S, ZHANG Z J. Fairness and channel coordination[J]. Management Science,2007,53(8):1303-1314.

效用。李波等[①]考虑非对称需求信息的双渠道供应链,研究了成员公平关切特征下的定价决策与利润分配问题。结果发现公平关切者因自身关切行为利润不断增加,而对手却因此利益受损。另外,还有部分学者研究了闭环供应链相关企业的公平关切行为。Sarkar 和 Bhala[②] 在制造商主导的闭环供应链中,研究了零售商不平等厌恶对成员决策及利润的影响,并证明了复杂的批发价格契约对系统协调的有效性。Wang 等[③]将制造商的企业社会责任和零售商的公平关切特征引入闭环供应链决策过程,通过对比有无公平关切的分散决策过程,设计了政府补贴分担与成本分担的联合契约。曹晓刚等[④]分别考虑制造商与零售商公平关切特征,研究了行为因素对闭环供应链成员定价决策和利润分配的影响。此外,还有部分学者将成员的公平关切特征引入绿色供应链决策过程。Jian 等[⑤]基于零售商销售努力策略,将制造商公平关切行为引入绿色闭环供应链决策过程。结果表明,制造商的公平关切行为不利于产品的环境绩效,而利润分享契约可以实现经济与环境的可持续发展。Sharma 和 Jain[⑥] 考虑市场需求对产品绿化水平敏感程度,分别构建了制造商公平关切与零售商公平关切的 Stackelberg 博弈模型,通过对各成员定价决策与利润分配的分析,设计了成本分担契约以提高各成员的收益。

关于横向竞争引起的公平问题:姚锋敏和滕春贤[⑦]基于两个竞争型零售商引起的公平关切行为,研究了闭环供应链成员定价决策与利润分配过程。结果表明,公平中性下零售商的竞争强度对供应链成员及系统都有利,而公平

① 李波,李宣楠,侯丽婷,等. 具有公平关切的零售商对双渠道供应链决策影响分析[J]. 控制与决策,2015,30(5):955-960.

② SARKAR S, BHALA S. Coordinating a closed loop supply chain with fairness concern by a constant wholesale price contract[J]. European Journal of Operational Research, 2021, 295(1):140-156.

③ WANG Y Y, SU M,SHEN L, et al. Decision-making of closed-loop supply chain under Corporate Social Responsibility and fairness concerns[J]. Journal of Cleaner Production, 2021, 284:1-17.

④ 曹晓刚,黄美,闻卉. 考虑公平关切的闭环供应链差别定价决策及协调策略[J]. 系统工程理论与实践,2019,39(9):2300-2314.

⑤ JIAN J, LI B, ZHANG N, et al. Decision-making and coordination of green closed-loop supply chain with fairness concern[J]. Journal of Cleaner Production, 2021, 298:1-15.

⑥ SHARMA A, JAIN D. Game-theoretic analysis of green supply chain under cost-sharing contract with fairness concerns[J]. International Game Theory Review, 2021, 23(02):1-51.

⑦ 姚锋敏,滕春贤. 公平关切下的两零售商竞争闭环供应链决策模型[J]. 计算机集成制造系统,2017,23(8):1731-1738.

关切下零售商的竞争强度对自身不利。姜林等①基于两个制造商竞争情形，分别研究了分配公平关切、诱导公平关切以及公平中性下的供应链决策问题。Yoshihara 和 Matsubayashi② 考虑两个横向差异化竞争的零售商，研究了公平关切行为对渠道定价及利润的影响，发现零售商适度差异化可以实现渠道协调，并且零售商也会因公平行为获利。Zhang 等③将成员公平关切行为引入双渠道供应链，研究了零售商纵向与横向公平性对在线渠道模式策略的影响。

以上关于公平关切的文献都没有涉及碳因素的影响。实际上，制造商因落实国家碳政策法规而进行减排技术投资，零售商因消费者低碳偏好而面对不确定的市场，都将使得各自关注自身是否受到公平对待。目前，已有部分学者将成员公平关切特征引入低碳供应链决策过程，这些研究主要涉及公平关切特征对成员决策以及系统协调的影响分析。

考虑公平关切特征的定价决策研究：Du 等④考虑供应商与制造商都存在绿色技术投资情形，探讨了绿色技术创新发展的公平性问题。结果表明，公平关切能够促进和协调供应链成员之间的利益不平等厌恶，并为绿色技术创新发展提供更多的投入。Li 等⑤考虑制造商具有公平关切和碳减排行为，构建了低碳闭环供应链系统的动态价格博弈模型。Zhang 等⑥讨论了由零售商公平性与政府补贴组成的四种决策情景，研究了成员公平关切行为和政府补贴

① 姜林，张昱瑶，寠洁. 不同公平关切参照点下两制造商竞争的供应链决策模型[J]. 计算机集成制造系统，2019，25(1):224-234.

② YOSHIHARA R，MATSUBAYASHI N. Channel coordination between manufacturers and competing retailers with fairness concerns[J]. European Journal of Operational Research，2021，290(2):546-555.

③ ZHANG X M，MA C H，CHEN H R，et al. Impact of retailer's vertical and horizontal fairness concerns on manufacturer's online channel mode[J]. Discrete Dynamics in Nature and Society，2021，2021:1-12.

④ DU B S，LIU Q，LI G P. Coordinating leader-follower supply chain with sustainable green technology innovation on their fairness concerns[J]. International Journal of Environmental Research and Public Health，2017，14(11):1-23.

⑤ LI Q X，SHI M N，HUANG Y M. A dynamic price game model in a low-carbon, closed-loop supply chain considering return rates and fairness concern behaviors[J]. International Journal of Environmental Research and Public Health，2019，6(11):1-21.

⑥ ZHANG L H，XUE B W，LIU X Y. Carbon emission reduction with regard to retailer's fairness concern and subsidies[J]. Sustainability，2018，10(4):1-28.

机制下的定价决策、利润分配以及减排决策问题。Li 等[①]将销售服务和双公平关切行为引入低碳双渠道供应链,研究了系统的最优定价及利润分配问题。胡凤英和周艳菊[②]考虑零售商主导的低碳供应链,分别构建了制造商、零售商公平关切特征下的供应链决策模型。结果表明,制造商公平关切行为对产品绿色度没影响,而零售商的公平关切行为将降低市场需求和产品绿色水平。于晓辉等[③]构建了一个双渠道低碳供应链,分别研究了不同成员公平中性与公平关切下的决策过程。结果发现,制造商大多会因公平关切行为获利,而该行为对定价变动趋势没影响。

考虑公平关切特征的协调决策研究:Li 等[④]通过分析零售商公平关切特征对系统减排决策以及渠道绩效的影响,设计了收益共享契约来实现系统的协调。Liu 等[⑤]考虑顾客的低碳偏好与碳税政策,分别研究了制造商与零售商的公平关切特征对供应链可持续经营和经济效益的影响,并利用收益共享契约来协调各成员的收益以实现共赢目标。Zhou 等[⑥]考虑零售商公平关切特征,基于广告合作与成本分担机制构建了联合契约以实现低碳供应链的协调。Han 等[⑦]考虑政府碳补贴机制,将制造商公平关切行为引入电子商务供应链决策过程。研究表明,政府补贴有助于提高供应链企业的利润,而制造商公平

---

① LI Q X, CHEN X L, HUANG Y M. The stability and complexity analysis of a low-carbon supply chain considering fairness concern behavior and sales service[J]. International Journal of Environmental Research and Public Health, 2019, 16(15):1-21.

② 胡凤英, 周艳菊. 双公平偏高下零售商主导低碳供应链的最优决策研究[J]. 系统科学报, 2018, 26(4):124-130.

③ 于晓辉, 李敏, 叶兆兴, 等. 基于公平关切的双渠道低碳供应链博弈分析[J]. 系统科学与数学, 2021, 41(1):221-237.

④ LI Q Q, XIAO T J, QIU Y Z. Price and carbon emission reduction decisions and revenue-sharing contract considering fairness concerns[J]. Journal of Cleaner Production, 2018, 190:303-314.

⑤ LIU Z, ZHENG X X, GONG B G, et al. Joint decision-making and the coordination of a sustainable supply chain in the context of carbon tax regulation and fairness concerns[J]. International Journal of Environmental Research and Public Health, 2017, 14(12):1-20.

⑥ ZHOU Y J, BAO M J, CHEN X H, et al. Co-op advertising and emission reduction cost sharing contracts and coordination in low-carbon supply chain based on fairness concerns[J]. Journal of Cleaner Production, 2016, 133:402-413.

⑦ HAN Q, WANG Y Y, SHEN L, et al. Decision and coordination of low-carbon e-commerce supply chain with government carbon subsidies and fairness concerns[J]. Complexity, 2020, 2020:1-19.

关切行为却降低了系统的效益。石松等[①]基于制造商公平关切行为和减排技术投资策略,研究了低碳供应链最优定价与减排决策问题,通过对比集中与分散决策情形,设计了碳减排成本分担契约来提高低碳供应链的整体效率。刘琦铀等[②]考虑政府碳交易机制和成员公平关切特征,设计了两部定价契约来协调供应链成员的利润分配过程。结果发现,仅当制造商公平关切且零售商最大化利润决策时,两部定价契约才能够实现系统的协调。

由以上分析可知,低碳供应链成员的公平关切行为引起了学者们的广泛兴趣。上述相关研究分别从碳减排投资、低碳偏好的角度探讨了公平偏好对低碳供应链成员决策的影响。但是,已有研究较少将碳政策融入低碳供应链公平行为决策过程,且鲜少考虑碳交易机制。与本书联系最紧密的文献中,Liu等[③]通过考察不同决策者的公平关切行为对系统可持续经营和经济效率的影响,发现碳税管制可以鼓励制造商提高产品的可持续性水平。相比之下,我们的研究集中在总量限制与交易制度的影响上,并基于低碳偏好构建了排放敏感的需求函数。

(二)风险规避下供应链管理研究

由于需求不确定等因素的影响,企业在其供应链管理中往往表现出风险规避特性。目前,均值-方差法[④]和条件风险值法($CVaR$)[⑤]是供应链主要的风险规避度量方法。已有不少学者将风险规避行为引入供应链管理决策过程,并探讨了风险规避特性对供应链成员定价与协调决策的影响。

---

① 石松,颜波,石平. 考虑公平关切的自主减排低碳供应链决策研究[J]. 系统工程理论与实践,2016,36(12):3079-3091.

② 刘琦铀,张成科,宾宁,等. 公平关切及低碳视角下供应链两部定价契约问题研究[J]. 中国管理科学,2016,24(10):60-68.

③ LIU Z, ZHENG X X, GONG B G, et al. Joint decision-making and the coordination of a sustainable supply chain in the context of carbon tax regulation and fairness concerns[J]. International Journal of Environmental Research and Public Health,2017,14(12):1-20.

④ CHOI, T M, MA C, SHEN B, et al. Optimal pricing in mass customization supply chains with risk-averse agents and retail competition[J]. Omega,2019,88:150-161.

⑤ YUAN X Y, BI G B, ZHANG B F, et al. Option contract strategies with risk-aversion and emergency purchase[J]. International Transactions in Operational Research,2020,27(6):3079-3103; HUANG F Y, HE J, LEI Q. Coordination in a retailer-dominated supply chain with a risk-averse manufacturer under marketing dependency[J]. International Transactions in Operational Research,2020,27(6):3056-3078.

考虑均值-方差法的风险决策研究:Ma 和 Li[①] 构建了动态的 Stackelberg 和 Bertrand 定价博弈模型,研究了价格调整速度、不确定需求和风险偏好对供应链稳定性的影响。Xie 等[②]采用均值-方差法度量决策者的风险偏好,研究了订单式供应链的质量投资和价格决策问题。Zhao 和 Zhu[③] 以均值-方差法度量决策者的风险偏好,探讨了不同成员的风险关注度对回收品数量、期望利润以及契约参数范围的影响,并提出了基于风险规避的营销策略。Xu 等[④]采用均值-方差模型来度量双渠道供应链成员的风险偏好,研究了系统成员的决策过程。Li 等[⑤]考虑产品市场需求信息非对称情形,采用均值-方差模型度量决策者的风险偏好,构建了基于成员风险规避特征的双渠道供应链决策模型。结果发现,制造商的产品销售成本与零售商的风险规避行为对决策者利润分配影响较大。张霖霖和姚忠[⑥]基于顾客退货情形,利用均值-方差法描述决策者风险规避行为,研究了双渠道供应链最优决策问题。刘广东等[⑦]将生产成本扰动特性引入双渠道供应链系统,研究了成员风险规避特征下的最优定价决策问题。

考虑 CVaR 的供应链成员风险决策研究:Chen 等[⑧]为了减少违约损失,构建了随机违约概率的修正报童模型,并以条件风险价值为准则推导出了最

① MA J H, LI Q X. The complex dynamics of bertrand-stackelberg pricing models in a risk-averse supply chain[J]. Discrete Dynamics in Nature and Society, 2014, 2014:1-14.

② XIE G, YUE W Y, WANG S Y, et al. Quality investment and price decision in a risk-averse supply chain[J]. European Journal of Operational Research, 2011, 214(2):403-410

③ ZHAO S L, ZHU Q H. A risk-averse marketing strategy and its effect on coordination activities in a remanufacturing supply chain under market fluctuation[J]. Journal of Cleaner Production, 2018, 171:1290-1299.

④ XU G Y, DAN B, ZHANG X M, et al. Coordinating a dual-channel supply chain with risk-averse under a two-way revenue sharing contract[J]. International Journal of Production Economics, 2014, 147:171-179.

⑤ LI Q H, LI B, CHEN P, et al. Dual-channel supply chain decisions under asymmetric information with a risk-averse retailer[J]. Annals of Operations Research, 2017, 257(1/2):423-447.

⑥ 张霖霖, 姚忠. 基于顾客退货的风险规避双渠道供应链最优策略[J]. 计算机集成制造系统, 2015, 21(3):766-775.

⑦ 刘广东, 杨天剑, 张雪梅. 生产成本扰动下的风险规避双渠道供应链定价决策[J]. 计算机集成制造系统, 2020, 26(2):551-564.

⑧ CHEN Z M, YUAN K M, ZHOU S R. Supply chain coordination with trade credit under the CVaR criterion[J]. International Journal of Production Research, 2019, 57(11):3538-3553.

优生产量。结果发现，违约可能性可以增加订购量，但降低了生产量。Li 等[1]采用条件风险价值准则来衡量决策者的风险偏好，研究了成员风险规避特性对双渠道供应链最优决策的影响。Zhu 等[2]将风险规避特性引入双渠道供应链契约协调决策过程，并提出了风险分担契约来实现供应链的协调。Wang 等[3]考虑两个具有竞争特性且进行风险规避决策的零售商，设计了期权契约来提高供应链成员的绩效。He 等[4]提出了一种风险分担契约来协调供应链成员的利润分配过程。结果发现，在对称需求信息下，该契约不仅能够协调供应链，而且相对于其他传统契约具有更大的市场空间。Yang 等[5]从经典的推拉模型出发，研究了企业的风险规避态度对供应链绩效的影响。结果表明，当供应商比零售商具有足够的风险规避能力时，推送比拉送可以获得更高的最优订货量。许民利等[6]采用条件风险价值准则来度量决策者的风险偏好，研究了双渠道供应链中不同成员的风险规避行为对系统最优决策的影响。许利民和王竟竟[7]考虑市场模糊需求和制造商风险规避特征，研究了供应链的定价策略与协调机制问题。

以上关于风险规避的文献都没有涉及碳因素的影响。实际上，由于碳政策、低碳技术投资以及低碳偏好的引入，低碳供应链相比于传统供应链更加复杂，各成员决策时更注重规避风险。目前，已有一些学者将风险规避行为引入低碳供应链定价决策、利润分配以及碳减排决策过程。

已有文献中，大部分利用均值–方差法对低碳供应链成员的风险偏好进行

① LI B, CHEN P, LI Q H, et al. Dual-channel supply chain pricing decisions with a risk-averse retailer[J]. International Journal of Production Research，2014，52(23)：7132-7147.

② ZHU L J, REN X H, LEE C L, et al. Coordination contracts in a dual-channel supply chain with a risk-averse retailer[J]. Sustainability，2017，9(11)：1-21.

③ WANG R, SONG S J, WU C. Coordination of supply chain with one supplier and two competing risk-averse retailers under an option contract[J]. Mathematical Problems in Engineering，2016，2016：1-12.

④ HE J, MA C, PAN K. Capacity investment in supply chain with risk averse supplier under risk diversification contract[J]. Transportation Research Part E，2017，106：255-275.

⑤ YANG L, CAI G S, CHEN J. Push, pull, and supply chain risk-averse attitude[J]. Production and Operations Management，2018，27(8)：1534-1552.

⑥ 许民利，聂晓哲，简惠云. 不同风险偏好下双渠道供应链定价决策[J]. 控制与决策，2016，31(1)：91-98.

⑦ 许利民，王竟竟. 模糊需求下基于CVaR的供应链定价与协调[J]. 计算机集成制造系统，2020，26(8)：2266-2277.

度量。Bai 等①基于政府碳税管制,采用均值-方差法度量决策者的风险偏好,建立了有无低碳技术投资的分散决策模型,进一步提出了收益共享契约和两部定价契约来协调成员的利润分配过程。Wang 和 He② 利用均值-方差准则构建了考虑风险规避的供应链博弈模型,通过比较风险中性和风险规避情形下的决策过程,分析了决策者风险规避特性对系统绩效的影响。Bai 和 Meng③ 考虑碳交易政策和制造商竞争,分析了风险规避对低碳供应链最优决策的影响。结果表明,风险规避主体可以从低规模的风险规避中受益。Xing 等④利用均值-方差方法和 Stackelberg 博弈理论构建了回收再制造闭环供应链最优决策模型,探讨了碳排放交易价格、消费者低碳意识、碳排放量和回收商竞争参数对节点企业预期效用的影响。Sun 等⑤讨论了两个具有风险规避特性且竞争的制造商在碳交易政策下的减排与定价策略。结果发现,制造商的风险规避特征不利于碳减排和效用的提高,而政府适当提高碳交易价格有助于鼓励制造商减排。柏庆国等⑥同时考虑制造商与零售商风险规避特性,分别建立了零售商主导和制造商主导的低碳供应链减排模型。结果发现,风险规避特性可以使得主导地位的成员获利。申成然和刘小媛⑦将消费者低碳偏好和制造商减排技术投资引入双渠道供应链,探讨了不同成员四种风险组合下的决策问题。

---

① BAI Q G, XU J T, CHAUHAN S. Effects of sustainability investment and risk aversion on a two-stage supply chain coordination under a carbon tax policy[J]. Computers & Industrial Engineering, 2020, 142:1-23.

② WANG Q P, HE L F. Managing risk aversion for low-carbon supply chains with emission abatement outsourcing[J]. International Journal of Environmental Research and Public Health, 2018, 15(2):1-20.

③ BAI Q G, MENG F W. Impact of risk aversion on two-echelon supply chain systems with carbon emission reduction constraints[J]. Journal of Industrial and Management Optimization, 2020, 16(4):1943-1965.

④ XING E F, SHI C D, ZHANG J X, et al. Double third-party recycling closed-loop supply chain decision under the perspective of carbon trading[J]. Journal of Cleaner Production, 2020, 259:1-11.

⑤ SUN H X, YANG J, ZHONG Y. Optimal decisions for two risk-averse competitive manufacturers under the cap-and-trade policy and uncertain demand[J]. International Journal of Environmental Research and Public Health, 2020, 17(3):1-17.

⑥ 柏庆国, 史宝珍, 徐健腾. 风险规避下二级供应链的低碳减排运营策略[J]. 系统工程, 2019, 37(3):86-97.

⑦ 申成然, 刘小媛. 考虑风险规避与碳减排的双渠道供应链决策[J]. 计算机工程与应用, 2019, 55(1):241-247.

此外,也有少数学者基于 *CVaR* 法研究了低碳供应链的决策问题。Qi 等[①]考虑制造商风险规避以及零售商资金受限,研究了贸易信贷融资下的低碳供应链最优运行和环境策略。结果发现,零售商的资本约束提高了碳减排努力程度,而制造商的风险规避不利于系统的可持续发展。Deng 和 Liu[②] 利用 Stackelberg 博弈模型构建了三种减排模式,并采用 *CVaR* 准则度量零售商的风险规避特性。结果发现,成员的风险规避特征不利于系统的经济和环境发展,通过设计合理的契约实现了供应链的协调。

以上研究表明,已有学者从不同角度对低碳供应链成员的风险规避偏好进行了研究。与本书联系最紧密的文献中,Qi 等[③]考虑风险规避特性的制造商和资本约束的零售商,将总量限制与交易制度引入低碳供应链决策过程,研究了营运资金、风险规避程度以及碳交易价格对供应链运作的影响,但没有关注低碳供应链协调决策过程。Bai 等[④]通过对比可持续技术投资与否的制造商,研究了可持续技术对改善供应链经济和环境绩效的影响。相比之下,我们的研究考虑了消费者对低碳产品的偏好和总量限制与交易制度,并运用成本分担契约实现了供应链成员利润的帕累托改进。

三、供应链定价决策研究现状

全球气候变暖导致政府机构、非政府组织和行业等多个利益相关者的压力越来越大,从而引发了供应链传统运作方式的许多变化。最初,绿色供应链管理引起了研究人员和从业人员的兴趣。[⑤] 但是绿色供应链管理的研究范围非常广泛,包括污染控制、自然资源保护和废物管理等。后来,学者们重点关

① QI L M, LIU L, JIANG L W, et al. Optimal operation strategies under a carbon cap-and-trade mechanism:a capital-constrained supply chain incorporating risk aversion[J]. Mathematical Problems in Engineering, 2020,2020:1-17.

② DENG W S, LIU L. Comparison of carbon emission reduction modes:impacts of capital constraint and risk aversion[J]. Sustainability, 2019, 11(6):1-30.

③ QI L M, LIU L, JIANG L W, et al. Optimal operation strategies under a carbon cap-and-trade mechanism:a capital-constrained supply chain incorporating risk aversion[J]. Mathematical Problems in Engineering, 2020, 2020:1-17.

④ BAI Q G, MENG F W. Impact of risk aversion on two-echelon supply chain systems with carbon emission reduction constraints[J]. Journal of Industrial and Management Optimization, 2020, 16(4):1943-1965.

⑤ SRIVASTAVA S. Green supply-chain management:a state-of-the-art literature review[J]. International Journal of Management Reviews, 2007, 9(1):53-80.

注温室气体减排,包括政府碳排放规制、企业减排投资等。研究表明,全球气候变暖与碳和其他温室气体的排放有直接关系。[①] 大多数此类人为的温室气体排放是工业化、人口和供应链增加的结果。因此,从供应链视角控制企业的温室气体排放不仅可以有效缓解气候变化问题,还可以满足立法要求。Jabbour 等[②]指出供应链减排是任何组织的战略要务。

然而,政府的碳排放约束、企业的减排投资以及顾客对产品的低碳偏好使传统供应链企业的运营管理发生了较大变化。首先,政府有关碳排放的规制对企业的生产决策将产生重大影响,企业应如何利用碳政策指导生产决策。其次,由于消费者低碳偏好的增加,企业不得不加大减排技术投资,为了提高自身利益,各节点企业应如何进行有效的价格决策。这些受到了学术界和实务界的广泛关注。近年来,已有不少学者从碳税、总量限制与交易制度等方面进行了深入研究[③],主要包括供应链成员定价决策、供应链协调定价决策与供应链网络均衡定价决策等。

(一)供应链成员定价决策研究

企业给产品定价往往与生产决策有关。政府的碳法规对企业的碳排放进行了约束,或者产生额外的碳税成本,或者面向市场提出碳交易激励机制,这些都将影响企业的生产决策。如何在碳约束下进行最优生产,且充分利用交易机制实现收益最大成了企业关注的重点。

在考虑碳约束的供应链企业生产决策方面:Xu 等[④]考虑多商品情形,将碳限额和碳税管制同时引入制造企业决策过程,研究了企业联合生产与定价问题。Wang 等[⑤]基于碳交易机制研究了企业生产计划问题。Halat 和

---

① ZHANG B, XU L. Multi-item production planning with carbon cap and trade mechanism[J]. International Journal of Production Economics, 2013, 144(1):118-127.

② JABBOUR C J C, NETO A S, GOBBO J A, et al. Eco-innovations in more sustainable supply chains for a low-carbon economy:a multiple case study of human critical success factors in brazilian leading companies[J]. International Journal of Production Economics, 2015, 164:245-257.

③ LIU Z, ZHENG X X, GONG B G, et al. Joint decision-making and the coordination of a sustainable supply chain in the context of carbon tax regulation and fairness concerns[J]. Journal of Environmental Research and Public Health, 2017, 14(12):1-20.

④ XU X Y, XU X P, HE P. Joint production and pricing decisions for multiple products with cap-and-trade and carbon tax regulations[J]. Journal of Cleaner Production, 2016, 112:4093-4106.

⑤ WANG S Y, WAN L, LI T S, et al. Exploring the effect of cap-and-trade mechanism on firm's production planning and emission reduction strategy[J]. Journal of Cleaner Production, 2018, 172:591-601.

Hafezalkotob[①]构建了供应链库存成本和碳排放量的数学模型,探讨了协调机制和碳排放法规对清单成本、碳排放和政府目标函数的影响。Zhang 等[②]考虑碳交易机制,研究了随机需求多产品生产计划问题,分析了碳限额对生产决策和企业利润的影响。He 等[③]基于经济订购批量模型,研究了总量管制方式下的最优订货问题。Du 等[④]考虑碳足迹和消费者低碳偏好特征,基于政府碳配额与交易系统,构建了最优生产决策模型。蒋雨珊等[⑤]考虑碳限额与交易价格,构建了企业最优生产决策模型,并通过碳交易阈值的设定,指导企业买入或卖出碳权。张李浩等[⑥]基于两阶段生产过程,构建了四种低碳生产的收益模型,分析了消费者低碳偏好和耐心度对生产决策的影响。黄志成等[⑦]考虑生产、库存、运输以及碳交易成本,构建了非线性决策模型,研究了国际供应链最优生产计划的问题。Tang 等[⑧]和 Micheli 等[⑨]考虑运输过程产生的碳排放,并将碳税和碳交易纳入库存管理过程,构建了基于运输、库存和路径的联合优化模型,讨论了碳政策对经济与环境的影响。

制造商因碳政策规制将增加额外的碳税成本,同时为满足消费者对产品的低碳偏好需求,进行低碳技术投资将增加额外成本。此时,为了满足消费者

① HALAT K, HAFEZALKOTOB A. Modeling carbon regulation policies in inventory decisions of a multi-stage green supply chain:a game theory approach[J]. Computers & Industrial Engineering, 2019, 128:807-830.

② ZHANG B, XU L. Multi-item production planning with carbon cap and trade mechanism[J]. International Journal of Production Economics, 2013, 144(1):118-127.

③ HE P, ZHANG W, XU X Y, et al. Production lot-sizing and carbon emissions under cap-and-trade and carbon tax regulations[J]. Journal of Cleaner Production, 2015, 103:241-248.

④ DU S F, HU L, SONG M L. Production optimization considering environmental performance and preference in the cap-and-trade system[J]. Journal of Cleaner Production, 2016, 112:1600-1607.

⑤ 蒋雨珊, 李波. 碳管制与交易政策下企业生产管理优化问题[J]. 系统工程, 2014, 32(2):150-153.

⑥ 张李浩, 孔雅雯, 王嘉燕. 基于策略型消费者低碳偏好的企业两阶段生产博弈均衡[J]. 计算机集成制造系统, 2020, 26(11):3167-3176.

⑦ 黄志成, 赵林度, 王敏, 等. 碳排放交易制度差异下的国际供应链生产计划问题[J]. 中国管理科学, 2017, 25(11):58-65.

⑧ TANG S L, WANG W J, CHO S, et al. Reducing emissions in transportation and inventory management:(R,Q)policy with consideration of carbon reduction[J]. European Journal of Operational Research, 2018, 269(1):327-340.

⑨ MICHELI G J L, MANTELLA F. Modelling an environmentally-extended inventory routing problem with demand uncertainty and a heterogeneous fleet under carbon control policies[J]. International Journal of Production Economics, 2018, 204:316-327.

低碳偏好市场需求且提高自身利益,供应链各成员企业如何进行科学的定价决策具有重要意义。

在考虑碳约束的供应链企业定价决策方面:Qi 等[1]考虑由两个竞争型零售商和一个供应商组成的低碳供应链,研究了碳上限管制下的定价决策问题,发现采用转移支付机制的不一致批发价和销售价是实现帕累托改进的最优选择。Xu 和 Yue[2]将碳税引入两级供应链,考察制造商与零售商之间的权力结构以及零售商之间的横向竞争建立了六种博弈模型,并通过逆向推导法获得了每个模型的最优定价决策,结果发现碳税率、权力结构和横向竞争对供应链均衡结构都有重要影响。Xia 等[3]将互惠偏好引入低碳供应链决策过程,研究了互惠性与低碳意识对供应链成员决策与绩效的影响。Zhou 等[4]基于双边垄断情况和多个竞争零售商的场景,研究了碳税政策的实施对供应链成员的定价决策和社会福利的影响。Xu 和 Hao[5]为研究碳税政策对企业可持续的影响,采用博弈论模型推导出了两个竞争型企业的最优定价和生产策略。He 等[6]基于碳税和期权契约,研究了决策者最优定价与生产问题,发现成员的利润与碳税正相关,而与期权价格负相关。夏良杰等[7]为提高制造商减排技术投资的积极性,将交叉股权引入供应链减排与定价决策过程,研究发现交叉股权有助于制造企业减少碳排放量。此外还有一些人将碳因素引入双渠道供应

① QI Q, WANG J, BAI Q G. Pricing decision of a two-echelon supply chain with one supplier and two retailers under a carbon cap regulation[J]. Journal of Cleaner Production, 2017, 151:286-302.

② XU G, YUE D Q. Pricing decisions in a supply chain consisting of one manufacturer and two retailers under a carbon tax policy[J]. IEEE Access, 2021, 9:18935-18947.

③ XIA L J, GUO T T, QIN J J, et al. Carbon emission reduction and pricing policies of a supply chain considering reciprocal preferences in cap-and-trade system[J]. Annals of Operations Research, 2018, 268(2):149-175.

④ ZHOU Y J, HU F Y, ZHOU Z L. Pricing decisions and social welfare in a supply chain with multiple competing retailers and carbon tax policy[J]. Journal of Cleaner Production, 2018, 190:752-777.

⑤ XU C, HAO G. Sustainable pricing and production policies for two competing firms with carbon emissions tax[J]. International Journal of Production Research, 2015, 53(21):6408-6420.

⑥ HE X M, QI W, TANG X Y. Optimal pricing and carbon emission abatement allocation decisions in supply chains with option contract[J]. IEEE Access, 2020, 8:103833-103847.

⑦ 夏良杰, 孔清逸, 李友东, 等. 考虑交叉股权的低碳供应链减排与定价决策研究[J]. 中国管理科学, 2021, 29(4):70-81.

链,研究了企业的定价决策问题。Chen 等①将环境可持续性纳入双渠道供应链,讨论了渠道成员的环境可持续性策略和定价策略。Li 等②将绿色产品引入到双渠道供应链,分析了绿色度、绿色成本和绿色敏感性对各成员定价决策的影响。Cao 等③基于政府碳税约束,研究了再制造补贴政策对双渠道供应链决策的影响,发现补贴价格在抑制碳排放方面比交易价格更有效。余利娥等④将消费者对碳产品的偏好分为高低两种类型,考察了传统渠道、电子渠道和双渠道下供应链的定价决策问题,结果发现消费者低碳偏好行为导致企业决策环境更加复杂,进一步加重了渠道冲突。

由上可知,已有学者从生产决策、定价决策等角度研究了低碳供应链企业决策问题,并取得了一定的研究成果。但是,上述研究大多单独考虑碳交易、碳税、碳补贴等政策对企业生产、定价以及减排决策的影响,且较少考虑企业的减排投资策略。相比之下,本书将成员行为偏好特征融入低碳供应链定价决策过程,构建了低碳供应链成员定价、协调定价和网络定价决策模型。

(二)供应链协调定价决策研究

作为独立的个体,供应链相关企业从理性经济人的角度进行决策将降低各自的绩效。如何在不降低各成员利润的前提下激励各方通过有效合作提升系统整体的效率,成了供应链运作管理的重点。供应链契约通过约定的合同指导各参与者进行决策,在减少系统不必要成本的同时确保了各方利润增加,成了实现供应链协调的一种有效方式。1985 年,著名学者 Pasternack⑤ 最先提出供应链契约与协调的概念。此后,许多学者从不同角度考虑供应链成员的决策行为,提出了相应的协调机制,并在企业运营管理中得到了广泛的应

① CHEN S, WANG X, WU Y B, et al. Pricing policies of a dual-channel supply chain considering channel environmental sustainability [J]. Sustainability, 2017, 9(3):1-14.

② LI B, ZHU M Y, JIANG Y S, et al. Pricing policies of a competitive dual-channel green supply chain[J]. Journal of Cleaner Production, 2016, 112:2029-2042.

③ CAO K Y, HE P, LIU Z X. Production and pricing decisions in a dual-channel supply chain under remanufacturing subsidy policy and carbon tax policy [J]. Journal of the Operational Research Society, 2020, 71(8):1199-1215.

④ 余利娥,施国洪,陈敬贤. 基于低碳偏好差异的双渠道供应链定价策略[J]. 统计与决策, 2019, 3(1):43-46.

⑤ PASTERNACK B A. Optimal pricing and return policies for perishable commodities[J]. Marketing Science, 1985, 4(2):166-176.

用。其中,主要的契约形式包括:收入共享契约①、数量折扣契约②、延迟支付契约③、回购契约④、批发价格契约⑤。

随着环境问题日益突出,在供应链管理过程中考虑政府碳约束和消费者低碳偏好的影响成了研究的热点。将碳因素作为内生变量融入供应链决策过程,使得供应链管理越来越复杂。此时,如何激发供应链企业自主减排并协调好各方的利益具有重要意义。目前,已有学者将收益共享契约⑥、数量折扣契约⑦、成本分担契约⑧等引入低碳供应链协调决策过程。总体而言,已有研究可以分为三

---

① WANG J, SHIN H. The impact of contracts and competition on upstream innovation in a supply chain[J]. Production Operations Management, 2015, 24(1):134-146;LIU X, LI J, WU J, et al. Coordination of supply chain with a dominant retailer under government price regulation by revenue sharing contracts[J]. Annals of Operations Research, 2017, 257(1/2):587-612;HU B, FENG Y. Optimization and coordination of supply chain with revenue sharing contracts and service requirement under supply and demand uncertainty [J]. International Journal of Production Economics, 2017, 183:185-193.

② HEYDARI J, NOROUZINASAB Y. A two-level discount model for coordinating a decentralized supply chain considering stochastic price-sensitive demand[J]. Journal of Industrial Engineering International, 2015, 11(4):531-542;HEYDARI J, GOVINDAN K, JAFARI A. Reverse and closed loop supply chain coordination by considering government role[J]. Transportation Research Part D: Transport and Environment, 2017, 52:379-398.

③ HEYDARI J, RASTEGAR M, GLOCK C H. A two-level delay in payments contract for supply chain coordination:the case of credit-dependent demand[J]. International Journal of Production Economics, 2017, 191(1):26-36;EBRAHIMI S, MOTLAGH S H, NEMATOLLAHI M. Proposing a delay in payment contract for coordinating a two-echelon periodic review supply chain with stochastic promotional effort dependent demand[J]. International Journal of Machine Learning and Cybernetics, 2019, 10(5):1037-1050.

④ XIONG H, CHEN B, XIE J. A composite contract based on buy back and quantity flexibility contracts[J]. European Journal of Operational Research, 2011, 210(3):559-567;WANG F, ZHUO X, NIU B. Sustainability analysis and buy-back coordination in a fashion supply chain with price competition and demand uncertainty[J]. Sustainability, 2017, 9(1):1-25.

⑤ CHIU C H, CHOI T M, TANG C S. Price, rebate, and returns supply contracts for coordinating supply chains with price-dependent demands [J]. Production and Operations Management, 2011, 20(1):81-91.

⑥ CAO J, ZHANG X M, ZHOU G G. Supply chain coordination with revenue-sharing contracts considering carbon emissions and governmental policy making [J]. Environmental Progress & Sustainable Energy, 2016, 35(2):479-488.

⑦ YANG L, ZHENG C S, XU M H. Comparisons of low carbon policies in supply chain coordination[J]. Journal of Systems Science and Systems Engineering, 2014, 23(3):342-361.

⑧ WU D, YANG Y X. The low-carbon supply chain coordination problem with consumers' low-carbon preference[J]. Sustainability, 2020, 12(9):1-15.

种类型：单一契约协调决策、改进的单一契约协调决策、多契约联合协调决策。

关于单一契约的研究：Yang 等[1]分别考虑制造商、零售商对碳信息的谎报行为，建立了非对称碳信息下的博弈模型，结果发现零售商谎报行为对自身有利，最后为引导零售商如实报告真实碳信息设计了收益共享契约。Liu[2]考虑定向广告和顾客低碳偏好研究了低碳供应链定价过程，并利用收益共享契约对供应链进行协调。结果发现，共享大数据投入、低碳减排成本等可以使零售商获利，并且当收益共享系数满足一定条件可以实现低碳供应链协调。Li等[3]基于企业减排技术投资研究了闭环供应链绩效的问题。结果表明，回收利用有利于提高社会福利，但损害了供应链整体的利润，为此设计了成本分担契约实现闭环供应链的协调。Zhang 和 Yu[4]将成本分担契约引入双渠道低碳供应链，建立了双渠道供应链减排动态优化模型，探讨了消费者参考低碳效应和产品低碳商誉对系统决策的影响。Chen 等[5]为探讨权力关系与协调在可持续供应链管理中的作用，运用博弈论方法比较了不同主导模型下的均衡解，并利用两部定价契约对低碳系统进行协调。

关于改进单一契约的研究：Bai 等[6]提出了一个按订单生产的供应链，其中供应商提供两种原材料，制造商生产并销售两种产品，通过集中情形下的利润与碳排放比较分析，设计了基于收入与投资共享的协调契约。Yu 和 Han[7]

① YANG L, JI J N, ZHENG C S. Impact of asymmetric carbon information on supply chain decisions under low-carbon policies[J]. Discrete Dynamics in Nature and Society，2016，2016：1-16.

② LIU P. Pricing policies and coordination of low-carbon supply chain considering targeted advertisement and carbon emission reduction costs in the big data environment[J]. Journal of Cleaner Production，2019，210：343-357.

③ LI J, GONG S Y. Coordination of closed-loop supply chain with dual-source supply and low-carbon concern[J]. Complexity，2020，2020：1-14.

④ ZHANG Z Y, YU L Y. Dynamic optimization and coordination of cooperative emission reduction in a dual-channel supply chain considering reference low-carbon effect and low-carbon goodwill[J]. Journal of Environmental Research'and Public Health，2021，18(2)：1-30.

⑤ CHEN X, WANG X J, CHAN H K. Manufacturer and retailer coordination for environmental and economic competitiveness：a power perspective[J]. Transportation Research Part E，2017，97：268-281.·

⑥ BAI Q G, XU J T, ZHANG Y Y. Emission reduction decision and coordination of a make-to-order supply chain with two products under cap-and-trade regulation[J]. Computers & Industrial Engineering，2018，119：131-145.

⑦ YU W, HAN R Z. Coordinating a two-echelon supply chain under carbon tax[J]. Sustainability，2017，9(12)：1-13.

分别采用改进的成本分担契约和批发价格契约实现了低碳供应链的协调,但结果表明两种改进的契约都不利于制造商减排,为此结合两部定价契约和零售商固定费用开发了一种实现双赢的协调模式。Pang 等[①]考虑总量管制与交易制度,研究了碳交易价格和顾客环境意识对供应链碳排放的影响,设计了基于数量折扣策略的收益共享契约,最终实现了供应链经济发展和碳减排的双重目标。Peng 等[②]基于制造商产量不确定情形,为研究低碳供应链成员生产定价和减排决策的问题,设计了一种包含减排补贴的收入共享契约,结果表明改进的契约不仅能够协调供应链成员之间的收益,而且能够显著提高碳减排水平。Xu 等[③]考虑低碳偏好和渠道替代影响,利用博弈理论构建了基于双渠道的集中与分散决策模型。王文隆等[④]将制造商的低碳努力行为融入双渠道供应链决策过程,通过对比不同契约机制对供应链协调决策的影响,设计了一种带补偿的收益共享契约来协调系统。

关于联合契约的研究:Yang 和 Chen[⑤]考虑政府碳税约束和顾客对产品的低碳偏好,分别探讨了成本分担契约、收入共享契约对供应链成员企业定价决策、利润分配以及减排决策的问题。结果表明,收入共享契约对系统的效率和制造商减排动机的改善程度高于成本分担契约,而且联合考虑收入共享与成本分担的结果和单独考虑收入共享的结果相同。XU 等[⑥]将技术外溢和顾客低碳偏好融入供应链减排决策过程,并利用最优性理论设计了一种收益—成本分担的联合契约来提高效率。杨仕辉和肖导东[⑦]针对销售渠道产生碳排

---

① PANG Q H, LI M Z, YANG T T, et al. Supply chain coordination with carbon trading price and consumers' environmental awareness dependent demand[J]. Mathematical Problems in Engineering, 2018, 2018:1-11.

② PENG H J, PANG T, CONG J. Coordination contracts for a supply chain with yield uncertainty and low-carbon preference[J]. Journal of Cleaner Production, 2018, 205:291-302.

③ XU L, WANG C X, ZHAO J J. Decision and coordination in the dual-channel supply chain considering cap-and-trade regulation[J]. Journal of Cleaner Production, 2018, 197:551-561.

④ 王文隆,王福乐,张涑贤. 考虑低碳努力的双渠道供应链协调契约研究[J]. 管理评论, 2021, 33(4):315-326.

⑤ YANG H X, CHEN W B. Retailer-driven carbon emission abatement with consumer environmental awareness and carbon tax:revenue-sharing versus cost-sharing[J]. Omega, 2018, 78:179-191.

⑥ XU L, WANG C X, LI H. Decision and coordination of low carbon supply chain considering technological spillover and environmental awareness[J]. Scientific Reports, 2017, 7:1-14.

⑦ 杨仕辉,肖导东. 两级低碳供应链渠道选择与协调[J]. 软科学, 2017, 31(3):92-98.

放成本情形,研究了生产商投资碳减排决策问题,并基于成本共担和收益共享机制设计了联合协调契约,结果发现通过谈判确定的契约因子较高时易于实现系统的协调。

此外,李友东等[①]考虑低碳产品和具有替代性的普通产品,利用博弈理论分析了集中与分散决策下的定价过程,并利用非线性规划方法构建了企业合作决策协调模型。研究表明,该合作决策契约不仅降低了产品的碳排放量,也增加了供需双方的收益。刘名武等[②]基于斯坦伯格博弈和垂直纳什博弈理论,研究了供应商进行碳减排投资决策过程,通过对比分析两种博弈模型的结果,设计了基于批发价格的博弈模型。

由此可见,供应链相关企业的契约协调决策等问题引起了国内外学者的广泛关注。已有学者分别从低碳偏好、国家政策以及供应链流程等方面设计了不同的契约机制用以协调低碳供应链成员的利润分配过程。然而,上述研究并未拓展到低碳供应链网络决策情形,也忽视了公平关切、风险规避等行为因素对低碳供应链定价及协调决策产生的影响。

(三)供应链网络均衡定价决策研究

随着科学技术的不断革新和社会经济水平的快速发展,消费者个性化需求日益凸显,这对产品的开发、生产制造等过程提出了更高的要求。此时如何基于供应链视角审视企业之间的活动关系并进行有效的运营管理显得十分重要。[③] 供应链中存在多个成员企业,它们之间的业务往来进一步发展成供应链网络,网络中不同层级的节点企业之间都存在竞争与合作的关系。如何基于网络视角协调好各成员的关系具有重要意义。本书主要是将碳政策、公平关切特征和风险规避特征加入低碳供应链网络决策过程,因此,下面将从是否考虑碳排放量约束进行分析。

---

① 李友东,夏良杰,王锋正. 基于产品替代的低碳供应链博弈与协调模型[J]. 中国管理科学,2019,27(10):66-76.

② 刘名武,吴开兰,付红,等. 消费者低碳偏好下零售商主导供应链减排合作与协调[J]. 系统工程理论与实践,2017,37(12):3109-3117.

③ REZAPOUR S, ZANJIRANI-FARAHANI R, GHODSIPOUR S H, et al. Strategic design of competing supply chain networks with foresight[J]. Advances in Engineering Software,2011,42(4):130-141;AI X, CHEN J, ZHAO H, et al. Competition among supply chains:implications of full returns policy [J]. International Journal of Production Economics,2012,139(1):257-265.

供应链均衡模型最早来源于网络经济学。[1] 2002 年 Nagurney 首先将交通中的网络均衡理论引入供应链网络体系，并利用变分不等式方法获得了系统的均衡性条件。[2] Dong 等[3]考虑市场需求的不确定性，将模型扩展为随机需求情形，并构建了变分不等式；Nagurney 等[4]考虑实体交易与电子交易双销售渠道，将供需风险融入成员决策过程，研究了供应链网络均衡策略问题。此后，许多学者将模型扩展到不同场景，包括闭环供应链[5]、超网络[6]、时变需求[7]、供应链金融[8]、双渠道[9]。本书主要考虑决策者公平关切特性、风险规避特性与容量约束对供应链网络均衡决策的影响，接下来将进行具体分析。

关于公平关切的供应链网络均衡决策研究：段丁钰等[10]采用 FS 模型刻画零售商的横向公平关切行为，并将其引入供应链网络均衡决策过程，研究了多个公平中性制造商和多个公平关切零售商组成的供应链网络决策问题。结果发

① NAGURNEY A. Network economics：A variational inequality approach[M]. 2th ed. Boston：Kluwer Academic Publishers，1999.

② NAGURNEY A，DONG J，ZHANG D. A supply chain network equilibrium model[J]. Transportation Research Part E：Logistics and Transportation Review，2002，38(5)：281-303.

③ DONG J，ZHANG D，NAGURNEY A. A supply chain network equilibrium model with random demands[J]. European Journal of Operational Research，2004，156(1)：194-212.

④ NAGURNEY A，CRUZ J，DONG J，et al. Supply chain networks, electronic commerce, and supply side and demand side risk[J]. European Journal of Operational Research，2005，164(1)：120-142.

⑤ HAMMOND D，BEULLENS P. Closed-loop supply chain network equilibrium under legislation[J]. European Journal of Operational Research，2007，183(2)：895-908.

⑥ YAMADA T，IMAI K，NAKAMURA T，et al. A supply chain-transport supernetwork equilibrium model with the behaviour of freight carriers[J]. Transportation Research Part E，2011，47(6)：887-907.

⑦ FENG Z，WANG Z，CHEN Y. The equilibrium of closed-loop supply chain supernetwork with time-dependent parameters[J]. Transportation Research Part E，2014，64：1-11；CHAN C K，ZHOU Y，WONG K H. A dynamic equilibrium model of the oligopolistic closed-loop supply chain network under uncertain and time-dependent demands[J]. Transportation Research Part E，2018，118：325-354.

⑧ LIU Z G，WANG J. Supply chain network equilibrium with strategic supplier investment：a real options perspective[J]. International Journal of Production Economics，2019，208：184-198；LIU Z G，WANG J. Supply chain network equilibrium with strategic financial hedging using futures[J]. European Journal of Operational Research，2019，272(3)：962-978.

⑨ ZHANG G M，DAI G X，SUN H，et al. Equilibrium in supply chain network with competition and service level between channels considering consumers' channel preferences[J]. Journal of Retailing and Consumer Services，2020，57：1-15；WAN X L，JIANG B C，LI Q Q，et al. Dual-channel environmental hotel supply chain network equilibrium decision under altruism preference and demand uncertainty[J]. Journal of Cleaner Production，2020，271：1-25.

⑩ 段丁钰，周岩，张华民，等. 考虑零售商不公平厌恶行为的供应链网络均衡研究[J]. 山东大学学报(理学版)，2017，52(5)：58-69.

现,零售商的公平关切行为都不利于自身利润的提升。王超胜等[①]进一步考虑服务质量约束,将决策者横向公平关切行为引入服务供应链网络均衡决策过程,分析了不利不公平关切、有利不公平关切以及服务质量标准对供应链网络均衡决策的影响。结果发现,服务质量标准的提高有利于决策者收益的上涨。郑英杰和周岩[②]则同时考虑零售商横向与纵向公平关切行为,利用变分不等式理论构建了二层供应链网络均衡模型,并设计了罚函数法进行求解。结果发现,零售商横向公平关切行为不利于自身利润的增加,而纵向公平关切行为却可以获利。戚佛兰等[③]针对单个制造商和多个零售商组成的双渠道供应链网络,利用 FS 模型对零售商渠道公平偏好进行刻画,构建了考虑渠道公平的供应链网络均衡模型。结果发现,零售商渠道公平偏好的增强不利于自身利润的提高。此外,曲朋朋等[④]将制造商公平关切行为引入闭环供应链网络均衡决策过程,分析了制造商不同公平关切行为对各成员利润、生产量以及回收量的影响。结果发现,制造商有利不公平关切行为虽然提高了回收量,但损害了自身和零售商的利益;而制造商不利不公平关切行为在降低回收量的同时却使得各成员利润增加。

关于风险规避的供应链网络均衡决策研究:Sun 等[⑤]将风险规避行为引入闭环供应链网络均衡决策过程,构建了有限维变分不等式模型,研究了互补型供应商、能力约束等特征对系统成员均衡策略的影响。结果发现,制造商的最大利润与最小风险存在矛盾,并且系统的经济行为受能力约束的限制。Zhou

①　王超胜,周岩,刘京,等. 考虑公平关切和质量的服务供应链网络均衡决策研究[J]. 软科学,2018,32(5):132-138.

②　郑英杰,周岩. 基于横向和纵向公平偏好的二层供应链网络均衡决策[J]. 中国管理科学,2019,27(4):136-148.

③　戚佛兰,周岩. 考虑渠道公平的双渠道二层供应链网络均衡策略[J]. 计算机集成制造系统,2021,27(5):1469-1482.

④　曲朋朋,周岩. 考虑制造商公平关切的闭环供应链网络均衡[J]. 山东大学学报(理学版),2020,55(5):114-126.

⑤　SUN H, LI J, ZHANG G T. Research on closed-loop supply chain network equilibrium with two-type suppliers, risk-averse manufacturers and capacity constraints[J]. Journal of Industrial Engineering and Management,2015,8(2):509-529.

等①考虑需求不确定下的多周期供应链网络,研究了零售商动态损失厌恶行为对供应链各成员均衡决策的影响。结果发现,与损失中性模型相比,零售商的损失厌恶行为不仅增加了零售商的利润,而且增加了供应链网络的总利润。Chan 等②利用多属性效用函数将零售商的风险厌恶行为、损失厌恶行为和后悔厌恶行为纳入供应链网络均衡模型,探讨了零售商多属性行为对供应链网络均衡定价、利润和效用的影响。结果显示,零售商的多行为态度对系统网络均衡策略非常敏感。国内学者方面,曹晓刚等③考虑一个闭环供应链网络系统,并采用分段效应函数来度量决策者的风险偏好,研究了产品再制造率与零售商风险规避程度对系统成员均衡策略的影响。孙浩等④引入均值-方差法对决策者的风险规避行为进行度量,并利用变分不等式理论构建了闭环供应链网络均衡模型。王道平等⑤应用条件风险值法来度量决策者的风险偏好,分析了质量控制与风险规避行为对供应链网络均衡决策的影响。结果发现,成员风险规避特征有利于质量水平提高。

　　现实生活中,原材料的采购能力、制造商的生产能力、零售商的储存能力、企业的运输及资金能力都是有限的,研究容量约束下的供应链成员决策行为更符合实际情况。已有学者将容量约束融入供应链的不同决策过程。例如:库存能力约束的供应链网络设计问题⑥、资金能力约束的供应链绩效分析⑦、产能限

---

　　① ZHOU Y, CHAN C K, WONG K H. A multi-period supply chain network equilibrium model considering retailers' uncertain demands and dynamic loss-averse behaviors[J]. Transportation Research Part E, 2018, 118:51-76.

　　② CHAN C K, ZHOU Y, WONG K H. An equilibrium model of the supply chain network under multi-attribute behaviors analysis[J]. European Journal of Operational Research, 2019, 275(2):514-535.

　　③ 曹晓刚, 郑本荣, 夏火松, 等. 具有风险规避型零售商的闭环供应链网络均衡分析[J]. 控制与决策, 2014, 29(4):659-665.

　　④ 孙浩, 胡劲松, 钟永光, 等. 考虑零售商风险规避的闭环供应链网络均衡模型[J]. 统计与决策, 2014(11):35-39.

　　⑤ 王道平, 赵超, 程延平. 考虑零售商质量控制和风险规避的供应链网络均衡研究[J]. 中国管理科学, 2019, 27(6):76-87.

　　⑥ AHMADI-JAVID A, HOSEINPOUR P. A location-inventory pricing model in a supply chain distribution network with price-sensitive demands and inventory-capacity constraints[J]. Transportation Research Part E:Logistics and Transportation Review, 2015, 82:238-255.

　　⑦ YANG H, ZHUO W, SHAO L. Equilibrium evolution in a two-echelon supply chain with financially constrained retailers:the impact of equity financing[J]. International Journal of Production Economics, 2017, 185:139-149.

制对商业周期的影响①、产能限制的闭环供应链动态行为②。因此,研究容量约束下供应链网络成员之间的均衡问题具有一定的实际意义。

　　Chen 和 Chou③ 将带产能约束的供应链网络均衡问题作为一个基于变分不等式的交通网络模型进行讨论。结果表明,施加的容量限制越严格,需求量越低,产品价格越高。Nagurney④ 考虑生产与储存能力约束,构建了寡头垄断企业的供应链网络均衡设计模型,并利用变分不等式理论设计了求解算法。Hamdouch⑤ 提出了一个有容量限制的供应链网络均衡模型,寻求在多周期规划期内确定成员的最优计划。通过对零售商和消费者采购策略的模拟,构建了基于采购策略流的变分不等式,并设计了逐次平均的求解方法。Sun 等⑥ 将决策者风险规避特性引入闭环供应链网络,研究了供应商生产能力约束下的网络均衡策略问题。Nagurney 等⑦ 考虑采购与运输能力约束,构建了救灾博弈模型,研究了成员网络均衡策略问题。Peng 等⑧ 以产品服务供应链网络为研究对象,探讨了生产能力和服务能力约束下的网络均衡策略问题。研究发现,产品能力约束限制了产品服务系统的质量,而服务能力约束限制了产品服务系统的类型。张桂涛等⑨ 针对制造商存在的库存能力约束和产品再造行为,研究了多

　　① KUHN F, GEORGE C. Business cycle implications of capacity constraints under demand shocks [J]. Review of Economic Dynamics, 2019, 32:94-121.

　　② DOMINGUEZ R, PONTE B, CANNELLA S, et al. On the dynamics of closed-loop supply chains with capacity constraints[J]. Computers & Industrial Engineering, 2019, 128:91-103.

　　③ CHEN H K, CHOU H W. Supply chain network equilibrium problem with capacity constraints [J]. Papers in Regional Science, 2008, 87(4):605-621.

　　④ NAGURNEY A. Supply chain network design under profit maximization and oligopolistic competition[J]. Transportation Research Part E:Logistics and Transportation Review, 2010, 46(3):281-294.

　　⑤ HAMDOUCH Y. Multi-period supply chain network equilibrium with capacity constraints and purchasing strategies[J]. Transportation Research Part C, 2011, 19(5):803-820.

　　⑥ SUN H, LI J, ZHANG G T. Research on closed-loop supply chain network equilibrium with two-type suppliers, risk-averse manufacturers and capacity constraints[J]. Journal of Industrial Engineering and Management, 2015, 8(2):509-529.

　　⑦ NAGURNEY A, SALARPOUR M, DANIELE P. An integrated financial and logistical game theory model for humanitarian organizations with purchasing costs, multiple freight service providers, and budget, capacity, and demand constraints[J]. International Journal of Production Economics, 2019, 212:212-226.

　　⑧ PENG Y T, XU D, LI Y Y, et al. A product service supply chain network equilibrium model considering capacity constraints[J]. Mathematical Problems in Engineering, 2020, 2020:1-15.

　　⑨ 张桂涛, 孙浩, 胡劲松. 考虑库存能力约束的多周期闭环供应链网络均衡[J]. 管理工程学报, 2017, 31(1):176-184.

周期闭环供应链网络的均衡问题。结果发现,库存能力约束会使系统利润增加但不能保证所有成员的绩效都提高。

显然,学者们从决策者公平关切、风险规避、库存能力约束等角度研究了供应链网络成员的均衡决策问题。但是,上述研究都没有考虑低碳背景。相比之下,本书基于碳交易机制与碳减排技术投资策略,研究了制造商公平关切特征、零售商风险规避特性与库存能力约束下的低碳供应链网络均衡定价问题,使研究情景更接近实际。

目前,已有一些学者将碳排放量、碳减排政策、绿色技术投资等引入供应链网络均衡决策过程。关于碳排放量的研究,大部分学者通过设置一定权系数将其引入决策者的目标函数,然后通过变分不等式理论进行求解。

Nagurney 等①考虑产品制造过程产生的碳排放,最先将环境标准融入供应链网络均衡决策过程,构建了碳排放量最小的均衡决策模型。接着,Nagurney 等②又将运输过程加入供应链网络,研究了运输过程产生碳排放对供应链网络均衡的影响。结果表明,考虑环境因素的供应链网络优化模型也可以用于运输网络均衡问题的求解。刘阳和张桂涛③针对具有碳排放敏感需求的闭环供应链,构建了利润最大和碳排放量最小的双重目标网络均衡决策模型。周岩等④基于均衡理论和二层规划理论构建了 Stackelberg-Nash 均衡模型,分析了政府碳排放惩罚和奖励对成员决策的影响。结果发现,政府的碳减排调控机制有助于指导企业减排。

关于碳减排政策的研究:Nagurney 等⑤基于电力供应链网络,研究了统一碳税、排放量固定以及排放量碳税敏感三种不同碳税环境政策对供应链网络成

① NAGURNEY A, TOYASAKI F. Supply chain supernetworks and environmental criteria[J]. Transportation Research Part D, 2003, 8(3):185-213.

② NAGURNEY A, LIU Z G, WOOLLEY T. Sustainable supply chain and transportation networks [J]. International Journal of Sustainable Transportation, 2007, 1(1):29-51.

③ 刘阳, 张桂涛. 基于企业环保目标和消费者环保意识的闭环供应链网络决策研究[J]. 中国人口资源与环境, 2019, 29(11):71-81.

④ 周岩, 胡劲松, 王新川, 等. 政府关于碳排放调控机制下的供应链网络 Stackelberg-Nash 均衡研究[J]. 中国管理科学, 2015, 23(S1):786-793.

⑤ NAGURNEY A, LIU Z G, WOOLLEY T. Optimal endogenous carbon taxes for electric power supply chains with power plants[J]. Mathematical and Computer Modelling, 2006, 44(9/10):899-916.

员决策的影响,获得了不同环境政策下的最优碳税和均衡电力交易量。Zhang等[1]将两种强制性的碳排放限制引入闭环供应链网络,研究了网络中各参与方的最优行为和均衡条件。Yu等[2]比较了统一排放税率、累进排放税和政府管控对均衡产品需求、价格、利润的影响。结果表明,环境税收政策的实施不仅可以激励企业进行可持续经营,而且可以减少总碳足迹。He等[3]建立了基于碳上限的供应链超网络博弈模型,并设计了增广算法进行求解,重点探讨了政府资本共享政策和运营决策模式对低碳供应链超级网络绩效的影响。Allevi等[4]将碳排放交易机制引入闭环供应链网络,探讨了碳交易法规对碳排放、产品流、价格以及成员绩效的影响。张桂涛等[5]针对低排放和高排放两类制造商,研究了碳交易机制下企业的最优生产与减排策略问题,并通过数值比较分析获得了一些管理学启示。

关于绿色技术投资的研究:Wu等[6]假设政府部门为制造商和零售商提供碳减排技术投资补贴,利用互补理论、变分不等式理论等建立了闭环供应链网络多阶段均衡决策模型。研究发现,政府补贴机制能够有效促进企业碳减排技术投资水平的提升。林贵华等[7]在决策者各方均考虑碳减排技术投资和政府强制回收背景下,建立了多阶段绿色闭环供应链竞争模型,并通过混合互补理论设计了求解算法。研究表明,规划阶段数的增加有利于实现资源的有效利用,并引导企业积极进行绿色技术投资。

以上研究表明,已有学者分别从碳排放总量、低碳技术投资以及政府碳规

① ZHANG G T, ZHONG Y G, SUN H, et al. Multi-period closed-loop supply chain network equilibrium with carbon emission constraints[J]. Resources, Conservation and Recycling, 2015, 104:354-365.

② YU M, CRUZ J M, LI D M. The sustainable supply chain network competition with environmental tax policies[J]. International Journal of Production Economics, 2019, 217:218-231.

③ HE L F, MAO J, HU C L, et al. Carbon emission regulation and operations in the supply chain supernetwork under stringent carbon policy[J]. Journal of Cleaner Production, 2019, 238:1-18.

④ ALLEVI E, GNUDI A, KONNOV I V, et al. Evaluating the effects of environmental regulations on a closed-loop supply chain network: a variational inequality approach[J]. Annals of Operations Research, 2018, 261(1/2):1-43.

⑤ 张桂涛, 王广钦, 赵欣语, 等. 碳配额交易体系下闭环供应链网络的生产与碳交易策略研究[J]. 中国管理科学,2021, 29(1):97-108.

⑥ WU H X, XU B, ZHANG D. Closed-loop supply chain network equilibrium model with subsidy on green supply chain technology investment[J]. Sustainability, 2019, 11(16):1-26.

⑦ 林贵华, 冯文秀, 杨振平. 回收商参与的多阶段绿色闭环供应链竞争模型[J]. 中国管理科学, 2021, 29(6):136-148.

制等角度研究了供应链网络成员定价以及均衡决策问题。但是,已有关于低碳供应链网络均衡的研究很少考虑成员的公平关切与风险规避特性。

本章小结

本章主要对本书研究有关的理论进行了分析,并对研究现状进行综述。

(1)基于"双碳"背景,从政府碳减排约束和企业可持续发展的角度,介绍了碳交易策略和碳减排投资策略对推动企业技术革新并实现经济与环境双目标的重要性。

(2)结合低碳供应链成员企业面临的外部环境,从分散独立决策、契约协调决策以及网络均衡决策的视角,对供应链决策相关理论进行概述,主要包括博弈理论、供应链协调理论以及变分不等式理论等。

(3)从碳减排投资、供应链行为特征以及供应链定价决策三个方面进行了研究综述。首先从政府碳排放政策、消费者低碳偏好和储存管理三个方面对碳减排投资的相关研究现状进行了介绍;接着考虑公平关切和风险规避两种行为偏好,对供应链行为特征研究现状进行了分析;最后从单独定价、协调定价以及网络定价三个方面对供应链定价决策研究现状进行了综述。

第二章
低碳供应链成员行为特征分析

　　"双碳"目标对社会和企业提出了具体要求,同时消费者也表现出一定的低碳消费偏好。供应链中的企业必须在满足政策要求和市场低碳偏好的同时,保证自身的利润所得,因此在市场风险、企业利润等方面表现出较强的规避、关切等行为偏好特征。本章首先基于"双碳"背景分析低碳供应链的内涵,并对低碳供应链成员的决策动机、决策主体以及决策内容进行科学界定,在此基础上明确消费者低碳偏好、利润公平关切和市场风险规避行为等特征对低碳供应链企业决策的作用机理和影响规律。

第一节　低碳供应链的内涵与特征

一、低碳供应链的内涵

　　在过去三十年中,商品的生产、运输、储存和消费在全世界引发了严重的环境问题。供应链活动对自然资源耗竭和不同形式废物产生的影响已经明确。工业活动对环境的危险后果促使利益相关者,特别是政府监管机构和有意识的消费者,向工业管理者施加压力,鼓励或促使他们采取负责任的环境行为。

　　因此,企业不得不重新思考现有的供应链,以应对这些新的环境挑战。他们必须解决的主要问题之一是如何进行战略决策和运营管理,同时确保盈利能力和环境绩效之间的平衡。许多环境标准和指标已确定用来评估环境绩效,包括温室气体(GHG)排放、能源效率、自然资源保护等。在此过程中,学者们采用绿色供应链来定义供应链与环境的融合关系。

作为一种重要的组织理念,绿色供应链管理通过降低环境风险和影响,不仅提高了组织及其合作伙伴的生态效率,而且保证了组织的收益与产品的市场占有率。Srivastava[1]认为从供应链视角审视产品生命周期的环境因素即为绿色供应链,包括基于环保理念的产品开发与设计、考虑碳排放规制的物流过程,向消费者交付最终产品,以及在产品使用寿命结束后对其进行寿命终止管理。最近几年,许多公司主要关注温室气体减排。Jabbour 等[2]认为任何组织都必须在供应链管理中实施减排策略。因此,低碳供应链管理的概念越来越受到学术界和工业界的重视。

已有文献主要从两个方面对低碳供应链展开研究:一是涉及供应链管理的功能和运营方面,如采购、生产和规划、分销、网络设计和供应链协调;二是涉及碳足迹(CF)的核算和概念化。Das 和 Jharkharia[3] 将低碳供应链管理定义为将 CO_2 或 CO_2 当量或温室气体排放整合为供应链设计和规划中的约束或目标的策略。

低碳供应链管理的主要活动包括供应商选择、库存计划、运输管理、网络设计和协调策略等,其最终目标是在不损害公司整体经济利益的情况下减少整个供应链的碳排放。因此,低碳供应链管理的重点是如何实现企业经济收益和社会环境保护之间的权衡。表 2-1 总结了低碳供应链的参与主体以及经营活动,并归纳出了相关的碳因素。由于学术界对低碳供应链的概念还未形成一致的共识,结合 Das 和 Jharkharia[4] 对低碳供应链的定义,本书定义低碳供应链如下:综合考虑政府碳排放约束,从供应链的视角来审视产品相关企业的运营管理过程,并利用减排技术和管理方法来控制产品采购、制造、销售等物流环节产生的温室气体,满足顾客排放敏感需求的同时实现经济与环保的均衡。

---

[1] SRIVASTAVA S K. Green supply-chain management:a state-of-the-art literature review[J]. International Journal of Management Reviews,2007,9(1):53-80.

[2] JABBOUR C J C, NETO A S, GOBBO J A, et al. Eco-innovations in more sustainable supply chains for a low-carbon economy:a multiple case study of human critical success factors in Brazilian leading companies[J]. International Journal of Production Economics, 2015, 164:245-257.

[3] DAS C, JHARKHARIA S. Low carbon supply chain:a state-of-the-art literature review[J]. Journal of Manufacturing Technology Management, 2018, 29(2):398-428.

[4] DAS C, JHARKHARIA S. Low carbon supply chain:a state-of-the-art literature review[J]. Journal of Manufacturing Technology Management, 2018, 29(2):398-428.

表 2-1 低碳供应链参与主体及相关活动

参与主体	经营活动	碳因素
供应商	原材料供应、库存管理	碳管制、减排投资
制造商	生产制造、库存管理	碳管制、减排投资
物流服务商	运输服务	碳管制、减排投资
零售商	低碳宣传、产品销售	消费者低碳偏好
再制造商	产品再制造	碳管制、减排投资

二、低碳供应链的特征

由于碳排放已成为严重的环境问题,政府和低碳偏好的客户正向企业施加外部压力,迫使他们重新考虑供应链管理决策活动,以从产品供应视角减少整个流程的碳排放量。因此,基于政府碳排放约束与消费者低碳偏好视角对企业的低碳运营管理过程进行研究具有重要的意义。

一方面,政府正在颁布各种影响企业活动的环境立法。[①] 决策者要么提供激励或补贴,要么对碳排放施加成本或上限。除了补贴,常见的碳排放法规还包括上限、碳关税和税收政策。事实上,实施碳立法的国家采取了各种税收战略,并采用了不同的上限、补贴和碳价格。根据此类法规,公司将承担额外成本和市场份额损失,除非他们将供应链产生的排放降至最低。此时,他们需要一个决策支持工具,以便更好地作出决策,来应对政府在减少总体碳排放方面的压力。

另一方面,低碳偏好的消费者正在对公司施加另一种压力,他们采取负责任的行为,购买已生产并投放市场的碳排放量最低的产品。这些客户可能会创造一个新的市场需求,除非他们改善环境绩效,否则公司无法进入。忽视这一约束可能会导致公司放弃新的机会,并对公司品牌产生负面影响。

因此,本书将碳政策、消费者低碳偏好以及低碳投资技术等融入供应链运营管理过程,构建了关于低碳供应链的基本框架。具体如图 2-1 所示。

---

① HE P, ZHANG W, XU X Y, et al. Production lot-sizing and carbon emissions under cap-and-trade and carbon tax regulations[J]. Journal of Cleaner Production,2015,103:241-248.

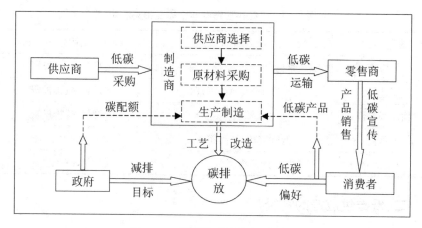

图 2 - 1　低碳供应链基本框架图

(一)政府减排驱动

为了实现"双碳"目标,全国碳交易市场已启动,政府陆续颁布了各项关于低碳的法律法规,这些法律法规的出台对相关企业的生产经营活动产生影响。[①]相关法律法规通过设置低碳奖励和补贴鼓励企业的低碳生产行为,或者对企业的碳排放行为征收排放税费或给定免费的碳配额,从而实现企业低碳减排的目的。事实上,低碳相关法律法规的出台,可能会使企业增加额外的成本并造成市场份额的损失。为了实现低碳减排的目标,企业需要对本企业的低碳供应链管理活动进行改进与优化,缓解自身在碳排放方面的压力。其中,合适的价格策略成了快速提升企业收益的有效方式。为缓解碳减排投资增加的额外成本,企业必将根据自身收益进行最优定价决策。

(二)消费者低碳需求

具有低碳偏好特征的消费者更为偏向购买低碳产品。这种消费倾向对企业的低碳生产水平提出了更高的要求,考虑到这一背景,企业必须就如何减少碳排放提出相应的措施。此过程中,由于增加额外成本,企业会从自身利益角度出发对相关价格进行调整,这势必又会引起市场需求的变化,从而增加了企业定价决策的复杂性。

---

① BAI Q G, XU J T, CHAUHAN S. Effects of sustainability investment and risk aversion on a two-stage supply chain coordination under a carbon tax policy[J]. Computers & Industrial Engineering, 2020, 142:1-23.

(三)企业主动减排

为了落实政府低碳减排政策,企业需要主动引进先进的技术或工艺流程以降低排放量。由于碳减排投资增加了额外成本,企业为了自身利益会采取较高的价格策略,但全国碳交易机制下,企业也可以通过出售剩余碳配额获利。此时,企业的定价决策不仅与减排投资有关,而且也受碳交易机制影响。

第二节　低碳供应链成员行为偏好分析

一、消费者低碳偏好行为

全球经济的快速发展导致严重的环境问题,如何实现二者之间的有效协调成了经济可持续发展的必然选择。低碳经济旨在确保一定经济水平的同时严格控制碳排放量,于 2003 年被英国最先提出,已成全球经济发展的优先事项。为落实全球减排目标,2010 年中国政府提出,将建立低碳产业体系和低碳消费模式。紧接着,中国政府通过发展低碳城市和建设低碳排放产业,为发展低碳经济、促进节能减排做出了一系列努力。[1] 由于政府碳标签的引导以及人们环保意识的增强,顾客在购买商品时往往较多关注其环境属性。此时,商品价格与质量不再作为购买者唯一的决策考量,同时随着经济水平的提高,具有该偏好的购买群体数量也不断增加。

这种低碳偏好行为符合微观经济学的特征,主要对市场需求产生影响。部分学者将销售价格作为内生变量融入市场需求的敏感函数,并得到了关于销售价格的最优产品订购量表达式。在融入销售价格的订购决策中,首先要解决的就是如何构建价格敏感的需求函数,其次如何获得最优定价与订购量。相关研究中,Mills[2] 最先提出了线性加函数:$D(p,\varepsilon)=a-bp+\varepsilon$, Karlin 和 Carr[3] 提出

① CHEN H, LONG R Y, NIUNW J, et al. How does individual low-carbon consumption behavior occur? An analysis based on attitude process[J]. Applied Energy, 2014, 116(1):376-386.

② MILLS E S. Uncertainty and price theory[J]. The Quarterly Journal of Economics, 1959,73(1): 116-130.

③ KARLIN S, CARR C R. Prices and optimal inventory policy[M]//ARROW K J, KARLIN S, SCARF H. Studies in applied probability and management science. California:Stanford University Press,1962.

了弹性乘函数:$D(p,\varepsilon)=ap^{-b}\varepsilon$。后来,这两种函数成了研究需求价格敏感的基础,部分学者对其进行了改进和完善。另外,还有一些学者关注销售服务、产品设计等非价格因素,将市场行为融入市场需求函数中。比如,Taylor[1] 考虑销售努力水平构建了乘法形式的需求函数:$D(e,\xi)=e\xi$,其中 ξ 为随机市场需求,e 为销售努力水平。本书基于 Mills[2] 提出的线性加函数,将销售价格和低碳偏好因素融入低碳产品需求函数,研究了决策者的最优定价与订购量问题。

二、决策者公平关切偏好行为

大多数供应链决策的模型都基于自利理性主体的假设,并排除了社会因素,如互惠、地位寻求或群体认同。然而,行为经济学的最新发展表明,除了经济利益外,行为者可能还关心互惠、公平和地位。[3] 一个显著特点就是决策者希望得到公平对待,他们不仅关心自己的利润,还关心利润在成员中如何进行合理的分配。

为了缓解气候变化,各国政府制定并实施了相应的低碳减排政策,如碳税、总量限制和交易制度等。现实中,为提高消费者对绿色产品的认可度并积极购买,政府往往通过碳标签对人们的购买行为进行引导。制造企业为满足政府减排规制和顾客排放敏感需求将进行碳减排技术投资,零售企业为扩大产品市场将进行低碳产品营销宣传,这些都将使得决策者增加额外成本。此时,受社会认知、心理因素等行为的影响,制造商与零售商都可能进行有限理性决策,表现出公平偏好的决策行为。

目前,已有研究者在行为经济学中开发了基于不平等厌恶的模型,用以模

① TAYLOR T A. Supply chain coordination under channel rebates with sales effort effects[J]. Management Science, 2002, 48(8):992-1007.

② MILLS E S. Uncertainty and price theory[J]. The Quarterly Journal of Economics, 1959, 73(1): 116-130.

③ LOCH C H, WU Y. Social preferences and supply chain performance:an experimental study [J]. Management Science, 2008, 54(11):1835-1849.

拟这种类型的社会偏好,包括 *FS* 模型①、*ERC* 模型②和 *LW* 模型③。尽管它们在如何对公平和互惠偏好的细节进行建模方面存在差异,但这些理论都有一个重要的共同特征,即拥有这种偏好的个人愿意为减少表面上的不公平结果或惩罚不公平行为而付费。④ 下面对三种公平关切模型分别介绍如下:

(一)*FS* 公平模型

由 Fehr 和 Schmidt⑤ 于 1999 年首次提出。该模型考虑有利的公平和不利的公平两个方面,将决策者自身的收益以及与其他决策者之间的收益差距融入模型决策过程。具体形式描述如下:

$$U_i(x) = x_i - \frac{\alpha_i}{n-1} \sum_{j \neq i} \max(x_j - x_i, 0) - \frac{\beta_i}{n-1} \sum_{j \neq i} \max(x_i - x_j, 0)$$

$$i, j \in \{1, 2, \cdots, n\} \tag{2-1}$$

其中 i 和 j 表示不同的决策主体;

n 表示决策主体的总数;

x_i 和 x_j 分别表示决策主体 i 与 j 的收益;

U_i 表示决策主体 i 的效用函数。

公式(2-1)右边的第二项和第三项分别表示不利不公平和有利不公平造成的效用损失。

(二)*ERC* 公平模型

由 Bolton 和 Ockenfels⑥ 于 2000 年首次提出。该模型将决策群体的平均收益纳入公平决策范畴,具体形式描述如下:

$$U_i = U_i(x_i, \sigma_i) \tag{2-2}$$

① FEHR E, SCHMIDT K M. A theory of fairness, competition and cooperation [J]. Quarterly Journal of Economic, 1999, 114(3):817-868.

② BOLTON G E, OCKENFELS A. ERC:a theory of equity, reciprocity, and competition [J]. American Economic Review, 2000, 90(1):166-193.

③ LOCH C H, WU Y. Social preferences and supply chain performance:an experimental study [J]. Management Science, 2008, 54(11):1835-1849.

④ FEHR E, GOETTE L, ZEHNDER C. A behavioral account of the labor market:the role of fairness concerns[J]. Annual Review of Economics, 2009, 1:355-384.

⑤ FEHR E, SCHMIDT K M. A theory of fairness, competition and cooperation [J]. Quarterly Journal of Economic, 1999, 114(3):817-868.

⑥ BOLTON G E, OCKENFELS A. ERC:a theory of equity, reciprocity, and competition [J]. American Economic Review, 2000, 90(1):166-193.

$$\sigma_i = \sigma_i(x_i, \sum_{i=1}^{n} x_i, n) = \begin{cases} x_i / \sum_{i=1}^{n} x_i & \sum_{i=1}^{n} x_i > 0 \\ 1/n & \sum_{i=1}^{n} x_i = 0 \end{cases}, i \in \{1, 2, \cdots, n\} \quad (2-3)$$

其中 i 表示决策主体;

n 表示决策主体的总数;

x_i 表示决策主体 i 的收益;

σ_i 表示决策主体 i 的平均收益;

U_i 表示决策主体 i 的效用函数。

(三)LW 公平模型

由 Loch 和 Wu[1] 于 2008 年首次提出,也称为收益分配绝对公平模型。该模型主要将对方的收益纳入公平决策范畴,考查自身收益与对方收益之间的差值。故多用于描述两个相关决策主体之间的行为,强调了成员之间收益分配过程的绝对公平。与 FS 模型相比,LW 模型仅考虑了不利不公平造成的效用损失,具体形式描述如下:

$$U_i = x_i - \theta_i(x_j - x_i), i \neq j \quad (2-4)$$

其中 i 和 j 表示不同的决策主体;

x_i 和 x_j 分别表示决策主体 i 与 j 的收益;

θ_i 表示决策主体 i 引入的公平偏好系数;

U_i 表示决策主体 i 的效用函数。

本书主要考察低碳供应链中制造商与零售商之间收益的绝对公平性以及多个制造商之间的有利与不利不公平关切行为,故后续有关公平关切的模型都是基于 LW 公平模型和 FS 公平模型的研究基础。

三、决策者风险规避偏好行为

环境的不确定使得供应链相关企业面临着需求和供应的双重风险。其中需求风险易造成实际需求和预估需求之间的不匹配,使得供应链成员之间的协调不充分,可能带来成本高昂的短缺、过时和低效的产能利用率等负面后

---

① LOCH C H, WU Y. Social preferences and supply chain performance:an experimental study [J]. Management Science, 2008, 54(11):1835-1849.

果。而供应方风险包括供应商业务风险、产能问题、技术变革、产品设计变更、供应质量差和延迟交付等，甚至还包括自然灾害、社会不稳定、经济危机等灾难性风险。[①]同时，因产品供应和制造要求的不断变化、新产品的频繁引入等造成供应链外部环境越来越复杂，也将给供应链带来高风险。

供应链中部分成员为了有效执行政府制定的减排政策并确保碳排放达标，通常需要进行减排技术投资，此时将增加额外成本。同时，由于顾客对产品的低碳偏好程度以及低碳产品本身的价格不确定等因素，从而进一步增加了市场需求的预估难度。并且制造商因此也要改变生产计划，这将带动采购、运输、产品开发等一系列的变化，最终增加了供应链系统的复杂性。因此，受成本额外增加、市场需求不确定以及外部环境复杂性的影响，低碳供应链面临的风险大大增加。供应链各成员如何进行有效的风险度量并合理决策以规避风险成了低碳供应链管理的重点。

行为理论分析指出，决策者关注自身收益的同时，也会选择如何规避自身风险。此时，传统的理性假设不足以描述决策者的这种风险规避行为。将风险度量方法融入成员决策过程引起了学术界的高度重视。采用合理的风险度量方法对决策者面临的风险进行分析、评估和比较是风险管理的关键。主要的风险度量方法如下：

(一) 均值-方差法

1959 年，Markowitz[②] 最先利用数理统计的方法构建了均值-方差模型，用以研究投资组合风险问题。后来部分学者又对其进行了改进并用于运作管理中的风险度量。具体形式描述如下：

$$\mu_p = \sum_{i=1}^{N} w_i \mu_i \tag{2-5}$$

$$\sigma_p^2 = \sum_{i=1}^{N} \sum_{j=1}^{N} \sigma_{ij} w_i w_j, i,j \in \{1,2,\cdots,N\} \tag{2-6}$$

其中 i 和 j 表示不同的资产指标；

① CHELLY A, NOUIRA I, FREIN Y, et al. On the consideration of carbon emissions in modelling-based supply chain literature：the state of the art, relevant features and research gaps[J]. International Journal of Production Research, 2019, 57(15/16)：4977-5004.

② MARKOWITZ H M. Portfolio selection：efficient diversification of investment [M]. New York：Wiley, 1959.

N 表示资产指标总数；

w_i 表示资产 i 的权重，满足：$0 \leqslant w_i \leqslant 1, \sum\limits_{i=1}^{N} w_i = 1$

μ_i 表示资产 i 的期望回报；

σ_{ij} 表示资产 i 和 j 的协方差；

μ_p 表示投资组合的期望回报；

σ_p^2 表示投资组合的方差。

(二) 风险价值法(VaR)

1963 年，Baumol[①] 首次提出 VaR 的概念，后来由于其数学表达明确、计算方便被广泛用于金融机构的风险度量。与均值-方差法不同，VaR 将累积概率水平与投资期融入风险决策过程，更符合现实情形。其形式可以描述为：

$$F(Z(T) \leqslant VaR) = \zeta \tag{2-7}$$

$$Z(T) = S(0) - S(t) \tag{2-8}$$

其中 $F(\cdot)$ 表示概率分布函数；

$Z(T)$ 表示 t 时刻的损失；

$S(t)$ 表示资产在 t 时刻的价格；

ζ 表示损失 $Z(T)$ 与风险值 VaR 在分布 $F(\cdot)$ 下的累积概率。

(三) 条件风险价值法($CVaR$)

一致性风险度量方法包括单调性、正齐次性、凸性以及平移不变性等特征，于 1997 年被 Artzner 等[②] 首次提出。假设 X 和 Y 表示不同投资策略给决策者带来的随机损失，ρ 用以描述投资策略的风险，则一致性风险度量方法可以表示为：

(1) 单调性：如果 $X \leqslant Y$，则有 $\rho(X) \leqslant \rho(Y)$；

(2) 正齐次性：$\rho(\lambda X) = \lambda \rho(X), \lambda > 0$；

(3) 凸性：$\rho(X + Y) \leqslant \rho(X) + \rho(Y)$；

(4) 平移不变性：$\rho(X + \alpha) = \rho(X) - \alpha, \alpha$ 表示无风险资产。

考虑 VaR 不满足一致性风险度量准则而表现出一定的不合理性，学者们

---

① BAUMOL W J. An expected gain-confidence limit criterion for portfolio selection[J]. Management Science, 1963, 10(2):174-182.

② ARTZNER P, DELBAEN F, EBER J M, et al. Thinking coherently[J]. Risk, 1997, 10(11):68-71.

开发了 *CVaR* 方法，具体形式描述如下：

$$CVaR = E[Z(T) \mid Z(T) > VaR] \tag{2-9}$$

（四）损失规避法

1979 年，Kahneman 和 Tversky[①]首次运用前景展望理论描述风险规避行为，并建立了损失规避模型。该模型将收益结果与预期参考值之间的差距作为风险值的一个评判标准，具体形式描述如下：

$$U(x) = \begin{cases} x - x_0 & x \geqslant x_0 \\ \lambda(x - x_0) & x < x_0 \end{cases} \tag{2-10}$$

其中 x 表示决策者的最终收益结果；

x_0 表示决策者预期收益值；

$\lambda \geqslant 1$ 表示损失规避系数；

$U(x)$ 表示决策者的效用函数。

当 $\lambda = 1$ 时，表示决策者不考虑风险特征，而进行风险中性下的决策；当 $x_0 = 0$ 时，表示决策者的盈亏参考点为 0。

本书主要考察低碳供应链中制造企业、零售企业的风险规避行为，后续有关模型都是基于 Markowitz[②]、Kahneman 和 Tversky[③] 的研究基础。

第三节   低碳供应链成员决策分析

一、低碳供应链成员决策动机

（一）政府碳减排约束

近年来，商品的采购、生产、运输、储存和消费在全世界引发了严重的环境问题，供应链成员活动对自然环境的影响已十分明确。比如，各国政府实施了

---

① KAHNEMAN D, TVERSKY A. Prospect theory:an analysis of decision under risk[J]. Econometrica，1979，47(2):263-291.

② MARKOWITZ H M. Portfolio selection:efficient diversification of investment [M]. New York:Wiley, 1959.

③ KAHNEMAN D, TVERSKY A. Prospect theory:an analysis of decision under risk[J]. Econometrica，1979，47(2):263-291.

碳税、碳交易、碳限额等不同类型的排放管制机制来遏制排放。此时，为了应对这些新的环境挑战，企业决策者需要从利润与环境的可持续性出发思考现有的供应链管理模式。为了达到政府碳减排要求，企业甚至需要进行减排技术投资以创新生产技术或改进生产流程，他们必须解决的主要问题之一是如何进行战略决策和运营管理，同时确保盈利能力和环境绩效之间的平衡。因此，政府碳减排约束是供应链成员企业进行低碳决策并减少总体碳排放的重要驱动力。

(二) 消费者低碳偏好

温室气体排放被认为是全球变暖的主要原因，其被确定为首要的环境问题已成了人们的共识。与此同时，日益凸显的环境问题不断提升了消费者的环保意识。一方面，顾客在进行购买决策时，不再仅仅考虑商品的价格和质量，更注重商品的环保特征。经济的持续增长使得人们的购买能力不断提高，具有低碳意识的顾客不仅有能力而且也愿意为绿色产品付出更多成本。另一方面，政府通过碳标签引导顾客进行低碳消费，最典型的就是 2005 年中国出台的能源标签计划，而目前助力乡村振兴战略的新能源汽车下乡活动成了引导顾客进行低碳消费的重要形式。政府通过对低碳生产企业进行政策引导并对低碳产品进行价格补贴，不仅促使供应链企业积极进行低碳生产，而且改变了消费者的购买偏好。此时，消费者低碳偏好特征对供应链上的企业活动提出了新的挑战，为了满足消费者对产品的低碳需求，供应链上相关企业从产品开发设计到最终销售给顾客的一系列活动都将发生变化。供应链企业为提高自身竞争力，如何进行低碳决策以满足消费者需求，成了企业运营管理的重点。因此，消费者低碳偏好成了供应链成员企业进行低碳决策以满足市场需求的另一驱动力。

(三) 决策者行为特征

政府的碳减排法规、消费者对产品的低碳偏好以及企业自身品牌意识等内外部压力增加了供应链的复杂性，供应链成员为了达到政府碳减排要求并满足消费者低碳需求往往要增加额外的投资成本，比如制造企业进行低碳技术投资以降低排放量、零售商进行低碳宣传以提高产品销售量等。成本的增加将使得企业决策更加敏感，各成员企业作为一个独立的分散主体，决策时将表现出一定的行为特征。他们不仅关注自身利益分配是否公平,而且也会表现出一定的风险规避特征。此时,决策者行为特征将改变传统的低碳供应链企业运营管理模式,并增加低碳企业决策的难度。因此,决策者行为特征也成了供应链成员企业进行低碳决策的内在驱动力。

二、低碳供应链成员决策主体

低碳供应链是指将减排目标融入从产品开发与设计到销售给顾客,最终直至产品回收相关的一系列企业活动中,涉及供应企业、制造企业、运输企业、销售企业等,各企业考虑政府碳减排约束与消费者低碳需求,并基于一定的行为特征进行决策。其中供应企业负责低碳原材料或半成品的供给,主要进行采购价格的决策;制造企业负责低碳生产并进行碳减排技术投资,主要进行批发价格、碳减排水平等的决策;运输企业负责低碳产品的运输,主要进行运输网络规划设计、网络布局等的决策;销售企业负责低碳产品的销售,主要进行销售价格、低碳宣传投资等的决策。本书所构建的低碳供应链中,制造商负责产品的生产并投资碳减排,零售商负责将产品销售给具有低碳偏好的消费者。具体结构图如 2-2 所示:

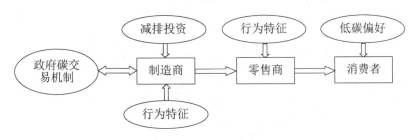

图 2-2 基于行为特征的低碳供应链结构图

政府首先根据制造商的产品类型、工艺流程、生产规模等提供一个免费的碳排放额度,如果企业最终的排放量超过该额度,其将以一定的交易价格从市场购买碳权,否则以一定价格出售碳权。为了合理利用政府碳交易规制并满足顾客对产品的低碳需求,制造商将进行碳减排技术投资,并通过碳配额、碳交易价格以及产品排放敏感需求进行最优批发价格与减排率的决策。零售商则结合产品低碳需求和批发价格进行最优销售价格的决策。同时,考虑低碳供应链的复杂性,将公平关切、风险规避行为特征融入各成员决策过程。

三、低碳供应链成员决策内容

本书考虑政府碳交易机制与碳减排技术投资,从节点视角、契约视角以及网络视角分别研究了低碳供应链成员定价决策、协调定价决策和网络定价决策过程。具体决策结构图如 2-3 所示。

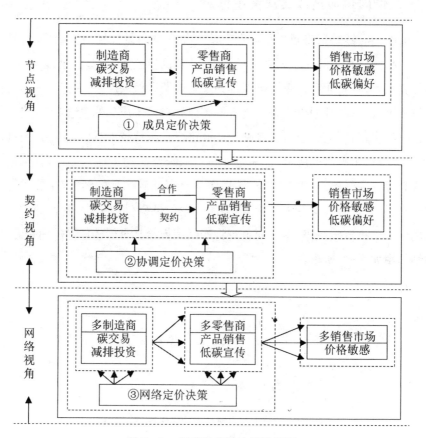

图 2-3 低碳供应链决策结构图

(一) 成员定价决策

作为一个独立个体,各供应链成员首先要进行定价决策。其中,原材料供应商确定采购价格、制造商确定批发价格、零售商确定零售价格等。由于碳因素的融入,与传统供应链相比,低碳供应链成员的定价决策变得更加复杂。制造商将根据政府碳减排约束和消费者低碳偏好以自身利益最大化为目标来确定产品的批发价格和减排率,而零售商则根据消费者低碳需求和上游企业的批发价格以零售商自身利益最大化来确定零售价格。由于制造商减排技术投资与零售商低碳宣传都会产生额外成本，制造商与零售商还会关注利益分配是否公平。此外，制造商还会就如何规避风险进行决策，加入公平关切和风险规避行为的低碳供应链决策更符合实际。本书第三章分别考虑决策者公平关切特征与风险规避特征，构建了不同成员行为偏好下的低碳供应链定价决策模型，研究了不同行为偏好因子对系统成员定价决策、利润分配以及减排决策的影响。

（二）协调定价决策

供应链成员以各自利益最大化为目标进行决策，必然会导致整个供应链系统的整体收益水平下降，如何协调供应链成员的决策过程以提高系统的整体收益成为供应链决策的重要内容。低碳供应链中各成员为实现低碳目标将付出额外的成本，因此各成员往往表现出公平关切与风险规避的特征。为了追求公平与规避自身风险，各成员甚至愿意牺牲部分利益，此时各成员更易出现利益冲突从而导致双重边际化效应。如何基于成员公平关切与风险规避特征对低碳供应链相关企业的协调决策过程进行研究具有重要意义。本书第四章考虑制造商公平关切与风险规避特征，采用博弈理论与契约协调理论研究了低碳供应链成员协调定价决策问题，不仅分析了公平关切系数、风险规避系数对成员定价及利润的影响，而且获得了成本分担契约的具体参数，提高了系统各成员的绩效水平。

（三）网络定价决策

科技的更新和消费者需求的多样化使得市场竞争越来越激烈，企业个体不足以应对多变的市场环境，此时传统的企业竞争模式逐渐向供应链竞争模式转变。然而一个低碳产品可能涉及多种原材料供应商、多个部件制造商以及多个销售市场等，多条供应链相互交织形成低碳供应链网络。该网络中不仅同层级决策主体之间存在竞争，而且上下层级决策主体之间也存在竞争。因减排投资需要增加额外成本，制造商更关注利润的分配是否公平。另外，市场需求的不确定加剧了下游企业面临的风险，其中零售商由于抗风险能力较弱更易表现出风险规避特征。因此，基于成员公平关切与风险规避特征研究低碳供应链网络均衡策略问题具有重要意义。本书第五章考虑制造商公平关切特征、零售商风险规避特征与库存能力约束，采用变分不等式理论研究了低碳供应链网络均衡定价决策问题,重点分析了公平关切因子、风险规避因子、碳交易价格以及库存能力约束对低碳供应链网络均衡解的影响。

第四节   行为偏好对低碳供应链决策的影响

一、消费者低碳偏好对低碳供应链成员决策的影响

商品从生产到销售过程涉及多个企业,上下层级企业之间组成了一条供应链。激烈的市场竞争迫使供应链成员以满足消费者多样化需求为目标,只有当各成员与供应链系统的目标一致时,销售企业才能获得更多的市场需求量,最终提高供应链中各成员的收益。在传统供应链中,消费者对价格最为敏感,市场需求往往与销售价格负相关,供应链各成员之间通过价格博弈决策以确保各自收益并获得一定的市场占有率。然而,碳交易机制、排放敏感需求以及减排投资等因素的加入使得低碳供应链相关企业面临的内外环境更加复杂。消费者不仅对商品价格敏感,更表现出一定的低碳偏好特征。为了满足消费者对产品的低碳需求并扩大市场占有率,制造商需要进行减排技术投资,而零售商也将进行低碳消费宣传。

此时,供应链成员企业之间不仅要进行价格决策,而且还要考虑碳减排策略。因进行碳减排投资或低碳宣传而产生额外成本,决策者之间可能存在一定的利益冲突,从而影响低碳供应链的决策目标,进一步将降低低碳产品的市场需求。具体的影响过程如图2-4所示。本书第三章、第四章考虑零售商对产品的低碳偏好需求以及政府碳交易机制约束,分别研究了成员公平关切与风险规避特征对低碳供应链相关企业决策的影响。

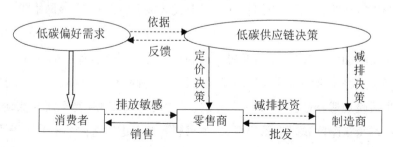

图2-4   低碳偏好需求对低碳供应链决策影响过程

二、公平关切偏好对低碳供应链成员决策的影响

当供应链成员具有公平关切行为时,他们不仅关注自身收益,更关心对方收入情况,通过对比分析以判断自身是否被公平对待。供应链成员为实现低碳目标并扩大市场需求而增加额外成本,将使得决策者更易关注利润分配的公平性。此时,各成员将以自身效用最大化为目标进行决策,而非以供应链系统整体收益最大化为目标进行决策。由于公平关切程度无法准确描述,供应链各成员往往通过自身估算进行界定,从而使得决策者之间十分容易出现利益冲突。利益分配不合理进一步增强了成员的公平关切行为,最终使得低碳供应链的绩效降低。具体的影响过程如图2-5所示。本书第三章、第四章、第五章分别考虑制造商、零售商公平关切行为,采用博弈理论构建了定价决策模型,研究不同公平关切因子对低碳供应链决策的影响。

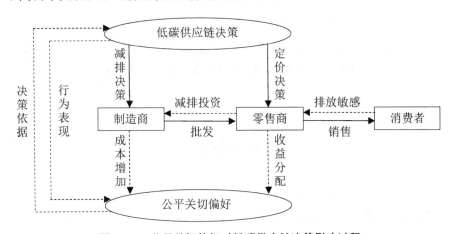

图 2-5　公平关切偏好对低碳供应链决策影响过程

三、风险规避偏好对低碳供应链成员决策的影响

当供应链成员具有风险规避行为时,他们不仅关注自身收益,更关心如何规避风险。低碳供应链中,制造商为实现低碳目标会对碳减排技术进行投资,该种行为的投资风险通常较高,零售商因顾客对产品的低碳偏好而存在一定的需求风险。此时,制造商与零售商因投资与需求风险将付出额外成本从而表现出一定的风险规避特征。具有风险规避行为的决策者往往以自身效用最大化进行决策,由于风险规避程度无法统一将导致决策者之间的利润分配不合

理,最终降低了系统整体的效率。具体的影响过程如图2-6所示。为了规避风险,决策者可能会降低自身收益进行决策,这显然也不符合低碳供应链的决策目标。本书第三章、第四章、第五章分别考虑制造商、零售商风险规避行为,采用博弈理论、契约理论和变分不等式理论研究了低碳供应链分散决策、协调决策和网络均衡决策问题。

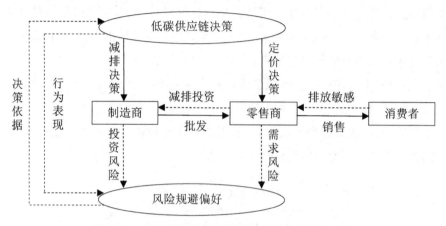

图2-6 风险规避偏好对低碳供应链决策影响过程

本章小结

本章主要对低碳供应链成员的行为特征以及决策过程进行了分析,并探讨了成员行为特征对企业决策的影响。

(1)基于参与主体及相关活动分析了低碳供应链的内涵,并从政府减排驱动、消费者低碳需求和企业主动减排三个方面介绍了低碳供应链的特征。

(2)结合企业面临的碳减排规制和产品低碳敏感需求,对低碳供应链成员的行为因素进行分析,包括消费者低碳偏好、决策者公平关切与风险规避。

(3)从供应链成员决策的视角,对低碳供应链的运营决策行为进行了分析,包括决策动机、决策主体以及决策内容三个方面。

(4)考虑排放敏感需求、收益公平分配以及减排投资风险,分析了低碳偏好、公平关切偏好以及风险规避偏好对低碳供应链成员定价及减排决策的影响。

第三章
碳交易机制下考虑行为偏好的
低碳供应链成员单独定价决策

在"双碳"目标和消费者低碳偏好的驱使下,企业会考虑加大投资碳减排技术和设备的力度,这显然有利于企业和社会的可持续发展。但由于增加了额外成本,生产制造企业必然会提高产品价格,这就使得供应链上下游企业之间存在一定的利益分配冲突。同时,制造企业又必须高度关注由于价格提高而带来的市场占有率风险,以及企业在供应链中利润分配的公平性。市场风险规避与利润公平关切,就成为低碳供应链企业在定价决策时要考虑的重要因素。本章综合考虑碳交易机制和企业碳减排投资,分别构建成员行为中性、公平关切、风险规避以及同时公平关切与风险规避下的供应链成员定价决策模型,重点分析公平关切与风险规避等特征对产品定价、碳减排决策以及利润分配的影响规律。

第一节　问题描述与符号定义

一、问题描述

考虑一个包括零售商和制造商的两级低碳供应链,其中制造商的生产过程会产生碳排放,并按要求进行碳减排技术投资。起初制造商从政府获得免费碳额度后,若其排放量低于此额度,剩余的碳排放量可在市场上出售,从而创造额外利润。若制造商的碳排放量超过其上限,其就需从市场上购买所需的额度。

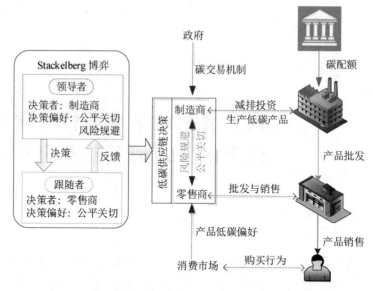

图 3-1　考虑行为偏好的低碳供应链决策

　　考虑公平关切与风险规避的低碳供应链决策过程如图 3-1 所示。在低碳供应链中,制造商负责低碳产品的生产,零售商负责产品销售。此时,制造商与零售商因额外碳排放成本增加,都可能表现出一定的公平关切与风险规避行为。因此,需将成员公平关切与风险规避等行为特征融入低碳供应链决策过程,分别探讨公平关切与风险规避特征对成员定价决策、利润分配以及减排决策的影响规律。

　　低碳供应链中相关成员的关系可以刻画为主从博弈过程,且上游的制造企业处于主导地位:制造商综合考虑生产成本和碳排放成本,确定产品的批发价格和碳减排率;零售商依据上游制造商提供的批发价格,进行最优订购量和零售价格的决策。本章将讨论四种定价决策情形。情形 1 为无行为偏好下的低碳供应链定价决策,包括低碳供应链集中定价决策和成员行为中性下的分散定价决策。情形 2 为考虑公平关切下的低碳供应链定价决策,包括制造商公平关切下的定价决策和零售商公平关切下的定价决策。情形 3 为制造商风险规避下的低碳供应链定价决策。情形 4 为制造商同时公平关切与风险规避下的低碳供应链定价决策。

　　本章的研究试图解决以下问题:(1)定价决策中的行为中性和行为偏好之间的区别是什么? (2)在碳交易政策下,供应链中不同成员的公平关切和风险规避行为如何影响低碳产品的定价和所有成员的利润?(3) 消费者对产品的低碳偏好如何影响企业的生产决策、低碳产品的定价以及成员的利润分配?

二、符号定义

本章涉及的符号详细说明如下:

c:表示单位产品的生产成本;

w:表示单位产品的批发价格;

e:表示单位产品初始碳排放量;

p:表示零售商的销售单价;

A:表示政府免费分配碳配额;

p_c:表示单位碳交易价格;

s:表示产品市场容量;

β:表示单位产品碳减排率;

b:表示零售价格敏感系数;

λ:表示低碳偏好系数;

k:表示碳减排投资系数;

η_m:表示制造商的公平关切系数;

η_r:表示零售商的公平关切系数;

μ_m:表示制造商的风险规避系数;

π_m:表示制造商的利润;

π_r:表示零售商的利润;

π_{sc}:表示供应链整体的利润;

X^*:表示集中决策情形下 X 的取值,其中 $X \in \{w,p,\beta,\pi_m,\pi_r,\pi_{sc}\}$;

X^n:表示行为中性下分散决策下 X 的取值,其中 $X \in \{w,p,\beta,\pi_m,\pi_r,\pi_{sc}\}$;

X^m:表示制造商公平关切决策下 X 的取值,其中 $X \in \{w,p,\beta,\pi_m,\pi_r,\pi_{sc}\}$;

X^r:表示零售商公平关切决策下 X 的取值,其中 $X \in \{w,p,\beta,\pi_m,\pi_r,\pi_{sc}\}$;

X^a:表示制造商风险规避决策下 X 的取值,其中 $X \in \{w,p,\beta,\pi_m,\pi_r,\pi_{sc}\}$;

X^t:表示制造商同时公平关切与风险规避决策下 X 的取值,其中 $X \in \{w, p,\beta,\pi_m,\pi_r,\pi_{sc}\}$。

为方便建立模型进行计算和分析,作出以下合理假设:

假设 1 零售商面临的市场需求不仅与产品零售价格有关,也受消费者对产品的排放敏感影响。参照 Zhou 等①的研究,将市场需求描述为产品零售价格和减排率的函数:$q = s - bp + \lambda\beta$。其中,$s$ 服从均值为 $\bar{s}$,标准差为 δ_s 的正态分布,且 $\bar{s} > 0, b > 0, \lambda > 0, \bar{s} - bp > 0$。

假设 2 制造商为降低产品制造过程中产生的碳排放量,投入一些费用引进或改进生产工艺或技术。参照 Zou 等②的研究,将制造商工艺改造费用(碳减排成本)描述为碳减排投资成本系数和单位产品碳减排率的函数:$C = k\beta^2/2$。

第二节 不考虑行为偏好的低碳供应链成员定价决策

一、集中式低碳供应链决策

在集中式决策系统中,低碳供应链是一个理想化的"超组织",其目的是使供应链各成员企业的利润之和最大化。此时,各成员作为一个整体向消费市场提供产品。成员之间的批发价格被视为内部转移价格,它仅作为利润分配的依据,但不影响系统的总利润。系统总利润由零售商的零售价格、单位产品碳减排率以及相关成本决定,制造商确定批发价格将是协调该系统参与者关系的有效方式。系统采取最优的零售价格 p^* 与单位产品碳减排率 β^*,以实现低碳供应链系统的利润最大化。低碳供应链整体的期望利润函数可以表示为:

$$E(\pi_{sc}^*) = (p-c)(\bar{s} - bp + \lambda\beta) + p_c[A - e(1-\beta)(\bar{s} - bp + \lambda\beta)] - k\beta^2/2$$

$$(3\text{-}1)$$

公式(3-1)右端第一项表示销售收益,第二项表示碳交易情况,第三项表示碳减排投资成本。$E(\pi_{sc}^*)$ 关于产品零售价格 p 和产品碳减排率 β 的 Hessian 矩阵 $H_1(p, \beta)$ 可以表述为:

① ZHOU Y J, BAO M J, CHEN X H, et al. Co-op advertising and emission reduction cost sharing contracts and coordination in low-carbon supply chain based on fairness concerns[J]. Journal of Cleaner Production, 2016, 133:402-413.

② ZOU F, ZHOU Y, YUAN C. The impact of retailers' low-carbon investment on the supply chain under carbon tax and carbon trading policies[J]. Sustainability, 2020, 12(9):1-27.

$$H_1(p,\beta) = \begin{pmatrix} -2b & \lambda - p_c eb \\ \lambda - p_c eb & 2p_c e\lambda - k \end{pmatrix} \tag{3-2}$$

因为一阶顺序主子式 $D_1 = -2b < 0$,当二阶顺序主子式 $D_2 = 2bk - (\lambda + p_c eb)^2 > 0$ 时,$H_1(p,\beta)$ 为负定矩阵,此时 $E(\pi_{sc}^*)$ 为 p 和 β 的凹函数。令 $\partial E(\pi_{sc}^*)/\partial p = 0$,$\partial E(\pi_{sc}^*)/\partial \beta = 0$,并联立方程组,可得集中控制决策下的最优零售价格和单位产品碳减排率:

$$p^* = \frac{k(\bar{s} + bc + p_c eb) - (\lambda + p_c eb)(p_c e\bar{s} + p_c e\lambda + c\lambda)}{2bk - (\lambda + p_c eb)^2} \tag{3-3}$$

$$\beta^* = \frac{(\bar{s} - bc - p_c eb)(\lambda + p_c eb)}{2bk - (\lambda + p_c eb)^2} \tag{3-4}$$

将(3-3)式和(3-4)式代入 $q = s - bp + \lambda\beta$ 的表达式和(3-1)式,得集中控制决策下的订购量函数和供应链系统的期望利润函数分别为:

$$q^* = \frac{bk(\bar{s} - bc - p_c eb)}{2bk - (\lambda + p_c eb)^2} \tag{3-5}$$

$$E(\pi_{sc}^*) = \frac{k(\bar{s} - bc - p_c eb)^2}{2[2bk - (\lambda + p_c eb)^2]} + p_c A \tag{3-6}$$

由上分析可知,当 $2bk - (\lambda + p_c eb)^2 > 0$ 时,零售价格和碳减排率为系统利润的凹函数。同时,为保证二者非负,还必须满足:$k(\bar{s} + bc + p_c eb) - (\lambda + p_c eb)(p_c e\bar{s} + p_c e\lambda + c\lambda) > 0$,$\bar{s} - bc - p_c eb > 0$。

二、分散式低碳供应链决策

在分散式无协调决策过程中,决策者都是独立的自利方,作为理性的经济人,将以最大化自身利润为目标。在决策系统中,制造商先确定批发价格 w 和产品碳减排率 β,接着零售商确定自身的产品零售价格 p。该博弈以相反的方式进行研究,即零售商向制造商提供最佳反应,然后制造商决定最佳决策。可得他们的期望利润函数为:

$$E(\pi_m^n) = (w - c)(\bar{s} - bp + \lambda\beta) + p_c[A - e(1-\beta)(\bar{s} - bp + \lambda\beta)] - k\beta^2/2 \tag{3-7}$$

$$E(\pi_r^n) = (p - w)(\bar{s} - bp + \lambda\beta) \tag{3-8}$$

采用逆向推导法,零售商作为主从博弈的跟随者,首先依据主导者制造商的决策确定最优单位产品零售价格 p。由于 $\partial^2 E(\pi_r^n)/\partial p^2 = -2b < 0$,令一阶导数 $\partial E(\pi_r^n)/\partial p = 0$,则可得零售价格为:

$$p^n = \frac{\bar{s} + \lambda\beta + bw}{2b} \tag{3-9}$$

将(3-9)式代入(3-7)式，$E(\pi_m^n)$ 关于批发价格 w 和碳减排率 β 的 $Hessian$ 矩阵 $H_2(w,\beta)$ 可以表述为：

$$H_2(w,\beta) = \begin{pmatrix} -b & \dfrac{\lambda - p_ceb}{2} \\ \dfrac{\lambda - p_ceb}{2} & p_ce\lambda - k \end{pmatrix} \tag{3-10}$$

因为一阶顺序主子式 $D_1 = -b < 0$，当二阶顺序主子式 $D_2 = [4bk - (\lambda + p_ceb)^2]/4 > 0$ 时，$H_2(w,\beta)$ 为负定矩阵，此时 $E(\pi_m^n)$ 为 w 和 β 的凹函数。令 $\partial E(\pi_m^n)/\partial w = 0, \partial E(\pi_m^n)/\partial \beta = 0$，并联立方程组，可得行为中性分散决策下的最优批发价格和碳减排率：

$$w^n = \frac{2k(\bar{s} + bc + p_ceb) - (\lambda + p_ceb)(p_ce\bar{s} + p_ce\lambda + c\lambda)}{4bk - (\lambda + p_ceb)^2} \tag{3-11}$$

$$\beta^n = \frac{(\bar{s} - bc - p_ceb)(\lambda + p_ceb)}{4bk - (\lambda + p_ceb)^2} \tag{3-12}$$

将(3-11)式和(3-12)式代入 $q = s - bp + \lambda\beta$ 的表达式和(3-9)式，可以求得行为中性分散决策下的最优订购量和零售价格分别为：

$$q^n = \frac{bk(\bar{s} - bc - p_ceb)}{4bk - (\lambda + p_ceb)^2} \tag{3-13}$$

$$p^n = \frac{k(3\bar{s} + bc + p_ceb) - (\lambda + p_ceb)(p_ce\bar{s} + p_ce\lambda + c\lambda)}{4bk - (\lambda + p_ceb)^2} \tag{3-14}$$

将公式(3-11)—(3-14)代入(3-7)式、(3-8)式，可得行为中性分散决策下零售商和制造商的期望利润函数及系统期望利润函数如下：

$$E(\pi_r^n) = \frac{bk^2(\bar{s} - bc - p_ceb)^2}{[4bk - (\lambda + p_ceb)^2]^2} \tag{3-15}$$

$$E(\pi_m^n) = \frac{k(\bar{s} - bc - p_ceb)^2}{2[4bk - (\lambda + p_ceb)^2]} + p_cA \tag{3-16}$$

$$E(\pi_{sc}^n) = \frac{k(\bar{s} - bc - p_ceb)^2[6bk - (\lambda + p_ceb)^2]}{2[4bk - (\lambda + p_ceb)^2]^2} + p_cA \tag{3-17}$$

显然，当 $2bk - (\lambda + p_ceb)^2 > 0$ 时，$Hessian$ 矩阵 $H_2(w,\beta)$ 的二阶顺序主子式 $D_2 > 0$。同时，当 $k(\bar{s} + bc + p_ceb) - (\lambda + p_ceb)(p_ce\bar{s} + p_ce\lambda + c\lambda) > 0$、$\bar{s} - bc - p_ceb > 0$ 时，也满足 w^n、β^n、p^n、q^n 非负。

第三节　考虑行为偏好的低碳供应链成员定价决策

当供应链成员具有行为偏好特征时,其往往先通过对行为偏好进行度量以构建相应的效用函数,然后再遵循主从博弈的方法进行决策。此时,决策者通常以自身效用最大化为决策目标。本节将采用收益分配绝对公平模型和均值-方差法分别对成员的公平关切行为和风险规避行为进行度量,进一步探讨成员不同行为偏好对低碳供应链系统定价及减排决策的影响。

一、考虑公平关切的成员定价决策

(一) 制造商公平关切下的定价决策

假设制造商因减排技术投资表现出公平关切特征,而零售商进行公平中性决策。此时,制造商不仅会考虑自己的利润,还会关注公平,同时决策者只关注对自己不利的不公平效用。因此,参照 Loch 和 Wu[1] 的研究,引入制造商公平关切系数 $\eta_m > 0$,则制造商和零售商的效用函数为:

$$U(\pi_m^m) = E(\pi_m^n) - \eta_m [E(\pi_r^n) - E(\pi_m^n)] \tag{3-18}$$

$$U(\pi_r^m) = E(\pi_r^n) \tag{3-19}$$

制造商具有公平关切特征时,各成员同样遵循 Stackelberg 博弈过程。类似地,采用逆向推导法,零售商作为主从博弈的跟随者,依据主导者制造商确定的批发价格与碳减排率,最大化自身效用函数。由于 $\partial^2 U(\pi_r^m)/\partial p^2 = -2b < 0$,令一阶导数 $\partial U(\pi_r^m)/\partial p = 0$,则可得零售价格为:

$$p = \frac{\bar{s} + \lambda\beta + bw}{2b} \tag{3-20}$$

将(3-20)式代入(3-18)式,制造商效用函数 $U(\pi_m^m)$ 关于批发价格 w 和碳减排率 β 的 Hessian 矩阵 $H_3(w, \beta)$ 为:

---

① LOCH C H, WU Y. Social preferences and supply chain performance: an experimental study [J]. Management Science, 2008, 54(11): 1835-1849.

$$H_3(w,\beta) = \begin{bmatrix} \dfrac{-2b-3b\eta_m}{2} & \dfrac{(1+\eta_m)(\lambda-p_ceb)+\lambda\eta_m}{2} \\ \dfrac{(1+\eta_m)(\lambda-p_ceb)+\lambda\eta_m}{2} & (1+\eta_m)(p_ce\lambda-k)-\dfrac{\lambda^2\eta_m}{2b} \end{bmatrix}$$

$$(3-21)$$

因为一阶顺序主子式 $D_1 = (-2b-3b\eta_m)/2 < 0$，当二阶顺序主子式 $D_2 = \{(1+\eta_m)^2[4bk-(\lambda+p_ceb)^2]+(1+\eta_m)2bk\eta_m\}/4 > 0$ 时，$H_3(w,\beta)$ 为负定矩阵，此时 $U(\pi_m^m)$ 为 w 和 β 的凹函数。令 $\partial U(\pi_m^m)/\partial w = 0, \partial U(\pi_m^m)/\partial \beta = 0$，并联立方程组，可以得到制造商公平关切决策下的最优批发价格和碳减排率：

$$w^m = \frac{2k[(\bar{s}+bc+p_ceb)(1+\eta_m)+\bar{s}\eta_m]-(1+\eta_m)(\lambda+p_ceb)(p_ce\bar{s}+p_ce\lambda+c\lambda)}{(1+\eta_m)[4bk-(\lambda+p_ceb)^2]+2bk\eta_m}$$

$$(3-22)$$

$$\beta^m = \frac{(\bar{s}-bc-p_ceb)(\lambda+p_ceb)(1+\eta_m)}{(1+\eta_m)[4bk-(\lambda+p_ceb)^2]+2bk\eta_m} \qquad (3-23)$$

将 (3-22) 式和 (3-23) 式代入 $q = s - bp + \lambda\beta$ 的表达式和 (3-20) 式可得制造商公平关切决策下的最优订购量和零售价格分别为：

$$q^m = \frac{bk(\bar{s}-bc-p_ceb)(1+\eta_m)}{(1+\eta_m)[4bk-(\lambda+p_ceb)^2]+2bk\eta_m} \qquad (3-24)$$

$$p^m = \frac{k[(3s+bc+p_ceb)(1+\eta_m)+2s\eta_m]-(1+\eta_m)(\lambda+p_ceb)(p_ces+p_ce\lambda+c\lambda)}{(1+\eta_m)[4bk-(\lambda+p_ceb)^2]+2bk\eta_m}$$

$$(3-25)$$

将公式 (3-22)—(3-25) 代入 (3-7) 式、(3-8) 式可得制造商公平关切决策下零售商、制造商的期望零利润函数，进一步求得系统整体的期望利润函数如下：

$$E(\pi_r^m) = \frac{bk^2(\bar{s}-bc-p_ceb)^2(1+\eta_m)^2}{\{(1+\eta_m)[4bk-(\lambda+p_ceb)^2]+2bk\eta_m\}^2} \qquad (3-26)$$

$$E(\pi_m^m) = \frac{k(s-bc-p_ceb)^2(1+\eta_m)\{(1+\eta_m)[4bk-(\lambda+p_ceb)^2]+4bk\eta_m\}}{2\{(1+\eta_m)[4bk-(\lambda+p_ceb)^2]+2bk\eta_m\}^2} + p_cA$$

$$(3-27)$$

$$E(\pi_x^m) = \frac{k(s-bc-p_ceb)^2(1+\eta_m)\{(1+\eta_m)[6bk-(\lambda+p_ceb)^2]+4bk\eta_m\}}{2\{(1+\eta_m)[4bk-(\lambda+p_ceb)^2]+2bk\eta_m\}^2} + p_cA$$

$$(3-28)$$

类似地，当 $2bk-(\lambda+p_ceb)^2 > 0$ 时，Hessian 矩阵 $H_3(w,\beta)$ 的二阶顺序主子式 $D_2 > 0$。同时，当 $k(\bar{s}+bc+p_ceb)-(\lambda+p_ceb)(p_ce\bar{s}+p_ce\lambda+c\lambda) > 0$、

$\bar{s}-bc-p_ceb>0$ 时,也满足 w^m、β^m、p^m 非负。

下面通过命题和推论首先对比分析不同模式下相关参数的大小,然后研究各参数及利润随制造商公平关切系数的变化。

命题 3-1　当制造商具有公平关切特征时,系统的批发价格大于行为中性分散决策情形;碳减排率小于行为中性分散决策情形,且后者小于集中决策情形。

证明: 比较公式(3-11)和(3-22),可以得到:

$$w^n-w^m=\frac{2bk\eta_m(w^n-\bar{s}/b)}{(1+\eta_m)[4bk-(\lambda+p_ceb)^2]+2bk\eta_m}\tag{3-29}$$

同时结合公式(3-11)和(3-14),可以推出:

$$p^n=\frac{k(\bar{s}-bc-p_ceb)}{4bk-(\lambda+p_ceb)^2}+w^n\tag{3-30}$$

由前面分析可知,批发价格 w 和产品零售价格 p 存在可行性且非负的条件为: $2bk-(\lambda+p_ceb)^2>0$,$k(\bar{s}+bc+p_ceb)-(\lambda+p_ceb)(p_c\bar{s}+p_ce\lambda+c\lambda)>0$ 以及 $\bar{s}-bc-p_ceb>0$,易知 $w^n<p^n$,又由假设 1 有: $p^n<\bar{s}/b$,则可以得到不等式 $w^n-\bar{s}/b<p^n-\bar{s}/b<0$,进而可以推出: $w^n<w^m$。

比较公式(3-12)和(3-4)、公式(3-23)和(3-12),有:

$$\frac{\beta^n}{\beta^*}=\frac{2bk-(\lambda+p_ceb)^2}{4bk-(\lambda+p_ceb)^2}\tag{3-31}$$

$$\frac{\beta^m}{\beta^n}=\frac{(1+\eta_m)[4bk-(\lambda+p_ceb)^2]}{(1+\eta_m)[4bk-(\lambda+p_ceb)^2]+2bk\eta_m}\tag{3-32}$$

因为 $2bk>0$,$2bk\eta_m>0$,从而由公式(3-31)和(3-32)易得: $\beta^m<\beta^n<\beta^*$。

命题 3-1 表明,制造商关注公平时,为了满足自身公平需求,不仅提高了产品批发价格,而且降低了碳减排率。

命题 3-2　制造商公平关切决策时,产品零售价格大于行为中性分散决策时的产品零售价格,而后者又大于集中决策时的产品零售价格;市场需求量小于行为中性分散决策时的市场需求量,且后者小于集中决策时的市场需求量。

证明: 比较公式(3-3)和(3-14)、公式(3-14)和(3-25),有:

$$p^*-p^n=\frac{2bk(p^*-\bar{s}/b)}{4bk-(\lambda+p_ceb)^2}\tag{3-33}$$

$$p^n - p^m = \frac{2bk\eta_m(p^n - \bar{s}/b)}{(1+\eta_m)[4bk - (\lambda + p_ceb)^2] + 2bk\eta_m} \quad (3-34)$$

类似于命题 3-1,易知:$p^* - p^n < 0$,$p^n - p^m < 0$,从而得到:$p^* < p^n < p^m$。

比较公式(3-13)和(3-5)、(3-24)和(3-13),有:

$$\frac{q^n}{q^*} = \frac{2bk - (\lambda + p_ceb)^2}{4bk - (\lambda + p_ceb)^2} \quad (3-35)$$

$$\frac{q^m}{q^n} = \frac{(1+\eta_m)[4bk - (\lambda + p_ceb)^2]}{(1+\eta_m)[4bk - (\lambda + p_ceb)^2] + 2bk\eta_m} \quad (3-36)$$

因为 $2bk > 0$,$2bk\eta_m > 0$,从而由公式(3-35)和(3-36)易得:$q^m < q^n < q^*$。

命题 3-2 表明,制造商关注公平时,迫使零售商提高了产品零售价格,从而降低了产品市场需求量。

命题 3-3 制造商公平关切决策时,系统的整体利润小于行为中性分散决策时系统的整体利润,而后者又小于集中决策时系统的整体利润;同时,各成员的利润也都小于行为中性分散决策情形。

证明:比较公式(3-17)和(3-28)以及公式(3-6)和(3-17),有:

$$E(\pi_{sc}^n) - E(\pi_{sc}^m) = \frac{2b^2k^3\eta_m(s-bc-p_ceb)^2\{(3\eta_m+2)[4bk - (\lambda + p_ceb)^2] + 2bk\eta_m\}}{[4bk - (\lambda + p_ceb)^2]^2\{(\eta_m+1)[4bk - (\lambda + p_ceb)^2] + 2bk\eta_m\}^2}$$

$$(3-37)$$

$$E(\pi_{sc}^*) - E(\pi_{sc}^n) = \frac{2b^2k^3(\bar{s} - bc - p_ceb)^2}{[2bk - (\lambda + p_ceb)^2][4bk - (\lambda + p_ceb)^2]^2} \quad (3-38)$$

由前面分析可知,存在 $2bk - (\lambda + p_ceb)^2 > 0$、$\bar{s} - bc - p_ceb > 0$,因此易得:$E(\pi_{sc}^n) - E(\pi_{sc}^m) > 0$,$E(\pi_{sc}^*) - E(\pi_{sc}^n) > 0$,进而可以得到:$E(\pi_{sc}^m) < E(\pi_{sc}^n) < E(\pi_{sc}^*)$。

比较公式(3-26)和(3-15)以及公式(3-27)和(3-16),有:

$$\frac{E(\pi_r^m)}{E(\pi_r^n)} = \frac{\{(1+\eta_m)[4bk - (\lambda + p_ceb)^2]\}^2}{\{(1+\eta_m)[4bk - (\lambda + p_ceb)^2] + 2bk\eta_m\}^2} \quad (3-39)$$

$$\frac{E(\pi_m^m) - p_cA}{E(\pi_m^n) - p_cA} = \frac{\{(1+\eta_m)[4bk - (\lambda + p_ceb)^2] + 2bk\eta_m\}^2 - (2bk\eta_m)^2}{\{(1+\eta_m)[4bk - (\lambda + p_ceb)^2] + 2bk\eta_m\}^2}$$

$$(3-40)$$

因为 $2bk\eta_m > 0$,易得零售商的期望利润满足 $E(\pi_r^m) < E(\pi_r^n)$。另外,由公式

(3-40) 可以得到制造商的期望利润满足 $E(\pi_m^m) < E(\pi_m^n)$。

命题 3-3 表明,提高制造商的公平关切系数不仅降低了自身及零售商的利润,也降低了系统总利润。这可解释为,制造商为了追求利润分配公平,以牺牲部分利益达到惩罚合作者的目的。

性质 3-1　碳减排率 β^n 和订购量 q^m 与公平关切系数 η_m 负相关,而批发价格 w^m 和零售价格 p^m 与公平关切系数 η_m 正相关。

证明:将 β^n 和 q^m 分别对公平关切系数 η_m 求导有:

$$\frac{\partial \beta^n}{\partial \eta_m} = \frac{-2bk(\lambda + p_c eb)(\bar{s} - bc - p_c eb)}{\{(\eta_m + 1)[4bk - (\lambda + p_c eb)^2] + 2bk\eta_m\}^2} \tag{3-41}$$

$$\frac{\partial q^m}{\partial \eta_m} = \frac{-2b^2 k^2 (\bar{s} - bc - p_c eb)}{\{(\eta_m + 1)[4bk - (\lambda + p_c eb)^2] + 2bk\eta_m\}^2} \tag{3-42}$$

由于 $2bk - (\lambda + p_c eb)^2 > 0$, $\bar{s} - bc - p_c eb > 0$,易得 $\partial \beta^n / \partial \eta_m < 0$, $\partial q^m / \partial \eta_m < 0$。

将 w^m 和 p^m 分别对公平关切系数 η_m 求导有:

$$\frac{\partial w^m}{\partial \eta_m} = \frac{-2bk[4bk - (\lambda + p_c eb)^2][w^n - \bar{s}/b]}{\{(\eta_m + 1)[4bk - (\lambda + p_c eb)^2] + 2bk\eta_m\}^2} \tag{3-43}$$

$$\frac{\partial p^m}{\partial \eta_m} = \frac{-2bk[4bk - (\lambda + p_c eb)^2][p^n - \bar{s}/b]}{\{(\eta_m + 1)[4bk - (\lambda + p_c eb)^2] + 2bk\eta_m\}^2} \tag{3-44}$$

由命题 3-1 易知: $w^n - \bar{s}/b < p^n - \bar{s}/b < 0$,并结合 $2bk - (\lambda + p_c eb)^2 > 0$,可以推出: $\partial w^m / \partial \eta_m > 0$, $\partial p^m / \partial \eta_m > 0$。

性质 3-1 表明,制造商具有公平关切特征时,公平关切系数对决策变量产生了影响。其中,碳减排率 β^n 和订购量 q^m 随公平关切系数 η_m 的增加而减少,批发价格 w^m 和零售价格 p^m 随公平关切系数 η_m 的增加而增加。

性质 3-2　零售商的期望利润 $E(\pi_r^m)$ 和制造商的期望利润 $E(\pi_m^m)$ 与公平关切系数 η_m 负相关。

证明:将 $E(\pi_r^m)$ 和 $E(\pi_m^m)$ 分别对公平关切系数 η_m 求导有:

$$\frac{\partial E(\pi_r^m)}{\partial \eta_m} = \frac{-4b^2 k^3 (\eta_m + 1)(\bar{s} - bc - p_c eb)^2}{\{(\eta_m + 1)[4bk - (\lambda + p_c eb)^2] + 2bk\eta_m\}^3} \tag{3-45}$$

$$\frac{\partial E(\pi_m^m)}{\partial \eta_m} = \frac{-4b^2 k^3 \eta_m (\bar{s} - bc - p_c eb)^2}{\{(\eta_m + 1)[4bk - (\lambda + p_c eb)^2] + 2bk\eta_m\}^3} \tag{3-46}$$

由于 $2bk - (\lambda + p_c eb)^2 > 0$、$\bar{s} - bc - p_c eb > 0$,易得 $\partial E(\pi_r^m) / \partial \eta_m < 0$, $\partial E(\pi_m^m) / \partial \eta_m < 0$。

性质 3-2 表明,制造商具有公平关切特征时,公平关切系数对成员利润产生了影响。其中,零售商的期望利润 $E(\pi_r^m)$ 和制造商的期望利润 $E(\pi_m^m)$ 随公平关切系数 η_m 的增加而减少。这说明,制造商公平关切系数 η_m 不仅损害自身利润,同时也损害了零售商的利润。

(二)零售商公平关切下的定价决策

假设零售商因低碳销售或高批发价格表现出公平关切特征,而制造商进行公平中性决策。此时,零售商不仅会考虑自己的利润,还会关注公平,类似地,Loch 和 Wu[1]引入零售商公平关切系数 $\eta_r > 0$,制造商和零售商的效用函数为:

$$U(\pi_m^r) = E(\pi_m^n) \tag{3-47}$$

$$U(\pi_r^r) = E(\pi_r^n) - \eta_r\big[E(\pi_m^n) - E(\pi_r^n)\big] \tag{3-48}$$

零售商公平关切下,各成员同样遵循 Stackelberg 博弈过程。类似地,采用逆向推导法,零售商根据制造商制定的批发价格与碳减排率,最大化自身效用函数。由于 $\partial^2 U(\pi_r^r)/\partial p^2 = -2b(1+\eta_r) < 0$,令 $\partial U(\pi_r^r)/\partial p = 0$,则可得零售价格为:

$$p = \frac{(1+\eta_r)(\bar{s}+\lambda\beta) - \eta_r p_c eb(1-\beta) - b\big[\eta_r(c-2w)-w\big]}{2b(1+\eta_r)} \tag{3-49}$$

将(3-49)式代入(3-47)式,得制造商效用函数 $U(\pi_m^r)$ 关于批发价格 w 和碳减排率 β 的 Hessian 矩阵 $H_4(w,\beta)$ 为:

$$H_4(w,\beta) = \begin{pmatrix} \dfrac{-b(2\eta_r+1)}{1+\eta_r} & \dfrac{(1+\eta_r)(\lambda-p_c eb)-2p_c eb\eta_r}{2(1+\eta_r)} \\[3mm] \dfrac{(1+\eta_r)(\lambda-p_c eb)-2p_c eb\eta_r}{2(1+\eta_r)} & \dfrac{(1+\eta_r)(p_c e\lambda-k)-p_c^2 e^2 b\eta_r}{1+\eta_r} \end{pmatrix}$$

$$\tag{3-50}$$

因为一阶顺序主子式 $D_1 = [-b(2\eta_r+1)]/(1+\eta_r) < 0$,当二阶顺序主子式 $D_2 = \{(1+\eta_r)[4bk-(\lambda+p_c eb)^2]+4bk\eta_r\}/[4(1+\eta_r)] > 0$ 时,$H_4(w,\beta)$ 为负定矩阵,此时 $U(\pi_m^r)$ 为 w 和 β 的凹函数。令 $\partial U(\pi_m^r)/\partial w = 0$,$\partial U(\pi_m^r)/\partial \beta = 0$,并联立方程组,可得零售商公平关切决策下的最优批发价格和碳减排率如下:

---

① LOCH C H, WU Y. Social preferences and supply chain performance: an experimental study [J]. Management Science, 2008, 54(11):1835-1849.

$$w = \frac{(1+\eta_r)[2k(\bar{s}+bc+p_ceb)-(\lambda+p_ceb)(p_ce\bar{s}+p_ce\lambda+c\lambda)]+4k\eta_r(p_ceb+bc)}{(1+\eta_r)[4bk-(\lambda+p_ceb)^2]+4bk\eta_r}$$

(3-51)

$$\beta = \frac{(\bar{s}-bc-p_ceb)(\lambda+p_ceb)(1+\eta_r)}{(1+\eta_r)[4bk-(\lambda+p_ceb)^2]+4bk\eta_r}$$ (3-52)

将(3-51)式和(3-52)式代入 $q=s-bp+\lambda\beta$ 的表达式和(3-49)式可得零售商公平关切决策下的最优订购量和零售价格分别为：

$$q^r = \frac{bk(\bar{s}-bc-p_ceb)(1+3\eta_r)}{(1+\eta_r)[4bk-(\lambda+p_ceb)^2]+4bk\eta_r}$$ (3-53)

$$p^r = \frac{(1+\eta_r)[k(3\bar{s}+bc+p_ceb)-(\lambda+p_ceb)(p_ce\bar{s}+p_ce\lambda+c\lambda)]+2k\eta_r(\bar{s}+bc+p_ceb)}{(1+\eta_r)[4bk-(\lambda+p_ceb)^2]+4bk\eta_r}$$

(3-54)

将公式(3-51)—(3-54)代入(3-7)式、(3-8)式可得零售商和制造商以及系统整体的期望利润函数如下：

$$E(\pi_r^r) = \frac{bk^2(\bar{s}-bc-p_ceb)^2(1+3\eta_r)^2}{\{(1+\eta_r)[4bk-(\lambda+p_ceb)^2]+4bk\eta_r\}^2}$$ (3-55)

$$E(\pi_m^r) = \frac{k(\bar{s}-bc-p_ceb)^2(1+\eta_r)\{(1+\eta_r)[4bk-(\lambda+p_ceb)^2]+8bk\eta_r\}}{2\{(1+\eta_r)[4bk-(\lambda+p_ceb)^2]+4bk\eta_r\}^2}+p_cA$$

(3-56)

$$E(\pi_{sc}^r) = \frac{k(\bar{s}-bc-p_ceb)^2\{(1+\eta_r)^2[6bk-(\lambda+p_ceb)^2]+24bk\eta_r^2+16bk\eta_r\}}{2\{(1+\eta_r)[4bk-(\lambda+p_ceb)^2]+4bk\eta_r\}^2}+p_cA$$

(3-57)

类似地，当 $2bk-(\lambda+p_ceb)^2>0$ 时，Hessian 矩阵 $H_4(w,\beta)$ 的二阶顺序主子式 $D_2>0$。同时，当 $k(\bar{s}+bc+p_ceb)-(\lambda+p_ceb)(p_ce\bar{s}+p_ce\lambda+c\lambda)>0$、$\bar{s}-bc-p_ceb>0$ 时，也满足 w^r、β、p^r 非负。

命题 3-4　零售商公平关切分散决策时，批发价格和碳减排率都小于公平中性分散决策时的批发价格和碳减排率。

证明：比较公式(3-11)和(3-51)，公式(3-52)和(3-12)可以得到：

$$w^n-w^r = \frac{4k\eta_r(\bar{s}-bc-p_ceb)[2bk-p_ceb(\lambda+p_ceb)]}{[4bk-(\lambda+p_ceb)^2]\{(1+\eta_r)[4bk-(\lambda+p_ceb)^2]+4bk\eta_r\}}$$

(3-58)

$$\frac{\beta}{\beta^n} = \frac{(\eta_r+1)[4bk-(\lambda+p_ceb)^2]}{(\eta_r+1)[4bk-(\lambda+p_ceb)^2]+4bk\eta_r}$$ (3-59)

由于 $2bk-(\lambda+p_ceb)^2>0,\bar{s}-bc-p_ceb>0$,易得 $w^r<w^n,\beta^r<\beta^n$。

命题 3-4 表明,零售商具有公平关切特征时,制造商为了配合其公平关切需求,降低了产品批发价格;而考虑自身利益,制造商也通过降低碳减排率以达到减少成本的目的。

推论 3-1 (1)当零售商具有公平关切特征时,系统的产品零售价格小于公平中性分散决策情形;(2)当偏好系数 $\lambda\leqslant p_ceb$ 时,零售商的公平关切特征使得系统的产品零售价格大于集中决策情形;(3)当 $\lambda>p_ceb$ 时,令 $\dfrac{\lambda^2+p_ceb\lambda-bk}{\lambda^2-p_c^2e^2b^2}=G_1$,当 $G_1<-\eta_r/(\eta_r+1)$ 时,零售商公平关切决策下的产品零售价格大于集中决策情形;当 $-\eta_r/(\eta_r+1)<G_1<1/2$ 时,零售商公平关切决策下的产品零售价格小于集中决策情形。

证明:(1)比较公式(3-14)和(3-54),有:

$$p^n-p^r=\frac{2k\eta_r(\bar{s}-bc-p_ceb)[2bk-(\lambda+p_ceb)(\lambda-p_ceb)]}{[4bk-(\lambda+p_ceb)^2]\{(\eta_r+1)[4bk-(\lambda+p_ceb)^2]+4bk\eta_r\}}$$

$$(3-60)$$

由于 $2bk-(\lambda+p_ceb)^2>0$,可以得到 $2bk-(\lambda+p_ceb)(\lambda-p_ceb)>0$,再结合不等式 $\bar{s}-bc-p_ceb>0$,从而可以推出:$p^n>p^r$。

(2)比较公式(3-3)和(3-54),有:

$$p^*-p^r=\frac{2k(\bar{s}-bc-p_ceb)[(\eta_r+1)(\lambda^2+p_ceb\lambda-bk)+\eta_r(\lambda^2-p_c^2e^2b^2)]}{[2bk-(\lambda+p_ceb)^2]\{(\eta_r+1)[4bk-(\lambda+p_ceb)^2]+4bk\eta_r\}}$$

$$(3-61)$$

当 $\lambda=p_ceb$ 时,$\lambda^2+p_ceb\lambda-bk=2\lambda^2-bk$,又由于 $2bk-(\lambda+p_ceb)^2>0$,进而可以推出 $2\lambda^2-bk<0$,结合 $\bar{s}-bc-p_ceb>0$,易得 $p^*<p^r$。当 $\lambda<p_ceb$ 时,令:

$$\frac{\lambda^2+p_ceb\lambda-bk}{\lambda^2-p_c^2e^2b^2}=G_1 \qquad (3-62)$$

变换公式(3-62)有:$(1-2G_1)(\lambda^2-p_c^2e^2b^2)=2bk-(\lambda+p_ceb)^2>0$。易得 $G_1>1/2$,再由 G_1 的表达式,可以推出 $\lambda^2+p_ceb\lambda-bk<0$,结合 $\bar{s}-bc-p_ceb>0$,进而有:$p^*<p^r$。综合可得:当 $\lambda\leqslant p_ceb$ 时,$p^*<p^r$。

(3)当偏好系数 $\lambda>p_ceb$ 时,令 $\dfrac{\lambda^2+p_ceb\lambda-bk}{\lambda^2-p_c^2e^2b^2}=G_1$,变换公式(3-62)可以得到:$(1-2G_1)(\lambda^2-p_c^2e^2b^2)=2bk-(\lambda+p_ceb)^2>0$。易得 $G_1<1/2$,令

$(1+\eta_r)G_1+\eta_r>0$，即 $-\eta_r/(\eta_r+1)<G_1<1/2$，此时结合 $\bar{s}-bc-p_ceb>$ 0，易得 $p^*>p^r$；令 $(1+\eta_r)G_1+\eta_r<0$，即 $G_1<-\eta_r/(1+\eta_r)$，此时结合 $\bar{s}-bc-p_ceb>0$，易得 $p^*<p^r$。

推论 3-1 表明，零售商关注公平时，为了满足自身公平需求，将采取降低零售价格以增加产品销售量的策略。当顾客对产品的低碳偏好较高时，产品零售价格甚至低于集中决策情形。

推论 3-2　(1) 当零售商具有公平关切特征时，零售商的期望利润大于公平中性分散决策情形，而制造商的期望利润小于公平中性分散决策情形；(2) 令 $\dfrac{\left[4bk-(\lambda+p_ceb)^2\right]\left[2bk-(\lambda+p_ceb)^2\right]}{4b^2k^2}=G_2$，当 $G_2\geqslant\eta_r/(2\eta_r+1)$ 时，零售商公平关切决策时系统的整体期望利润大于公平中性分散决策时系统的整体利润；当 $G_2<\eta_r/(2\eta_r+1)$ 时，零售商公平关切决策时系统的整体期望利润小于公平中性分散决策时系统的整体利润；(3) 零售商公平关切决策时，系统的整体期望利润小于集中决策时系统的整体期望利润。

证明：(1) 比较公式(3-55)和(3-15)以及公式(3-56)和(3-16)有：

$$\frac{E(\pi_r^r)}{E(\pi_r^n)}=\frac{\{(\eta_r+1)\left[4bk-(\lambda+p_ceb)^2\right]+2\eta_r\left[4bk-(\lambda+p_ceb)^2\right]\}^2}{\{(\eta_r+1)\left[4bk-(\lambda+p_ceb)^2\right]+4bk\eta_r\}^2}$$

(3-63)

$$\frac{E(\pi_m^r)-p_cA}{E(\pi_m^n)-p_cA}=\frac{\{(1+\eta_r)\left[4bk-(\lambda+p_ceb)^2\right]+4bk\eta_r\}^2-(4bk\eta_r)^2}{\{(1+\eta_r)\left[4bk-(\lambda+p_ceb)^2\right]+4bk\eta_r\}^2}$$

(3-64)

因为 $2\eta_r\left[4bk-(\lambda+p_ceb)^2\right]-4bk\eta_r=2\eta_r\left[2bk-(\lambda+p_ceb)^2\right]>0$，可以得到零售商的期望利润满足 $E(\pi_r^r)>E(\pi_r^n)$。另外，由公式(3-64)易得制造商的期望利润满足 $E(\pi_m^r)<E(\pi_m^n)$。

(2) 比较公式(3-57)和(3-17)，有：

$$E(\pi_x^r)-E(\pi_x^n)=$$

$$\frac{\{(1+2\eta_r)\left[4bk-(\lambda+p_ceb)^2\right]\left[2bk-(\lambda+p_ceb)^2\right]-4b^2k^2\eta_r\}}{\{(1+\eta_r)\left[4bk-(\lambda+p_ceb)^2\right]+4bk\eta_r\}^2}\cdot$$

$$\frac{4bk^2\eta_r\,(\bar{s}-bc-p_ceb)^2}{\left[4bk-(\lambda+p_ceb)^2\right]^2}$$

(3-65)

令：

$$\frac{\left[4bk-(\lambda+p_ceb)^2\right]\left[2bk-(\lambda+p_ceb)^2\right]}{4b^2k^2}=G_2$$

(3-66)

当 $G_2 \geqslant \eta_r/(2\eta_r+1)$ 时,易得 $(1+2\eta_r)G_2-\eta_r \geqslant 0$,结合 $2bk-(\lambda+p_ceb)^2 > 0$、$\bar{s}-bc-p_ceb > 0$,可以推出: $E(\pi_{sx}^r) \geqslant E(\pi_{sx}^n)$。

当 $G_2 < \eta_r/(2\eta_r+1)$ 时,易得 $(1+2\eta_r)G_2-\eta_r < 0$,结合 $2bk-(\lambda+p_ceb)^2 > 0$、$\bar{s}-bc-p_ceb > 0$,可以推出: $E(\pi_{sx}^r) < E(\pi_{sx}^n)$。

(3) 比较公式 (3-6) 和 (3-57),有:

$$E(\pi_{sx}^*)-E(\pi_{sx}^r) = \frac{2bk^2(\bar{s}-bc-p_ceb)^2[2\eta_r(\lambda+p_ceb)^2(1+2\eta_r)+bk(1+\eta_r)^2]}{[2bk-(\lambda+p_ceb)^2]\{(1+\eta_r)[4bk-(\lambda+p_ceb)^2]+4bk\eta_r\}^2}$$

(3-67)

因为 $2bk-(\lambda+p_ceb)^2 > 0$,可以得到: $E(\pi_{sx}^r) < E(\pi_{sx}^*)$。

推论 3-2 表明,零售商公平关切系数提高了自身的利润,降低了制造商的利润,但系统的整体利润都小于集中决策情形。这可解释为,零售商为了追求利润分配公平,以牺牲合作者利益达到增加自身利润的目的。

性质 3-3 碳减排率 β、批发价格 w^r、零售价格 p^r 与公平关切系数 η_r 负相关,而订购量 q^r 与公平关切系数 η_r 正相关。

证明: 将 β、w^r、p^r 和 q^r 分别对公平关切系数 η_r 求导有:

$$\frac{\partial \beta}{\partial \eta_r} = \frac{-4bk(\lambda+p_ceb)(\bar{s}-bc-p_ceb)}{\{(\eta_r+1)[4bk-(\lambda+p_ceb)^2]+4bk\eta_r\}^2}$$

(3-68)

$$\frac{\partial w^r}{\partial \eta_r} = \frac{-4bk(\bar{s}-bc-p_ceb)[2k-p_ce(\lambda+p_ceb)]}{\{(\eta_r+1)[4bk-(\lambda+p_ceb)^2]+4bk\eta_r\}^2}$$

(3-69)

$$\frac{\partial p^r}{\partial \eta_r} = \frac{-2k(\bar{s}-bc-p_ceb)[2bk-(\lambda+p_ceb)(\lambda-p_ceb)]}{\{(\eta_r+1)[4bk-(\lambda+p_ceb)^2]+4bk\eta_r\}^2}$$

(3-70)

$$\frac{\partial q^r}{\partial \eta_r} = \frac{2bk(\bar{s}-bc-p_ceb)[2bk-(\lambda+p_ceb)^2]}{\{(\eta_r+1)[4bk-(\lambda+p_ceb)^2]+4bk\eta_r\}^2}$$

(3-71)

由前面分析可知 $2bk-(\lambda+p_ceb)^2 > 0$,从而容易得到 $2k-p_ce(\lambda+p_ceb) > 0$、$2bk-(\lambda+p_ceb)(\lambda-p_ceb) > 0$,再结合参数非负条件 $\bar{s}-bc-p_ceb > 0$,进而可以推出 $\partial\beta/\partial\eta_r < 0$,$\partial w^r/\partial\eta_r < 0$,$\partial p^r/\partial\eta_r < 0$,$\partial q^r/\partial\eta_r > 0$。

性质 3-3 表明,当零售商具有公平关切特征时,公平关切系数的变化对系统的决策变量产生了影响。其中,碳减排率 β、批发价格 w^r、零售价格 p^r 随公平关切系数 η_r 的增加而减少,订购量 q^r 随公平关切系数 η_r 的增加而增加。

性质 3-4 零售商的期望利润 $E(\pi_r^r)$ 与公平关切系数 η_r 正相关,制造商的期望利润 $E(\pi_m^r)$ 与公平关切系数 η_r 负相关。

证明: 将 $E(\pi_r^r)$ 和 $E(\pi_m^r)$ 分别对公平关切系数 η_r 求导有:

$$\frac{\partial E(\pi_r^r)}{\partial \eta_r} = \frac{4bk^2(3\eta_r+1)(\bar{s}-bc-p_ceb)^2[2bk-(\lambda+p_ceb)^2]}{\{(\eta_r+1)[4bk-(\lambda+p_ceb)^2]+4bk\eta_r\}^3} \quad (3\text{-}72)$$

$$\frac{\partial E(\pi_m^r)}{\partial \eta_r} = \frac{-16b^2k^3\eta_r(\bar{s}-bc-p_ceb)^2}{\{(\eta_r+1)[4bk-(\lambda+p_ceb)^2]+4bk\eta_r\}^3} \quad (3\text{-}73)$$

由于 $2bk-(\lambda+p_ceb)^2 > 0, \bar{s}-bc-p_ceb > 0$,易得 $\partial E(\pi_r^r)/\partial\eta_r > 0$, $\partial E(\pi_m^r)/\partial\eta_r < 0$。

性质 3-4 表明,当零售商具有公平关切特征时,公平关切系数的变化对成员利润产生了影响。其中,零售商的期望利润 $E(\pi_r^r)$ 随公平关切系数 η_r 的增加而增加,制造商的期望利润 $E(\pi_m^r)$ 随公平关切系数 η_r 的增加而减少。

二、考虑风险规避的成员定价决策

假设制造商因减排技术投资表现出风险规避特征,而零售商进行风险中性决策。此时,制造商不仅会考虑自己的利润,还会关注如何规避风险。因此,本章采用均值-方差法[①]来衡量决策者的期望效用,并引入系数 $\mu_m > 0$ 刻画制造商风险规避行为。制造商和零售商的效用函数为:

$$U(\pi_m^a) = E(\pi_m^n) - \mu_m \sqrt{VarE(\pi_m^n)} =$$
$$[w-c-p_ce(1-\beta)](\bar{s}-bp+\lambda\beta) + p_cA - k\beta^2/2 - \mu_m\delta_s[w-c-p_ce(1-\beta)]$$
$$(3\text{-}74)$$

$$U(\pi_r^a) = E(\pi_r^n) = (p-w)(\bar{s}-bp+\lambda\beta) \quad (3\text{-}75)$$

制造商风险规避下,各成员同样遵循 Stackelberg 博弈过程。类似地,采用逆向推导法,零售商根据制造商制定的批发价格与碳减排率,最大化自身效用函数。由于 $\partial^2 U(\pi_r^r)/\partial p^2 = -2b < 0$,令 $\partial U(\pi_r^r)/\partial p = 0$,则可得零售价格为:

$$p^r = \frac{\bar{s}+\lambda\beta+bw}{2b} \quad (3\text{-}76)$$

将(3-76)式代入(3-74)式,$U(\pi_m^r)$ 关于批发价格 w 和碳减排率 β 的 Hessian 矩阵 $H_5(w,\beta)$ 可以表述为:

$$H_5(w,\beta) = \begin{pmatrix} -b & \dfrac{\lambda-p_ceb}{2} \\ \dfrac{\lambda-p_ceb}{2} & p_ce\lambda-k \end{pmatrix} \quad (3\text{-}77)$$

① CHOI T M, MA C, SHEN B, et al. Optimal pricing in mass customization supply chains with risk-averse agents and retail competition[J]. Omega, 2019, 88:150-161.

因为一阶顺序主子式 $D_1 = -b < 0$，当二阶顺序主子式 $D_2 = [4bk - (\lambda + p_ceb)^2]/4 > 0$ 时，$H_5(w, \beta)$ 为负定矩阵，此时 $U(\pi_m^a)$ 为 w 和 β 的凹函数。令 $\partial U(\pi_m^a)/\partial w = 0, \partial U(\pi_m^a)/\partial \beta = 0$，并联立方程组，可得制造商风险规避决策下的最优批发价格和碳减排率：

$$w^a = \frac{2k(\bar{s} + bc + p_ceb - 2\mu_m\delta_s) - (\lambda + p_ceb)(p_ce\bar{s} + p_ce\lambda + c\lambda - 2\mu_m\delta_s p_ce)}{4bk - (\lambda + p_ceb)^2}$$

$$(3-78)$$

$$\beta^a = \frac{(\bar{s} - bc - p_ceb - 2\mu_m\delta_s)(\lambda + p_ceb)}{4bk - (\lambda + p_ceb)^2} \tag{3-79}$$

将(3-78)式和(3-79)式代入 $q = s - bp + \lambda\beta$ 的表达式和(3-76)式可得制造商风险规避决策下的最优订购量和零售价格分别为：

$$q^a = \frac{bk(\bar{s} - bc - p_ceb) + \mu_m\delta_s[2bk - (\lambda + p_ceb)^2]}{4bk - (\lambda + p_ceb)^2} \tag{3-80}$$

$$p^a = \frac{bk(3\bar{s} + bc + p_ceb - 2\mu_m\delta_s) - (\lambda + p_ceb)(p_ceb\bar{s} + p_ceb\lambda + c\lambda - p_ceb\mu_m\delta_s + \mu_m\delta_s\lambda)}{b[4bk - (\lambda + p_ceb)^2]}$$

$$(3-81)$$

将公式(3-78)—(3-81)代入(3-7)式、(3-8)式，可得制造商风险规避决策下零售商、制造商的期望利润函数，进一步求得系统整体的期望利润函数如下：

$$E(\pi_r^a) = \frac{\{bk(\bar{s} - bc - p_ceb) + \mu_m\delta_s[2bk - (\lambda + p_ceb)^2]\}^2}{b[4bk - (\lambda + p_ceb)^2]^2} \tag{3-82}$$

$$E(\pi_m^a) = \frac{k(\bar{s} - bc - p_ceb - 2\mu_m\delta_s)(\bar{s} - bc - p_ceb + 2\mu_m\delta_s)}{2[4bk - (\lambda + p_ceb)^2]} + p_cA \tag{3-83}$$

$$E(\pi_{sc}^a) = \frac{2\mu_m^2\delta_s^2(\lambda + p_ceb)^4 + bk(\bar{s} - bc - p_ceb + 2\mu_m\delta_s) \cdot \{2bk[3(\bar{s} - bc - p_ceb) - 2\mu_m\delta_s] - (\bar{s} - bc - p_ceb + 2\mu_m\delta_s)(\lambda + p_ceb)^2\}}{2b[4bk - (\lambda + p_ceb)^2]^2} + p_cA \tag{3-84}$$

显然，当 $2bk - (\lambda + p_ceb)^2 > 0$ 时，Hessian 矩阵 $H_5(w, \beta)$ 的二阶顺序主子式 $D_2 > 0$。当 $2k(\bar{s} + bc + p_ceb - 2\mu_m\delta_s) - (\lambda + p_ceb)(p_ce\bar{s} + p_ce\lambda + c\lambda - 2\mu_m\delta_s p_ce) > 0, \bar{s} - bc - p_ceb > 2\mu_m\delta_s$ 时，满足 $w^a、\beta^a、q^a、p^a$ 非负。此时风险规避系数 μ_m 满足：

$$\mu_m < \frac{[2k(\bar{s} + bc + p_ceb) - (\lambda + p_ceb)(p_ce\bar{s} + p_ce\lambda + c\lambda)]}{2\delta_s[2k - (\lambda + p_ceb)p_ce]} \tag{3-85}$$

$$\mu_m < \frac{\bar{s} - bc - p_ceb}{2\delta_s} \tag{3-86}$$

令 $\dfrac{[2k(\bar{s} + bc + p_ceb) - (\lambda + p_ceb)(p_ce\bar{s} + p_ce\lambda + c\lambda)]}{2\delta_s[2k - (\lambda + p_ceb)p_ce]} = \mu_1, \dfrac{\bar{s} - bc - p_ceb}{2\delta_s} =$

μ_2，比较 μ_1 和 μ_2 的大小，可以得到：$\mu_1 - \mu_2 = \dfrac{(p_c e + c)[4bk - (\lambda + p_c eb)^2]}{2\delta_s[2k - (\lambda + p_c eb)p_c e]}$。由于

$2bk - (\lambda + p_c eb)^2 > 0$，有 $\mu_1 - \mu_2 > 0$，则可以推出：$\mu_m < \dfrac{\bar{s} - bc - p_c eb}{2\delta_s}$。

为分析制造商风险规避行为对系统决策的影响，下面通过命题和性质首先对比分析不同模式下价格的高低、碳减排率以及利润的大小，随后探讨了风险规避系数变化对相关参数的影响。

命题 3-5　制造商具有风险规避特征时，系统的批发价格小于行为中性分散决策情形；碳减排率小于行为中性分散决策时的碳减排率。

证明：比较公式(3-78)和(3-11)，可以得到：

$$w^a - w^n = \frac{-2\mu_m\delta_s[2k - (\lambda + p_c eb)p_c e]}{4bk - (\lambda + p_c eb)^2} \tag{3-87}$$

由前面分析可知，批发价格 w 和碳减排率 β 存在可行性且非负的条件为：$2bk - (\lambda + p_c eb)^2 > 0$，因此易得 $w^a < w^n$。

比较公式(3-12)和(3-79)，有：

$$\frac{\beta^a}{\beta^n} = \frac{\bar{s} - bc - p_c eb - 2\mu_m\delta_s}{\bar{s} - bc - p_c eb} \tag{3-88}$$

由于 $2bk - (\lambda + p_c eb)^2 > 0, \bar{s} - bc - p_c eb > 2\mu_m\delta_s$，易得 $\beta^a < \beta^n$，再结合命题 3-1 可以得到：$\beta^a < \beta^n < \beta^*$。

命题 3-5 表明，制造商风险规避时，为了规避自身风险，不仅降低了产品批发价格，而且降低了碳减排率。

命题 3-6　制造商具有风险规避特征时，系统的最优产品订购量 q^a 大于行为中性时的订购量 q^n，但小于集中决策时的订购量 q^*。

证明：比较公式(3-80)和(3-5)、(3-13)和(3-80)，有：

$$q^a - q^n = \frac{\mu_m\delta_s[2bk - (\lambda + p_c eb)^2]}{4bk - (\lambda + p_c eb)^2} \tag{3-89}$$

$$q^* - q^a = \frac{2b^2k^2(\bar{s} - bc - p_c eb) - \mu_m\delta_s[2bk - (\lambda + p_c eb)^2]^2}{[2bk - (\lambda + p_c eb)^2] \times [4bk - (\lambda + p_c eb)^2]} \tag{3-90}$$

由于 $2bk - (\lambda + p_c eb)^2 > 0, \bar{s} - bc - p_c eb > 2\mu_m\delta_s$，容易推出：$q^a - q^n > 0$ 以及 $q^* - q^a > 0$。从而有 $q^n < q^a < q^*$。

命题 3-6 表明，制造商风险规避时，采取降低产品批发价格策略来增加市场的需求量。

推论 3-3　(1)行为中性分散决策时的最优产品零售价格 p^n 大于风险规

避分散决策的最优价格 p^a；(2) 当消费者低碳偏好系数 $\lambda \leqslant p_c eb$ 时，系统集中决策下的零售价格小于制造商风险规避决策情形；(3) 当偏好系数 $\lambda > p_c eb$ 时，令 $\dfrac{2bk(\bar{s}-bc-p_c eb)[bk-\lambda(\lambda+p_c eb)]}{\delta_s[2bk-(\lambda+p_c eb)^2][2bk-(\lambda+p_c eb)(p_c eb-\lambda)]} = G_3$，当 $G_3 > \mu_m$ 时，制造商风险规避决策时的零售价格大于集中决策情形；当 $G_3 < \mu_m$ 时，制造商风险规避决策时的零售价格小于集中决策情形。

证明：(1) 比较公式(3-14) 和(3-81)，可以得到：

$$p^n - p^a = \frac{\mu_m \delta_s [2bk-(\lambda+p_c eb)(p_c eb-\lambda)]}{b[4bk-(\lambda+p_c eb)^2]} \tag{3-91}$$

由于 $2bk-(\lambda+p_c eb)^2 > 0$，则可以得到：$p^n > p^a$。

(2) 比较公式(3-81) 和(3-3)，可以得到：

$$p^a - p^* = \frac{2k(\bar{s}-bc-p_c eb)[bk-\lambda(\lambda+p_c eb)]}{[4bk-(\lambda+p_c eb)^2][2bk-(\lambda+p_c eb)^2]} -$$
$$\frac{\mu_m \delta_s [2bk-(\lambda+p_c eb)(p_c eb-\lambda)]}{b[4bk-(\lambda+p_c eb)^2]} \tag{3-92}$$

由于 $\bar{s}-bc-p_c eb > 2\mu_m \delta_s$，易得：

$$p^a - p^* > \frac{(\bar{s}-bc-p_c eb)(\lambda+p_c eb)(p_c eb-\lambda)}{b[2bk-(\lambda+p_c eb)^2]} \tag{3-93}$$

结合 $2bk-(\lambda+p_c eb)^2 > 0$，当消费者低碳偏好系数 $\lambda \leqslant p_c eb$ 时，有 $p^a > p^*$。

(3) 当 $\lambda > p_c eb$ 时，令：

$$\frac{2bk(\bar{s}-bc-p_c eb)[bk-\lambda(\lambda+p_c eb)]}{\delta_s[2bk-(\lambda+p_c eb)^2][2bk-(\lambda+p_c eb)(p_c eb-\lambda)]} = G_3 \tag{3-94}$$

当 $G_3 - \mu_m > 0$ 时，易得 $p^a > p^*$；当 $G_3 - \mu_m < 0$ 时，易得 $p^a < p^*$。

推论 3-3 表明，制造商风险规避时，零售商为了规避自身风险，采取降低零售价格的策略，甚至低于集中决策情形以增加销售量。

推论 3-4 (1)制造商风险规避分散决策时，零售商的期望利润函数大于行为中性时的期望利润，而制造商的期望利润函数却小于行为中性时的期望利润；(2) 当偏好系数满足：$[2bk-(\lambda+p_c eb)^2]^2 \geqslant 2bk(\lambda+p_c eb)^2$ 时，那么制造商风险规避决策时的系统期望利润函数 $E(\pi_{sc}^a)$ 高于行为中性分散决策时的系统期望利润函数 $E(\pi_{sc}^n)$；(3) 当偏好系数满足：$[2bk-(\lambda+p_c eb)^2]^2 < 2bk(\lambda+p_c eb)^2$ 时，令相关参数 $\dfrac{2bk[2bk-(\lambda+p_c eb)^2](\bar{s}-bc-p_c eb)}{\delta_s\{2bk[2bk+(\lambda+p_c eb)^2]-(\lambda+p_c eb)^4\}} = G_4$，当 $G_4 < \eta$ 时，制造商风险规避决策时的系统期望利润函数 $E(\pi_{sc}^a)$ 低于行

为中性分散决策时的系统期望利润函数 $E(\pi_x^n)$；而当 $G_4 > \eta$ 时，结果正好相反；(4) 制造商风险规避决策时的系统期望利润函数 $E(\pi_x^a)$ 低于集中决策时的期望利润函数 $E(\pi_x^*)$。

证明：(1) 比较公式(3-82) 和(3-15)、(3-83) 和(3-16)，可以得到：

$$\frac{E(\pi_r^a)}{E(\pi_r^n)} = \frac{\{bk(\bar{s}-bc-p_ceb)+\mu_m\delta_s[2bk-(\lambda+p_ceb)^2]\}^2}{[bk(\bar{s}-bc-p_ceb)]^2} \quad (3\text{-}95)$$

$$\frac{E(\pi_m^a)-p_cA}{E(\pi_m^n)-p_cA} = \frac{(\bar{s}-bc-p_ceb-2\mu_m\delta_s)(\bar{s}-bc-p_ceb+2\mu_m\delta_s)}{(\bar{s}-bc-p_ceb)^2}$$

$$(3\text{-}96)$$

由于 $2bk-(\lambda+p_ceb)^2 > 0,\bar{s}-bc-p_ceb > 2\mu_m\delta_s$，容易推出：$E(\pi_r^a) > E(\pi_r^n),E(\pi_m^a) < E(\pi_m^n)$。

(2) 比较公式(3-84) 和(3-17)，可以得到：

$$E(\pi_x^a)-E(\pi_x^n) = \frac{\mu_m\delta_s\{2kb[2bk-(\lambda+p_ceb)^2](\bar{s}-bc-p_ceb)+\mu_m\delta_s[(\lambda+p_ceb)^4-2bk[2bk+(\lambda+p_ceb)^2]]\}}{b[4bk-(\lambda+p_ceb)^2]^2}$$

$$(3\text{-}97)$$

由于 $\bar{s}-bc-p_ceb > 2\mu_m\delta_s$，则可以推出：

$$E(\pi_x^a)-E(\pi_x^n) > \frac{\mu_m^2\delta_s^2[4b^2k^2-6bk(\lambda+p_ceb)^2+(\lambda+p_ceb)^4]}{b[4bk-(\lambda+p_ceb)^2]^2}$$

$$(3\text{-}98)$$

显然当 $[2bk-(\lambda+p_ceb)^2]^2 \geqslant 2bk(\lambda+p_ceb)^2$ 时，可以得到 $E(\pi_x^a) > E(\pi_x^n)$。

(3) 当偏好系数满足 $[2bk-(\lambda+p_ceb)^2]^2 < 2bk(\lambda+p_ceb)^2$ 时，结合公式(3-98)，令：

$$\frac{2bk[2bk-(\lambda+p_ceb)^2](\bar{s}-bc-p_ceb)}{\delta_s\{2bk[2bk+(\lambda+p_ceb)^2]-(\lambda+p_ceb)^4\}} = G_4 \quad (3\text{-}99)$$

当 $G_4 < \mu_m$ 时，可以得到 $E(\pi_x^a) < E(\pi_x^n)$；而当 $G_4 > \mu_m$ 时，可以得到 $E(\pi_x^a) > E(\pi_x^n)$。

(4) 比较公式(3-6) 和(3-84)，可以得到：

$$E(\pi_x^*)-E(\pi_x^a) = \frac{2b^3k^3(\bar{s}-bc-p_ceb)^2+\mu_m\delta_s\{2bk[2bk-(\lambda+p_ceb)^2]\cdot(\bar{s}-bc-p_ceb)+\mu_m\delta_s[(\lambda+p_ceb)^4-2bk[2bk+(\lambda+p_ceb)^2]]\}}{b[2bk-(\lambda+p_ceb)^2][4bk-(\lambda+p_ceb)^2]^2}$$

$$(3\text{-}100)$$

由前面分析可知,存在 $2bk - (\lambda + p_c eb)^2 > 0$、$\bar{s} - bc - p_c eb > 2\mu_m \delta_s$,因此易得:

$$E(\pi_x^*) - E(\pi_x^a) > \frac{\mu_m^2 \delta_s^2 \{2bk[4b^2 k^2 + 2bk - 3(\lambda + p_c eb)^2] + (\lambda + p_c eb)^4\}}{b[2bk - (\lambda + p_c eb)^2][4bk - (\lambda + p_c eb)^2]^2} > 0$$

$$(3\text{-}101)$$

推论 3-4 表明,制造商风险规避系数降低了自身的利润,提高了零售商的利润,但系统的整体利润都小于集中决策情形。这可解释为,制造商为了规避自身利润风险,牺牲了自身部分利益却增加了合作者的利润。

性质 3-5　产品批发价格 w^a、碳减排率 β^a 与风险规避系数 μ_m 负相关。

证明:将 w^a 和 β^a 分别对风险规避系数 μ_m 求导有:

$$\frac{\partial w^a}{\partial \mu_m} = \frac{-\delta_s[4k - (\lambda + p_c eb)p_c e]}{4bk - (\lambda + p_c eb)^2}$$

$$(3\text{-}102)$$

$$\frac{\partial \beta^a}{\partial \mu_m} = \frac{-2\delta_s(\lambda + p_c eb)}{4bk - (\lambda + p_c eb)^2}$$

$$(3\text{-}103)$$

由于 $2bk - (\lambda + p_c eb)^2 > 0$,易得 $4k - (\lambda + p_c eb)p_c e > 0$,从而推出:$\partial w^a / \partial \mu_m < 0, \partial \beta^a / \partial \mu_m < 0$。

性质 3-6　订购量 q^a 与风险规避系数 μ_m 正相关,零售价格 p^a 与风险规避系数 μ_m 负相关。

证明:将 q^a 和 p^a 分别对风险规避系数 μ_m 求导有:

$$\frac{\partial q^a}{\partial \mu_m} = \frac{\delta_s[2bk - (\lambda + p_c eb)^2]}{4bk - (\lambda + p_c eb)^2}$$

$$(3\text{-}104)$$

$$\frac{\partial p^a}{\partial \mu_m} = \frac{-\delta_s[2bk - (\lambda + p_c eb)(p_c eb - \lambda)]}{b[4bk - (\lambda + p_c eb)^2]}$$

$$(3\text{-}105)$$

由于 $2bk - (\lambda + p_c eb)^2 > 0$,易得 $2bk - (\lambda + p_c eb)(p_c eb - \lambda) > 0$,则有:$\partial q^a / \partial \mu_m > 0, \partial p^a / \partial \mu_m < 0$。

性质 3-5 和性质 3-6 表明,制造商具有风险规避特征时,为了满足自身风险规避需求,不仅降低了产品批发价格,而且还降低了碳减排率。此时,零售商因批发价格下降而扩大对产品的订购,并且为了加快对商品的销售而采用降低零售价格的策略。

性质 3-7　零售商的期望效用 $E(\pi_r^a)$ 与风险规避系数 μ_m 正相关,制造商的期望效用 $E(\pi_m^a)$ 与风险规避系数 μ_m 负相关。

证明:将 $E(\pi_r^a)$ 和 $E(\pi_m^a)$ 分别对风险规避系数 μ_m 求导有:

$$\frac{\partial E(\pi_r^a)}{\partial \mu_m} = \frac{2\delta_s [2bk - (\lambda + p_c eb)^2]\{bk(\bar{s} - bc - p_c eb) + \mu_m \delta_s [2bk - (\lambda + p_c eb)^2]\}}{b [4bk - (\lambda + p_c eb)^2]^2}$$

(3-106)

$$\frac{\partial E(\pi_m^a)}{\partial \mu_m} = \frac{-4k\mu_m \delta_s^2}{4bk - (\lambda + p_c eb)^2}$$

(3-107)

由于 $2bk - (\lambda + p_c eb)^2 > 0, \bar{s} - bc - p_c eb > 2\mu_m \delta_s$，则有：$\partial E(\pi_r^a)/\partial \mu_m > 0, \partial E(\pi_m^a)/\partial \mu_m < 0$。

性质 3-7 表明，制造商关注风险规避时，为了规避风险，其不惜降低批发价格来增加产品订购量，从而使其期望效用与风险规避系数负相关，而零售商却因较低的批发价格使得期望效用呈相反趋势。

三、考虑公平关切与风险规避的成员定价决策

假设制造商因减排技术投资同时表现出公平关切与风险规避特性，而零售商不考虑任何行为偏好进行决策，则制造商与零售商的效用函数可以分别表示为：

$$U(\pi_m^t) = U(\pi_m^a) - \eta_m [U(\pi_r^a) - U(\pi_m^a)]$$

(3-108)

$$U(\pi_r^t) = E(\pi_r^n)$$

(3-109)

制造商公平关切且风险规避特征时，各成员同样遵循 Stackelberg 博弈过程。采用逆向推导法，零售商作为主从博弈的跟随者，依据主导者制造商确定的批发价格与碳减排率，最大化自身效用函数。由于 $\partial^2 U(\pi_r^t)/\partial p^2 = -2b < 0$，令一阶导数 $\partial U(\pi_r^t)/\partial p = 0$，则可得零售价格为：

$$p = \frac{\bar{s} + \lambda\beta + bw}{2b}$$

(3-110)

将 (3-110) 式代入 (3-108) 式，制造商效用函数 $U(\pi_m^t)$ 关于批发价格 w 和碳减排率 β 的 Hessian 矩阵 $H_6(w, \beta)$ 为：

$$H_6(w, \beta) = \begin{pmatrix} \dfrac{-2b - 3b\eta_m}{2} & \dfrac{(1 + \eta_m)(\lambda - p_c eb) + \lambda\eta_m}{2} \\ \dfrac{(1 + \eta_m)(\lambda - p_c eb) + \lambda\eta_m}{2} & \dfrac{2b(1 + \eta_m)(p_c e\lambda - k) - \lambda^2 \eta_m}{2b} \end{pmatrix}$$

(3-111)

因为一阶顺序主子式 $D_1 = (-2b - 3b\eta_m)/2 < 0$，当二阶顺序主子式 $D_2 = \{(1 + \eta_m)^2 [4bk - (\lambda + p_c eb)^2] + (1 + \eta_m)2bk\eta_m\}/4 > 0$ 时，$H_6(w, \beta)$ 为负定矩阵，此时 $U(\pi_m^t)$ 为 w 和 β 的凹函数。令 $\partial U(\pi_m^t)/\partial w = 0, \partial U(\pi_m^t)/\partial \beta = 0$，

并联立方程组,可以得到制造商公平关切且风险规避决策下的最优批发价格和碳减排率:

$$w^t = \frac{\begin{array}{l}(\lambda + p_c eb)\left[b(1+\eta_m)(2p_c e\mu_m\delta_s - p_c e\lambda - p_c e\bar{s} - c\lambda) - 2\mu_m\delta_s\eta_m\lambda\right] + \\ 2bk\left[(1+\eta_m)(\bar{s} + p_c eb + bc - 2\mu_m\delta_s) + \bar{s}\eta_m\right]\end{array}}{b\{(1+\eta_m)[4bk - (\lambda + p_c eb)^2] + 2bk\eta_m\}}$$

$$\tag{3-112}$$

$$\beta = \frac{(\lambda + p_c eb)\left[(1+\eta_m)(\bar{s} - bc - p_c eb) - 2\mu_m\delta_s(1+2\mu)\right]}{(1+\eta_m)[4bk - (\lambda + p_c eb)^2] + 2bk\eta_m} \tag{3-113}$$

将(3-112)式和(3-113)式代入 $q = s - bp + \lambda\beta$ 的表达式和(3-110)式可得制造商公平关切且风险规避决策下的最优订购量和零售价格分别为:

$$q^t = \frac{(1+\eta_m)\{bk(\bar{s} - bc - p_c eb) + \mu_m\delta_s[2bk - (\lambda + p_c eb)^2]\}}{(1+\eta_m)[4bk - (\lambda + p_c eb)^2] + 2bk\eta_m}$$

$$\tag{3-114}$$

$$p^t = \frac{\begin{array}{l}(\lambda + p_c eb)\{(1+\eta_m)[p_c eb(\mu_m\delta_s - \lambda - \bar{s}) - bc\lambda - \mu_m\delta_s\lambda] - 2\mu_m\delta_s\lambda\eta_m\} + \\ bk\left[(1+\eta_m)(p_c eb + bc + 3\bar{s} - 2\mu_m\delta_s) + 2\bar{s}\eta_m\right]\end{array}}{b\{(1+\eta_m)[4bk - (\lambda + p_c eb)^2] + 2bk\eta_m\}}$$

$$\tag{3-115}$$

令 $bk = B, \lambda + p_c eb = C, \bar{s} - bc - p_c eb = S, \mu_m\delta_s = H, 1+\eta_m = N$,并将公式(3-112)—(3-115)代入(3-7)式和(3-8)式,可以求得制造商同时公平关切与风险规避决策下零售商、制造商的期望利润函数,进一步求得供应链系统整体的期望利润函数如下:

$$E(\pi_r^t) = \frac{N^2\left[HC^2 - B(S+2H)\right]^2}{b\left[N(4B - C^2) + 2B\eta_m\right]^2} \tag{3-116}$$

$$E(\pi_m^t) = \frac{\begin{array}{l}4H^2C^4N\eta_m + B\{N(S+2H)[N(S-2H)(4B-C^2) + \\ 4BS\eta_m] - 4H\eta_m[(S+4H)N + H\eta_m]\}\end{array}}{2b\left[N(4B-C^2) + 2B\eta_m\right]^2} + P_c A$$

$$\tag{3-117}$$

$$E(\pi_x^t) = \frac{\begin{array}{l}2H^2C^4N(2+N) + B\{2BN(S+2H)(3NS - 2NH + 2S\eta_m) - \\ C^2[(S-2H)^2 + \eta_m((1+N)S^2 + 4HS(1+2N) + 24NH^2)]\}\end{array}}{2b\left[N(4B-C^2) + 2B\eta_m\right]^2} + P_c A$$

$$\tag{3-118}$$

命题 3-7 制造商同时考虑公平关切与风险规避决策时,碳减排率 β 都小于仅考虑风险规避或公平关切决策情形;产品批发价格 w^t 和零售价格 p^t 大于仅考虑风险规避决策情形,而小于仅考虑公平关切决策情形;订购量 q^t 和

零售商期望利润 $E(\pi_r^t)$ 小于仅考虑风险规避决策情形，而大于仅考虑公平关切决策情形。

证明：比较公式(3-79)和(3-113)、(3-23)和(3-113)、(3-78)和(3-112)、(3-22)和(3-112)、(3-81)和(3-115)、(3-25)和(3-115)、(3-80)和(3-114)、(3-24)和(3-114)、(3-82)和(3-116)、(3-26)和(3-116)，可以得到：

$$\beta^a - \beta^t = \frac{2\eta_m(\lambda + p_c eb)\{bk(\bar{s} - p_c eb - bc) + \mu_m\delta_s[2bk - (\lambda + p_c eb)^2]\}}{\{(1 + \eta_m)[4bk - (\lambda + p_c eb)^2] + 2bk\eta_m\}[4bk - (\lambda + p_c eb)^2]}$$

$$(3\text{-}119)$$

$$\beta^m - \beta^t = \frac{2\mu_m\delta_s(\lambda + p_c eb)(1 + 2\eta_m)}{(1 + \eta_m)[4bk - (\lambda + p_c eb)^2] + 2bk\eta_m} \tag{3-120}$$

$$w^a - w^t = \frac{-2\eta_m[2bk - \lambda(\lambda + p_c eb)]\{bk(s - p_c eb - bc) + \mu_m\delta_s[2bk - (\lambda + p_c eb)^2]\}}{b\{(1 + \eta_m)[4bk - (\lambda + p_c eb)^2] + 2bk\eta_m\}[4bk - (\lambda + p_c eb)^2]}$$

$$(3\text{-}121)$$

$$w^m - w^t = \frac{2\mu_m\delta_s[\eta_m(2bk + \lambda^2 - p_c^2 e^2 b^2) + 2bk - p_c eb\lambda - p_c^2 e^2 b^2]}{b\{(1 + \eta_m)[4bk - (\lambda + p_c eb)^2] + 2bk\eta_m\}}$$

$$(3\text{-}122)$$

$$p^a - p^t = \frac{-2\eta_m[bk - \lambda(\lambda + p_c eb)]\{bk(s - p_c eb - bc) + \mu_m\delta_s[2bk - (\lambda + p_c eb)^2]\}}{b\{(1 + \eta_m)[4bk - (\lambda + p_c eb)^2] + 2bk\eta_m\}[4bk - (\lambda + p_c eb)^2]}$$

$$(3\text{-}123)$$

$$p^m - p^t = \frac{\mu_m\delta_s[\eta_m(2bk + 3\lambda^2 + 2p_c eb\lambda - p_c^2 e^2 b^2) + 2bk + \lambda^2 - p_c^2 e^2 b^2]}{b\{(1 + \eta_m)[4bk - (\lambda + p_c eb)^2] + 2bk\eta_m\}}$$

$$(3\text{-}124)$$

$$q^a - q^t = \frac{2bk\eta_m\{bk(\bar{s} - p_c eb - bc) + \mu_m\delta_s[2bk - (\lambda + p_c eb)^2]\}}{\{(1 + \eta_m)[4bk - (\lambda + p_c eb)^2] + 2bk\eta_m\}[4bk - (\lambda + p_c eb)^2]}$$

$$(3\text{-}125)$$

$$q^m - q^t = \frac{-\mu_m\delta_s(1 + \eta_m)[2bk - (\lambda + p_c eb)^2]}{(1 + \eta_m)[4bk - (\lambda + p_c eb)^2] + 2bk\eta_m} \tag{3-126}$$

$$E(\pi_r^a) - E(\pi_r^t) = \frac{4k\eta_m\{bk(\bar{s} - p_c eb - bc) + \mu_m\delta_s[2bk - (\lambda + p_c eb)^2]\}^2 \cdot}{\{(1 + \eta_m)[4bk - (\lambda + p_c eb)^2] + bk\eta_m\}}{\{(1 + \eta_m)[4bk - (\lambda + p_c eb)^2] + 2bk\eta_m\}^2[4bk - (\lambda + p_c eb)^2]^2}$$

$$(3\text{-}127)$$

$$E(\pi_r^m) - E(\pi_r^t) = \frac{-\mu_m\delta_s(1 + \eta_m)^2[2bk - (\lambda + p_c eb)^2] \cdot}{\{2bk(\bar{s} - p_c eb - bc) + \mu_m\delta_s[2bk - (\lambda + p_c eb)^2]\}}{b\{(1 + \eta_m)[4bk - (\lambda + p_c eb)^2] + 2bk\eta_m\}^2}$$

$$(3\text{-}128)$$

由于 $2bk-(\lambda+p_ceb)^2>0$，$\bar{s}-bc-p_ceb>2\mu_m\delta_s$，易得 $\beta^a>\beta$、$\beta^m>\beta$、$w^a<w^t$、$w^m>w^t$、$p^m>p^t$、$q^a>q^t$、$q^m<q^t$、$E(\pi_r^a)>E(\pi_r^t)$、$E(\pi_r^m)<E(\pi_r^t)$。同时 $[bk-\lambda(p_ceb+\lambda)](\bar{s}-bc-p_ceb)$ 可以表示为 $[4bk-(\lambda+p_ceb)^2]\cdot[\bar{s}-bp^n]$，结合 $\bar{s}-bp>0$，则有 $[bk-\lambda(p_ceb+\lambda)](\bar{s}-bc-p_ceb)>0$，从而可以推出 $p^a<p^t$。

性质 3-8 制造商同时考虑公平关切与风险规避决策时，碳减排率 β 与风险规避系数 μ_m、公平关切系数 η_m 负相关；产品批发价格 w^t 和零售价格 p^t 与风险规避系数 μ_m 负相关，而与公平关切系数 η_m 正相关；订购量 q^t 和零售商期望利润 $E(\pi_r^t)$ 与风险规避系数 μ_m 正相关，而与公平关切系数 η_m 负相关。

证明：将 β、w^t、p^t、q^t 和 $E(\pi_r^t)$ 分别对风险规避系数 μ_m 和公平关切系数 η_m 求导，可以得到：

$$\frac{\partial\beta}{\partial\mu_m}=\frac{-2\delta_s(1+2\eta_m)(\lambda+p_ceb)}{(1+\eta_m)[4bk-(\lambda+p_ceb)^2]+2bk\eta_m} \tag{3-129}$$

$$\frac{\partial\beta}{\partial\eta_m}=\frac{-2(\lambda+p_ceb)\{bk(\bar{s}-bc-p_ceb)+\mu_m\delta_s[2bk-(\lambda+p_ceb)^2]\}}{\{(1+\eta_m)[4bk-(\lambda+p_ceb)^2]+2bk\eta_m\}^2} \tag{3-130}$$

$$\frac{\partial w^t}{\partial\mu_m}=\frac{-2\delta_s[\eta_m(2bk+\lambda^2-p_c^2e^2b^2)+2bk-p_ceb(\lambda+p_ceb)]}{b\{(1+\eta_m)[4bk-(\lambda+p_ceb)^2]+2bk\eta_m\}} \tag{3-131}$$

$$\frac{\partial w^t}{\partial\eta_m}=\frac{2[2bk-\lambda(\lambda+p_ceb)]\{bk(\bar{s}-p_ceb-bc)+\mu_m\delta_s[2bk-(\lambda+p_ceb)^2]\}}{b\{(1+\eta_m)[4bk-(\lambda+p_ceb)^2]+2bk\eta_m\}^2} \tag{3-132}$$

$$\frac{\partial p^t}{\partial\mu_m}=\frac{-\delta_s[(1+\eta_m)(2bk+\lambda^2-p_c^2e^2b^2)+2\lambda(\lambda+p_ceb)]}{b\{(1+\eta_m)[4bk-(\lambda+p_ceb)^2]+2bk\eta_m\}} \tag{3-133}$$

$$\frac{\partial p^t}{\partial\eta_m}=\frac{2[bk-\lambda(\lambda+p_ceb)]\{bk(\bar{s}-p_ceb-bc)+\mu_m\delta_s[2bk-(\lambda+p_ceb)^2]\}}{b\{(1+\eta_m)[4bk-(\lambda+p_ceb)^2]+2bk\eta_m\}^2} \tag{3-134}$$

$$\frac{\partial q^t}{\partial\mu_m}=\frac{\delta_s(1+\eta_m)[2bk-(\lambda+p_ceb)^2]}{(1+\eta_m)[4bk-(\lambda+p_ceb)^2]+2bk\eta_m} \tag{3-135}$$

$$\frac{\partial q^t}{\partial\eta_m}=\frac{-2bk\{bk(\bar{s}-p_ceb-bc)+\mu_m\delta_s[2bk-(\lambda+p_ceb)^2]\}}{\{(1+\eta_m)[4bk-(\lambda+p_ceb)^2]+2bk\eta_m\}^2} \tag{3-136}$$

$$\frac{\partial E(\pi_r^t)}{\partial\mu_m}=\frac{2\delta_s(1+\eta_m)^2[2bk-(\lambda+p_ceb)^2]\{bk(s-p_ceb-bc)+\mu_m\delta_s[2bk-(\lambda+p_ceb)^2]\}}{b\{(1+\eta_m)[4bk-(\lambda+p_ceb)^2]+2bk\eta_m\}^2} \tag{3-137}$$

$$\frac{\partial E(\pi_r^t)}{\partial \eta_m} = \frac{-4k(1+\eta_m)\{bk(\bar{s}-p_ceb-bc)+\mu_m\delta_s[2bk-(\lambda+p_ceb)^2]\}^2}{\{(1+\eta_m)[4bk-(\lambda+p_ceb)^2]+2bk\eta_m\}^3}$$

$$(3\text{-}138)$$

结合 $2bk-(\lambda+p_ceb)^2>0,\bar{s}-bc-p_ceb>2\mu_m\delta_s$，可以得到 $\partial\beta/\partial\mu_m<0$，$\partial\beta/\partial\eta_m<0,\partial w^t/\partial\mu_m<0,\partial w^t/\partial\eta_m>0,\partial q^t/\partial\mu_m>0,\partial q^t/\partial\eta_m<0,\partial p^t/\partial\mu_m<0$，$\partial E(\pi_r^t)/\partial\mu_m>0,\partial E(\pi_r^t)/\partial\eta_m<0$。与命题3-7类似，由于 $[bk-\lambda(p_ceb+\lambda)]>0$，从而可得 $\partial p^t/\partial\eta_m>0$。

命题3-7和性质3-8表明，制造商同时考虑公平关切与风险规避决策时，批发价格随风险规避系数的增加而减小，而随公平关切系数的增加而增加。作为跟随者，零售商确定的零售价格也表现出和批发价格同等的变化规律，而产品订购量和零售商期望利润却表现出相反的变化趋势。另一方面，与单行为偏好决策相比，制造商双重行为偏好导致碳减排率进一步降低。

推论3-5　制造商公平关切且风险规避决策时，结合前述参数相关定义并令

$$\frac{\eta_mSB^2}{H(2B-C^2)[N(4B-C^2)+B\eta_m]}=G_5$$

$$\frac{\eta_mBNS(2B-C^2)}{H[(4B-C^2)(\eta_mNC^2+2\eta_m^2B+B)+4\eta_mB^2]}=G_6$$

当 $G_5<1$ 时，制造商期望利润 $E(\pi_m^t)$ 小于仅考虑风险规避决策情形，而当 $G_5>1$ 时，制造商期望利润 $E(\pi_m^t)$ 则大于仅考虑风险规避决策情形；当 $G_6<1$ 时，制造商期望利润 $E(\pi_m^t)$ 小于仅考虑公平关切决策情形，而当 $G_6>1$ 时，制造商期望利润 $E(\pi_m^t)$ 则大于仅考虑公平关切决策情形。

证明：比较公式(3-83)和(3-117)以及公式(3-27)和(3-117)，并结合前述有关参数的定义，可以得到：

$$E(\pi_m^a)-E(\pi_m^t)=$$

$$\frac{-2\eta_m[BS+H(2B-C^2)]\{H(2B-C^2)[N(4B-C^2)+B\eta_m]-B^2S\eta_m\}}{b(4B-C^2)[N(4B-C^2)+2B\eta_m]^2}$$

$$(3\text{-}139)$$

$$E(\pi_m^m)-E(\pi_m^t)=$$

$$\frac{-2H\{\eta_mBNS(2B-C^2)-H[(4B-C^2)(\eta_mNC^2+2\eta_m^2B+B)+4\eta_mB^2]\}}{b[N(4B-C^2)+2B\eta_m]^2}$$

$$(3\text{-}140)$$

令：

$$\frac{\eta_mSB^2}{H(2B-C^2)[N(4B-C^2)+B\eta_m]}=G_5 \qquad (3\text{-}141)$$

$$\frac{\eta_m BNS(2B-C^2)}{H[(4B-C^2)(\eta_m NC^2 + 2\eta_m^2 B + B) + 4\eta_m B^2]} = G_6 \qquad (3\text{-}142)$$

由于 $B>0$、$C>0$、$S>0$、$H>0$、$N>0$，且 $2B-C^2>0$、$S>0$，易知，当 $G_5<1$ 时，有 $E(\pi_m^t) < E(\pi_m^a)$，当 $G_5>1$ 时，有 $E(\pi_m^t) > E(\pi_m^a)$；当 $G_6<1$ 时，有 $E(\pi_m^t) < E(\pi_m^m)$，当 $G_6>1$ 时，有 $E(\pi_m^t) > E(\pi_m^m)$。

性质 3-9 制造商同时考虑风险规避与公平关切决策时，结合前述参数定义令

$$\frac{\eta_m(2B-C^2)[BS(1+2\mu_m) + 2\delta_s\eta_m(2B-C^2)]}{2H(4B-C^2)(BN + B\eta_m + \eta_m C^2) + 16\delta_s\eta_m^2 B^2} = G_7$$

$$\frac{2\eta_m SB^2}{HN(2B-C^2)(4B-C^2)} = G_8$$

当 $G_7<1$ 时，制造商期望利润 $E(\pi_m^t)$ 与风险规避系数 μ_m 负相关，而当 $G_7>1$ 时，制造商期望利润 $E(\pi_m^t)$ 则与风险规避系数 μ_m 正相关；当 $G_8<1$ 时，制造商期望利润 $E(\pi_m^t)$ 与公平关切系数 η_m 正相关，而当 $G_8>1$ 时，制造商期望利润 $E(\pi_m^t)$ 则与公平关切系数 η_m 负相关。

证明：将 $E(\pi_m^t)$ 分别对风险规避系数 μ_m 和公平关切系数 η_m 求导，并结合前述有关参数的定义，可以得到：

$$\frac{\partial E(\pi_m^t)}{\partial \mu_m} = \frac{\begin{array}{c} 2\eta_m\delta_s(2B-C^2)[BS(1+2\mu_m) + 2\delta_s\eta_m(2B-C^2)] - \\ 4\delta_s[H(4B-C^2)(BN + B\eta_m + \eta_m C^2) + 8\delta_s\eta_m^2 B^2] \end{array}}{b[N(4B-C^2) + 2B\eta_m]^2}$$

$$(3\text{-}143)$$

$$\frac{\partial E(\pi_m^t)}{\partial \eta_m} = \frac{2[BS + H(2B-C^2)][HN(2B-C^2)(4B-C^2) - 2\eta_m SB^2]}{b[N(4B-C^2) + 2B\eta_m]^3}$$

$$(3\text{-}144)$$

令：

$$\frac{\eta_m(2B-C^2)[BS(1+2\mu_m) + 2\delta_s\eta_m(2B-C^2)]}{2H(4B-C^2)(BN + B\eta_m + \eta_m C^2) + 16\delta_s\eta_m^2 B^2} = G_7 \qquad (3\text{-}145)$$

$$\frac{2\eta_m SB^2}{HN(2B-C^2)(4B-C^2)} = G_8 \qquad (3\text{-}146)$$

由于 $B>0$、$C>0$、$S>0$、$H>0$、$N>0$，且 $2B-C^2>0$、$S>0$，易知，当 $G_7<1$ 时，有 $\partial E(\pi_m^t)/\partial \mu_m < 0$；当 $G_7>1$ 时，有 $\partial E(\pi_m^t)/\partial \mu_m > 0$；当 $G_8<1$ 时，有 $\partial E(\pi_m^t)/\partial \eta_m > 0$；当 $G_8>1$ 时，有 $\partial E(\pi_m^t)/\partial \eta_m < 0$。

推论 3-5 和性质 3-9 表明，制造商同时考虑风险规避与公平关切决策时，其期望利润表现出先增后降的变化规律。另一方面，与单行为偏好决策相比，制造商双重行为偏好导致期望利润呈现出先低后高的变化趋势。

第四节　算例分析

参照 Zou 等[①]的算例背景,下面通过数值分析探讨成员公平关切与风险规避特征对低碳供应链决策的影响。本章的有关参数取值为:市场容量均值 $\bar{s}=300$,标准差 $\delta_s=5$,零售价格敏感系数 $b=5$,单位产品生产成本 $c=4$,碳投资减排系数 $k=600$,单位碳交易价格 $p_c=1$,单位产品初始碳排放 $e=2$,低碳偏好系数 $\lambda=1$,政府免费碳配额 $A=500$。

一、结果分析

为了验证本章所建公平关切与风险规避决策模型的可行性,分别考虑制造商公平关切情形($\eta_m=0.4$)、零售商公平关切情形($\eta_r=0.6$)、制造商公平关切与风险规避情形($\eta_m=0.4,\mu_m=10$),并结合其他参数一起代入不同决策模式,可得决策变量的取值如表 3-1 所示:

表 3-1　不同决策模式下参数比较分析

变量	集中决策	分散决策	$\eta_r=0.6$	$\eta_m=0.4$	$\mu_m=10$	$\eta_m=0.4,\mu_m=10$
q	137.778	68.188	86.544	59.588	92.933	81.213
p	32.545	46.412	42.728	48.126	41.445	43.780
β	0.505	0.250	0.181	0.218	0.157	0.114
w	—	32.775	25.419	36.208	22.858	27.538
π_r	—	929.908	1497.964	710.151	1727.305	1319.107
π_m	—	2341.064	2202.095	2311.783	2088.518	2263.801
π_{sc}	4220.020	3270.972	3700.059	3021.934	3815.823	3582.908

由表 3-1 可知,对比分散决策情形,制造商的公平关切偏好损害了自身以及合作者的利益,而零售商的公平关切偏好提高了自身收益,并且成员的公平关切行为都使得系统的减排率降低。显然,尽管制造商进行了碳减排投资但不宜考虑公平关切偏好,而零售商虽然因公平行为获利但不利于低碳供应链

①　ZOU F, ZHOU Y, YUAN C. The impact of retailers' low-carbon investment on the supply chain under carbon tax and carbon trading policies[J]. Sustainability,2020,12(9):1-27.

的可持续发展。在风险规避决策方面,制造商的风险规避偏好降低了自身的利润却提高了合作者的收益,并且也使得系统的减排率下降。显然,制造商这种以牺牲自身利益来规避风险的决策不利于企业经济与环保的双目标。而对比单行为偏好决策情形,当制造商同时具有风险规避与公平关切特性时,碳减排率将进一步降低,而产品零售价格、批发价格和订购量则处于两种行为偏好决策结果之间。

二、灵敏度分析

(一) 公平关切对低碳供应链决策的影响

为探究不同成员公平关切特征对系统定价决策、碳减排决策以及利润分配的影响,下面对不同模式下的相关参数进行仿真,以便更直观地进行对比分析。

首先将上述参数代入不同决策模式下批发价格、碳减排率的表达式,可得到不同决策模式下的批发价格与公平关切系数 η_m 和 η_r 的关系(图 3-2),碳减排率与公平关切系数 η_m 和 η_r 的关系(图 3-3)。

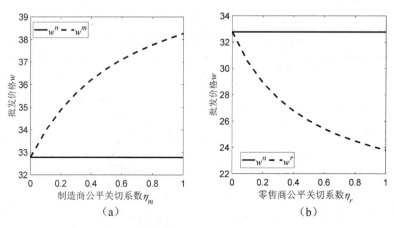

图 3-2 公平关切系数 η_m、η_r 与批发价格 w 的关系图

由图3-2可知,当制造商具有公平关切特征时,系统的批发价格将高于公平中性决策情形,并且随着决策者公平关切程度的增加,其值也将进一步上涨。而当零售商具有公平关切特征时,系统的批发价格要低于公平中性决策情形,并且其值随决策者公平关切程度的增加将进一步降低。此可以理解为,当制造商关注公平时,制造商采取提高批发价格的策略以弥补减排成本的支出。而当零售商关注公平时,为了获得更大利润,其公平关切特征将迫使制造商采

取降低批发价格的策略。

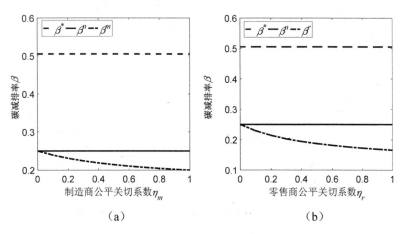

图3-3　公平关切系数 η_m、η_r 与碳减排率 β 的关系图

由图3-3可知,不管是制造商还是零售商具有公平关切特性,碳减排率都小于公平中性决策情形;而后者又小于集中决策情形,并且碳减排率随着公平关切系数的增加都降低。此可以理解为,当制造商关注公平时,为了减少成本,制造商采取降低减排率的策略;当零售商关注公平时,随着公平关切程度的增加,利润分配向零售商倾斜,此时制造商不得不采取降低碳减排率达到减少成本的目的。

将上述参数代入不同决策模式下零售价格和订购量的表达式,可得到不同决策模式下,零售价格与公平关切系数 η_m 和 η_r 的关系(图3-4),订购量与公平关切系数 η_m 和 η_r 的关系(图3-5)。

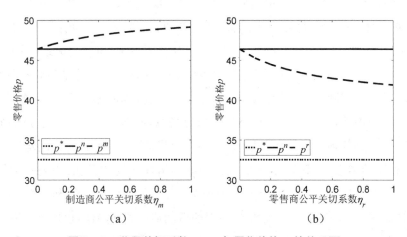

图3-4　公平关切系数 η_m、η_r 与零售价格 p 的关系图

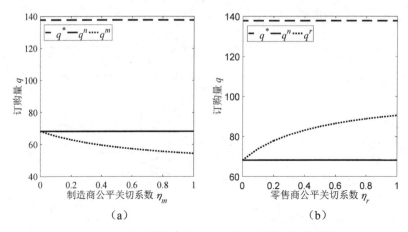

（a）　　　　　　　　　　（b）

图 3-5　公平关切系数 η_m、η_r 与订购量 q 的关系图

由图 3-4、图 3-5 可知，当制造商具有公平关切特征时，产品的零售价格要高于公平中性决策情形，并且随着决策者公平关切程度的增加将进一步上涨，同时系统的市场需求将随决策者公平关切程度的增加将进一步下降。与之相反，当零售商具有公平关切特征时，产品的零售价格要低于公平中性决策情形，并且随着决策者公平关切程度的增加将进一步下降，同时系统的市场需求将随决策者公平关切程度的增加将进一步上升。此可以理解为，当制造商关注公平时，利润分配向制造商倾斜，零售商为了获得更多利润采取提高零售价格的策略，进而使得市场需求量降低；当零售商关注公平时，为了获得更大利润，零售商采取降低零售价格达到增加市场需求量的目的。

将上述参数代入不同决策模式下低碳供应链各成员及系统利润的表达式，可得到不同决策模式下，制造商、零售商的利润与公平关切系数 η_m 和 η_r 的关系（图 3-6）和供应链系统的利润与公平关切系数 η_m 和 η_r 的关系（图 3-7）。由图 3-6 可知，当制造商具有公平关切特征时，各成员的利润都低于公平中性决策情形，且都随公平关切系数 η_m 的增加而降低，同时零售商的利润要比制造商少。类似地，当零售商具有公平关切特征时，制造商的利润小于公平中性决策情形，且其随公平关切系数 η_r 的增加而降低；而零售商的利润却高于公平中性决策情形，且其随公平关切系数 η_r 的增加而增加。同时当公平关切系数 η_r 增大到某一水平时，零售商因较高的公平关切程度使得利润高于制造商。图 3-6 说明，公平关切系数 η_m 不仅使得制造商利润降低，也损害了零售商的利润，此可以理解为，制造商为了追求自身公平需求，通过牺牲部分利润达到惩罚对方目的;而公平关切系数 η_r 虽然降低了对方的利润,却可以提高自身的利益。因此,零售商追求自身公平需求,使得利润分配倾向于自身,二者呈现"此消彼长"的关系。

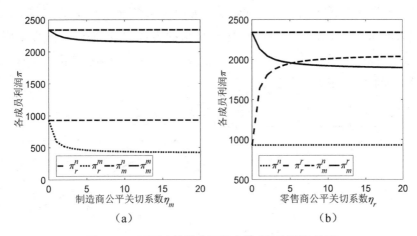

图 3-6　不同决策模式下供应链成员利润比较图

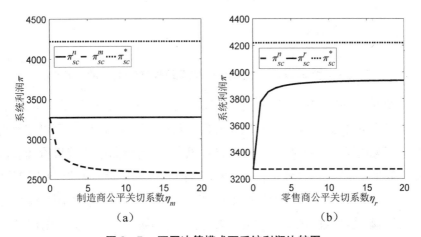

图 3-7　不同决策模式下系统利润比较图

由图 3-7 可知,当制造商具有公平关切特征时,供应链系统的利润低于公平中性决策情形,后者又低于集中决策情形;当零售商有公平关切特征时,若消费者的低碳偏好较低时,供应链系统的利润高于公平中性情形,但低于集中决策情形。

总体而言,成员公平关切特征会降低系统的绩效。此可以理解为,供应链成员关注公平时,并不一定以最大利润作为决策目标,他们更关心利润分配的公平与否,因而损害了系统的利润。

(二) 风险规避对低碳供应链决策的影响

为分析制造商风险规避行为对低碳供应链定价决策、碳减排决策以及供应链成员利润的影响,下面对不同模式下的相关参数进行求解。首先将上述参数代入不同决策模式下批发价格、零售价格的表达式,可得到不同决策模式下,批发价格与风险规避系数 μ_m 的关系[图 3-8(a)]和零售价格与风险规避系数 μ_m 的关系[图 3-8(b)]。

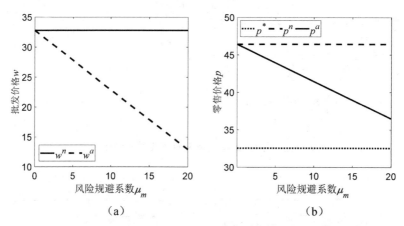

图 3-8 批发价格 w、零售价格 p 与风险规避系数 μ_m 的关系图

由图 3-8(a) 可知,当制造商具有风险规避特征时,产品的批发价格低于风险中性决策情形,并随制造商风险规避系数的增加而降低。此可以理解为,当制造商关注风险规避时,为了规避自身风险,提高产品市场销售量,制造商采取降低批发价格的策略。由图 3-8(b) 可知,当制造商具有风险规避特性时,零售商确定的产品零售价格高于集中决策情形,但低于风险中性分散决策情形,且与制造商风险规避系数负相关。此可以理解为,当制造商关注风险规避时,零售商采取降低零售价格以提高产品市场销售量的策略。

将上述参数代入不同决策模式下碳减排率和产品订购量的表达式,可得到不同决策模式下,碳减排率与风险规避系数 μ_m 的关系[图 3-9(a)]和产品订购量与风险规避系数 μ_m 的关系[图 3-9(b)]。

由图 3-9(a) 可知,风险规避分散决策时的碳减排率低于风险中性情形。此可以理解为,当制造商关注风险规避时,为了规避自身风险,采取降低碳减排率以减少自身成本的策略。显然,该策略不仅与系统的碳减排目标不一致,而且也不利于企业品牌的树立。为了缓解制造商的风险焦虑,政府可以通过碳补贴激励其自主提高碳减排率,并且相关企业也可以通过达成合作契约实现碳减排成本分担。这些措施将有利于供应链相关企业的可持续发展。由图3-9(b)可知,风险规避时的产品订购量高于风险中性情形,而低于集中决策情形,并且随着制造商风险规避系数的增加而增加。此可以理解为,当制造商具有风险规避特征时,为了规避因减排技术投资而产生的风险,采取了降低产品批发价格的策略,从而激发了零售商扩大产品的订购。

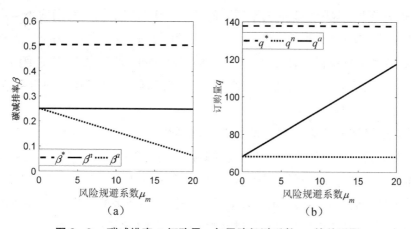

图3-9　碳减排率 β、订购量 q 与风险规避系数 μ_m 的关系图

将上述参数分别代入各成员和供应链系统的期望利润函数,可得不同决策模式下,不同成员的期望利润随风险规避系数 μ_m 的变化趋势[图3-10(a)]和供应链系统的期望利润随风险规避系数 μ_m 的变化趋势[图3-10(b)]。

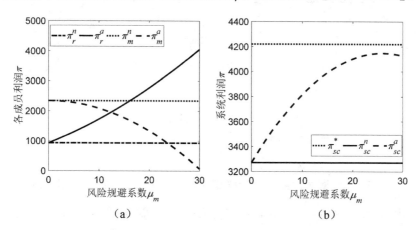

图3-10　不同决策模式下零售商、制造商、供应链系统的期望利润比较图

由图3-10(a)可知,当制造商具有风险规避时,其期望利润小于风险中性决策时的期望利润,并随风险规避系数 μ_m 的增加而降低;相反,零售商的期望利润大于风险中性决策时的期望利润,并随风险规避系数 μ_m 的增加而增加。此可以理解为,当制造商关注风险规避时,为了规避自身风险,其采取了牺牲自身部分利益的策略,该策略增加了合作者的部分利润。由图3-10(b)可知,当制造商具有风险规避特性时,如果消费者低碳偏好较低时,供应链系统的期望利润随制造商风险规避系数 μ_m 的提高而呈现出先升后降的变化趋势。并且,供应链系统风险规避时的期望利润和风险中性时的期望利润均小于集中决策时的期望利润。此可以理解为,当制造商关注风险规避时,为了规避自身风险,牺牲了自身利益而增加了零售商的利润。同时,相比之下,制造商的利润随风险规避系数 μ_m 的增加而逐渐减小,而零售商的利润随风险规避系数 μ_m 的增加而快速增长。

(三)双重行为偏好对低碳供应链决策的影响

为分析制造商公平关切且风险规避行为对低碳供应链定价决策、碳减排决策以及供应链成员利润的影响,下面对不同模式下的相关参数进行求解。首先将上述参数代入不同决策模式下批发价格、碳减排率的表达式,可得到不同决策模式下,批发价格与风险规避系数 μ_m 、公平关切系数 η_m 的关系(图3-11)和碳减排率与风险规避系数 μ_m 、公平关切系数 η_m 的关系(图3-12)。

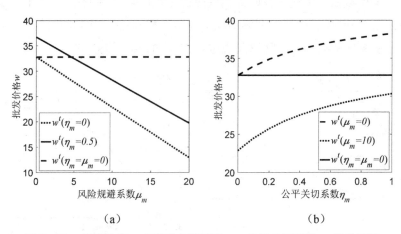

图3-11 批发价格 w 与风险规避系数 μ_m 、公平关切系数 η_m 的关系图

由图3-11可知,当制造商同时具有公平关切与风险规避特性时,批发价格与风险规避系数负相关,而与公平关切系数正相关。另外,与单行为偏好决

策相比,制造商双重行为偏好下的批发价格高于风险规避情形而低于公平关切情形。此可以理解为,当制造商关注公平时,制造商采取提高批发价格的策略以弥补减排成本的支出;而当制造商关注风险规避时,制造商采取降低批发价格的策略以提高产品市场销售量。

由图 3-12 可知,当制造商同时具有公平关切与风险规避特性时,碳减排率与风险规避系数、公平关切系数负相关。同时,与单行为偏好决策相比,制造商双重行为偏好下的减排率不仅低于风险规避情形也低于公平关切情形。此可以理解为,当制造商考虑行为偏好进行决策时,为了减少成本,制造商采取降低减排率的策略,并且双重行为偏好将进一步降低制造企业的减排积极性。

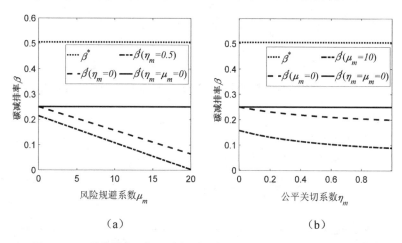

图 3-12　碳减排率 β 与风险规避系数 μ_m、公平关切系数 η_m 的关系图

将上述参数代入不同决策模式下零售价格和订购量的表达式,可得到不同决策模式下,零售价格与风险规避系数 μ_m、公平关切系数 η_m 的关系(图 3-13)和订购量与风险规避系数 μ_m、公平关切系数 η_m 的关系(图 3-14)。

由图 3-13 和图 3-14 可知,当制造商同时具有公平关切与风险规避特性时,零售价格与风险规避系数负相关,而与公平关切系数正相关;订购量与风险规避系数正相关,而与公平关切系数负相关。同时,与单行为偏好决策相比,制造商双重行为偏好下的零售价格高于风险规避情形而低于公平关切情形,订购量低于风险规避情形而高于公平关切情形。此可以理解为,当制造商关注公平时,利润分配向制造商倾斜,零售商为了获得更多利润采取提高零售价格的策略,进而使得市场需求量降低;而当制造商关注风险规避时,为了规避因减排技术投资而产生的风险,采取了降低产品批发价格的策略,从而激发了零售商采取降低零售价格以提高产品市场销售量的策略。

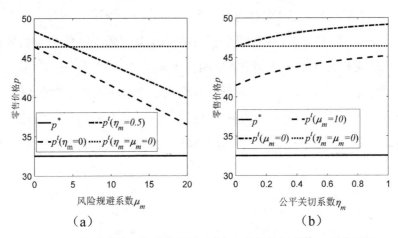

（a） （b）

图 3 - 13　零售价格 p 与风险规避系数 μ_m、公平关切系数 η_m 的关系图

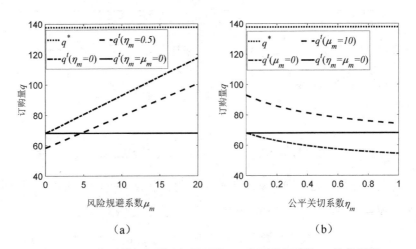

（a） （b）

图 3 - 14　订购量 q 与风险规避系数 μ_m、公平关切系数 η_m 的关系图

将上述参数代入不同决策模式下供应链各成员及系统利润的表达式,可得到不同决策模式下,零售商的利润与风险规避系数 μ_m、公平关切系数 η_m 的关系(图 3 - 15),制造商的利润与风险规避系数 μ_m、公平关切系数 η_m 的关系(图 3 - 16),系统的利润与风险规避系数 μ_m、公平关切系数 η_m 的关系(图 3 - 17)。

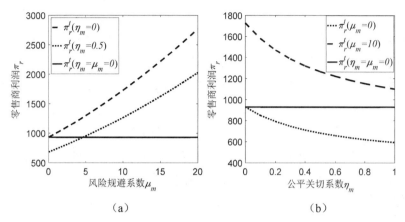

（a）　　　　　　　　　　　（b）

图 3-15　零售商利润 π_r 与风险规避系数 μ_m、公平关切系数 η_m 的关系图

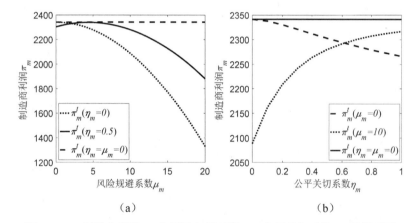

（a）　　　　　　　　　　　（b）

图 3-16　制造商利润 π_m 与风险规避系数 μ_m、公平关切系数 η_m 的关系图

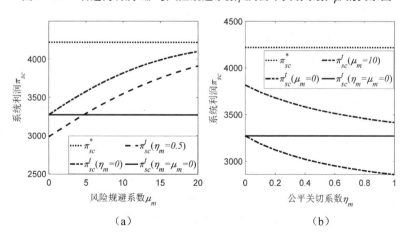

（a）　　　　　　　　　　　（b）

图 3-17　系统利润 π_{sc} 与风险规避系数 μ_m、公平关切系数 η_m 的关系图

由图 3-15 和图 3-16 可知,当制造商同时具有公平关切与风险规避特性时,零售商利润与风险规避系数正相关,而与公平关切系数负相关;制造商利润与风险规避系数呈现出先增后减的趋势,而与公平关切系数一直保持正相关。同时,与单行为偏好决策相比,制造商双重行为偏好下零售商的利润低于风险规避情形而高于公平关切情形,制造商的利润则表现出先低后高的趋势。此可以理解为,双重行为偏好下,一方面,制造商为了追求自身公平需求,采取了提高批发价格并降低减排率的策略,该策略降低了合作者的部分利润。另一方面,制造商为了规避减排投资风险,采取了牺牲自身收益的策略,该策略提高了合作者的部分利润。

由图 3-17 可知,当制造商同时具有公平关切与风险规避特性时,低碳供应链系统利润与风险规避系数正相关,而与公平关切系数负相关。同时,与单行为偏好决策相比,制造商双重行为偏好下系统的利润低于风险规避情形而高于公平关切情形。此可以理解为,双重行为偏好下,一方面,制造商的公平关注行为牺牲了合作者的收益而使得自身获利。另一方面,当制造商关注风险规避时,其并不一定以最大利润作为决策目标,而更加关心如何规避风险,最终也损害了系统的利润。

（四）消费者低碳偏好对低碳供应链决策的影响

为了验证推论 3-1 和推论 3-2 的结果,本节提高消费者对产品的低碳偏好系数,令 $\lambda = 45$（此时有 $G_1 < 0$）和 $\lambda = 55$（此时有 $G_2 < 1/2$）,再将其分别代入不同决策模式下零售价格及供应链系统利润的表达式,可以得到零售价格与公平关切系数 η_r 的关系[图 3-18(a)] 和供应链系统利润与公平关切系数 η_r 的关系[图 3-18(b)]。

由图 3-18 可知,当零售商具有公平关切特征时,若消费者低碳偏好系数 λ 较大,产品零售价格则随公平关切系数 η_r 的增加而降低;当公平关切系数 η_r 达到一定值时,产品零售价格甚至低于集中决策情形;此时,系统总利润随系数 η_r 的增加先增加,后减少。当公平关切 η_r 达到一定值时,系统的利润低于分散决策情形。此可以理解为,当顾客对产品的低碳偏好较高时,为了获得足够的低碳产品市场份额,制造商需要加大碳减排成本的投入;而随着公平关切系数 η_r 的增加,零售商追求公平需求的程度逐渐损害了制造商的利润,从而降低了制造商进行碳减排技术投资的积极性,最终导致市场需求量逐渐减少。此时,零售商将采取降低产品的零售价格策略以获得更多利润,最终使得供应链系统的利润不断下降。

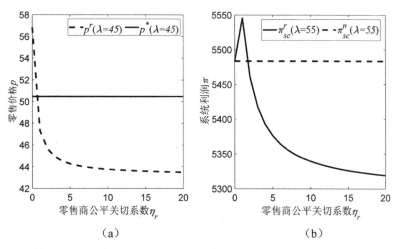

（a）　　　　　　　　　　　　（b）

图 3 - 18　公平关切系数 η_r 与零售价格 p、系统利润 π_{sc} 的关系图

为验证推论 3-3 和推论 3-4 的有效性,本节提高消费者低碳偏好系数,令 $\lambda = 35$（此时 $\lambda > p_c eb$、$[2bk - (\lambda + p_c eb)^2]^2 < 2bk\,(\lambda + p_c eb)^2$）,再将上述参数代入不同决策模式下零售价格及供应链系统期望利润的表达式,可以得到零售价格与风险规避系数 μ_m 的关系[图 3 - 19(a)]和供应链系统期望利润与风险规避系数 μ_m 的关系[图 3 - 19(b)]。

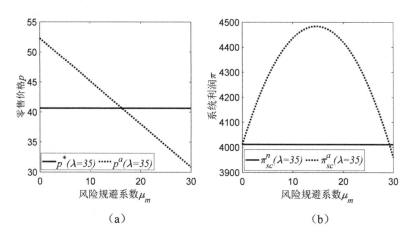

（a）　　　　　　　　　　　　（b）

图 3 - 19　零售价格 p、系统期望利润 π_{sc} 与风险规避系数 μ_m 的关系图

由图 3 - 19 可知,当制造商具有风险规避特征时,若消费者对产品的低碳偏好系数 λ 较高,产品零售价格会随制造商风险规避系数 μ_m 的增加而降低;

当风险规避系数 μ_m 达到一定值时,系统的产品零售价格甚至低于集中决策情形;此时,供应链系统的期望利润随风险规避系数 μ_m 的增加而呈现出先增后降的变化趋势,并且风险规避下的系统期望利润甚至比分散决策下的期望利润要低。此可以理解为,当消费者对产品的低碳偏好较高时,制造商须增加碳减排成本的投入以满足低碳偏好需求并提高低碳产品市场占有率。而随着风险规避系数 μ_m 的不断增加,制造商将就是否扩大减排技术投资作出决策。此时,零售商为了获得更多利润,不得不逐渐降低产品的零售价格。由于零售价格下降又会增加市场需求量,从而导致供应链系统的利润出现上升趋势。但随着零售价格进一步下降,决策者的利润空间不断缩小,最终使得供应链系统的利润转变为下降的趋势。

(五) 碳交易价格对低碳供应链成员单独定价决策的影响

为了分析碳交易价格变化对低碳供应链成员定价决策、碳减排决策以及利润的影响,下面改变碳交易价格的取值,并将上述其他参数代入不同决策情形中相关变量的表达式,可得到不同决策模式下,批发价格、零售价格与碳交易价格 p_c 的关系(图 3 - 20),碳减排率、订购量与碳交易价格 p_c 的关系(图 3 - 21),零售商利润、制造商利润与碳交易价格 p_c 的关系(图 3 - 22)。

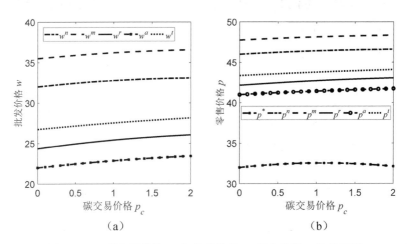

图 3 - 20　碳交易价格 p_c 与批发价格 w、零售价格 p 的关系图

由图 3 - 20、图 3 - 21 和图 3 - 22 可知,当碳交易价格增加时,产品的碳减排率不断上升。这说明,碳交易机制有利于企业碳排放量的减少。另外,随着碳交易价格的增加,批发价格和零售价格不断上涨,产品订购量不断下降。此可以理解为,当碳交易价格增加时,制造商采取降低产品生产量并通过出售剩余碳限额获利的策略,从而使得零售商的产品订购量下降。显然,该策略将导致产品市场供给不断减少,最终使得产品批发价格和零售价格上涨。与此同时,制造商因出售剩余碳限额使得自身利润快速增加,而零售商则因订购量减少使得自身利润逐渐下降。

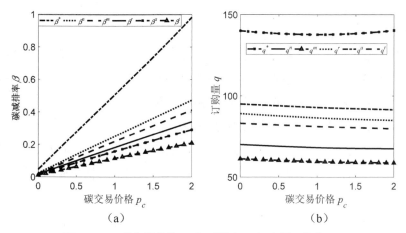

图 3 - 21　碳交易价格 p_c 与减排率 β、订购量 q 的关系图

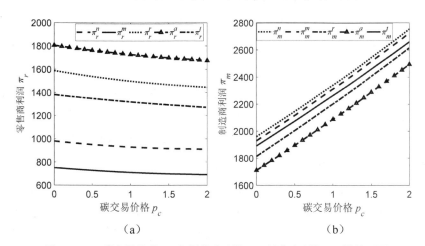

图 3 - 22　碳交易价格 p_c 与零售商利润 π_r、制造商利润 π_m 的关系图

本章小结

本章利用收益分配绝对公平模型、均值-方差法和 Stackelberg 博弈理论，研究了碳交易机制下成员具有公平关切与风险规避特征的低碳供应链定价决策问题。主要结论如下：

（1）在低碳供应链中，制造商的利润分配公平关切行为降低了碳减排率且损害了自身收益。因此制造商以公平中性的态度进行决策，将更有利于确保社会经济的可持续发展。同时，为降低制造商因减排成本而产生的公平顾虑，政府可考虑以碳补贴引导其积极减排。零售商因公平关切会提高收益，但这种牺牲合作者利益而增加利润的方式，将打击制造商的积极性。为确保零售商与制造商合作的持久性并积极有效进行碳减排，二者之间可构建成本分担合同，在提高双方收益的同时，降低系统的碳排放总量。

（2）制造商的风险规避行为不仅降低了减排率，而且损害了自身的利润。因此，在制造商主导的低碳供应链中，为提高自身的利润水平并取得更好的碳排放效益，其更适宜以风险中性的态度进行产品定价决策。当制造商同时具有风险规避与公平关切行为时，一方面，公平关切会进一步提高制造商的利润而降低零售商的利润，并使得碳减排率和供应链系统的总利润都下降。另一方面，风险规避会进一步降低制造商的利润而提高零售商的利润，并使得碳减排率下降而提高供应链系统的总利润。

（3）从消费者对产品的低碳偏好视角而言，若其低碳偏好越高意味着制造商需要增加投入碳减排改进费用。此时零售商的公平关切行为将进一步降低制造商进行减排技术投资的热情。因此，一方面，若消费者对产品的低碳偏好较高，零售商更适宜以公平中性的态度进行决策，才能提高制造商减排投入以满足消费者需求并确保各自收益增加。另一方面，随着消费者对产品的低碳偏好增加，制造商须增加减排成本的投入以获得较高的低碳产品份额。为了降低制造商因加大减排成本而增加的风险顾虑，政府可以采用补贴政策提高制造商减排的积极性。

第四章
碳交易机制下考虑行为偏好的
低碳供应链协调定价决策

　　企业都是以自身效用最大化为目标开展经营决策。在碳减排要求下,制造企业为追求利润分配公平或规避碳减排投资风险,会选择通过降低产品碳减排率或牺牲合作者收益达到保障自身收益水平的目的。为鼓励制造企业积极减排,保证供应链成员企业之间的利润公平分配就成了供应链协调决策的重点所在。本章在供应链成员企业单独定价决策的基础上,进一步研究行为偏好下的低碳供应链各成员企业的协调定价问题,综合利用博弈理论和契约协调理论,设计碳减排成本分担契约模型,分别构建成员行为中性、公平关切、风险规避等行为特征下的协调定价决策模型,并重点研究成本分担对企业定价、减排决策以及利润分配的影响规律。

第一节　　问题描述与符号定义

一、问题描述

　　考虑一个由零售商和制造商组成的两级低碳供应链。为了满足政策规定的碳排放约束和消费者对产品的低碳偏好需求,制造商通常需要采取投资碳减排技术以减少碳排放量,并根据给定的碳排放免费额度和碳交易价格,进行购买或出售碳排放额度的决策。

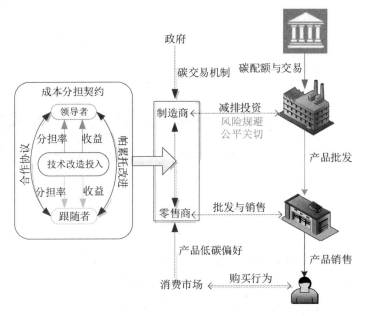

图 4-1　考虑行为偏好的低碳供应链协调决策

　　考虑成员公平关切与风险规避等行为特征的低碳供应链协调决策流程，如图4-1所示。低碳供应链中，制造商因投资碳减排技术易表现出公平关切与风险规避行为，其将根据自身效用最大化进行碳减排及定价决策。为了提高碳减排率并确保各成员企业的收益水平，在供应链内对制造商碳减排投资成本进行分担成了一种有效的协调方法。

　　本章将讨论三种决策情形。情形1为低碳供应链成员行为中性下的协调决策，为了激励制造商进行碳减排投资以满足更大的市场需求，零售商与制造商之间构建了碳减排成本分担契约，并约定零售商承担减排技术投资的成本比例。此时批发价格与零售价格都为减排成本分担比例的函数。情形2为低碳供应链成员公平关切下的协调决策，制造商不仅与零售商之间达成碳减排成本分担契约，而且还有公平关切行为。此时批发价格和零售价格均是关于减排成本分担比例和公平关切系数的函数。情形3为低碳供应链成员风险规避下的协调决策，制造商不仅与零售商之间达成碳减排成本分担契约，而且还有风险规避行为。此时批发价格和零售价格均是关于减排成本分担比例和风险规避系数的函数。

　　本章的研究试图解决以下问题：(1) 不同行为偏好下，如何设计合适的契

约参数以实现对低碳供应链成员利润的帕累托改进?(2) 在协调决策下,契约
参数如何影响系统的定价决策、减排决策以及利润分配过程?

二、符号定义

本章涉及的符号详细说明如下:

c:表示单位产品的生产成本;

w:表示单位产品的批发价格;

e:表示单位初始碳排放量;

p:表示单位产品的零售价格;

A:表示政府免费分配碳配额;

p_c:表示单位碳交易价格;

η:表示制造商风险规避系数;

β:表示单位产品碳减排率;

b:表示零售价格敏感系数;

λ:表示低碳偏好系数;

k:表示碳减排投资系数;

s:表示产品市场容量;

η_m:表示制造商的公平关切系数;

μ_m:表示制造商的风险规避系数;

π_m:表示制造商的利润;

π_r:表示零售商的利润;

π_{sc}:表示供应链整体的利润;

φ_n:表示行为中性协调决策时的成本分担系数;

φ_m:表示制造商公平关切协调决策时的成本分担系数;

φ_a:表示制造商风险规避协调决策时的成本分担系数;

Y_n^c:表示低碳供应链各成员行为中性协调决策情形下 Y 的取值,其中 $Y \in \{w, p, \beta, \pi_m, \pi_r, \pi_{sc}\}$;

Y_m^c:表示制造商具有公平关切特性协调决策情形下 Y 的取值,其中 $Y \in \{w, p, \beta, \pi_m, \pi_r, \pi_{sc}\}$;

Y_a^c:表示制造商具有风险规避特性协调决策情形下 $Y \in$

$\{w, p, \beta, \pi_m, \pi_r, \pi_x\}$。

为便于建立模型和计算分析,作出以下合理假设:

假设 1 零售商面临的市场需求不仅与产品零售价格有关,也受消费者对产品的排放敏感影响。参照 Zhou 等[①]的研究,将市场需求描述为产品零售价格和减排率的函数:$q = s - bp + \lambda\beta$。其中,$s$ 服从均值为 $\bar{s}$、标准差为 δ_s 的正态分布,且 $\bar{s} > 0, b > 0, \lambda > 0, \bar{s} - bp > 0$。

假设 2 制造商为降低产品制造过程中产生的碳排放量,投入一些费用引进或改进生产工艺或技术。参照 Zou 等[②]的研究,将制造商工艺改造费用(碳减排成本)描述为碳减排投资成本系数和单位产品碳减排率的函数:$C = k\beta^2 / 2$。

第二节　不考虑行为偏好的低碳供应链协调定价决策

一、低碳供应链契约协调决策

考虑消费者的低碳偏好,制造商会采取加大生产低碳产品的措施来扩大市场占有率,但这样会导致制造商前期资本投入增加。为了提高制造商的低碳积极性,零售商可以选择主动承担部分低碳措施费用,二者之间以此构建碳减排成本分担契约。当成员之间达成碳减排成本分担契约并约定零售商支付碳减排投资成本的比例为 φ_n,则制造商承担的比例为 $(1 - \varphi_n)$。显然,为了激励零售商和制造商能够接受该契约,必须保证参与者协调决策下的利润比分散决策高,否则各决策者不会选择契约决策方式。此时,制造商与零售的期望利润函数分别为:

$$E(\pi_{mn}^c) = [w - c](\bar{s} - bp + \lambda\beta) + p_c[A - e(1 - \beta)(\bar{s} - bp + \lambda\beta)] - (1 - \varphi_n)k\beta^2 / 2$$

$$(4-1)$$

① ZHOU Y J, BAO M J, CHEN X H, et al. Co-op advertising and emission reduction cost sharing contracts and coordination in low-carbon supply chain based on fairness concerns[J]. Journal of Cleaner Production, 2016, 133:402-413.

② ZOU F, ZHOU Y, YUAN C. The impact of retailers' low-carbon investment on the supply chain under carbon tax and carbon trading policies[J]. Sustainability, 2020, 12(9):1-27.

$$E(\pi_m^c) = (p-w)(\bar{s}-bp+\lambda\beta) - \varphi_n k\beta^2/2 \qquad (4\text{-}2)$$

公式(4-1)右端第一项表示制造商批发收益,第二项表示碳交易情况,第三项表示制造商碳减排投资成本(零售商分担后)。公式(4-2)右端第一项表示零售商销售收益,第二项表示零售商承担的碳减排投资成本。类似地,采用逆向推导法。由于 $\partial^2 E(\pi_m^c)/\partial p^2 = -2b<0$,令 $\partial E(\pi_m^c)/\partial p=0$,则可得销售单价为:

$$p_n^c = \frac{\bar{s}+\lambda\beta+bw}{2b} \qquad (4\text{-}3)$$

将(4-3)式代入(4-1)式,$E(\pi_{mn}^c)$ 关于批发价格 w 和碳减排率 β 的 Hessian 矩阵 $H_7(w,\beta)$ 为:

$$H_7(w,\beta) = \begin{bmatrix} -b & \dfrac{\lambda-p_c eb}{2} \\ \dfrac{\lambda-p_c eb}{2} & p_c e\lambda - k(1-\varphi_n) \end{bmatrix} \qquad (4\text{-}4)$$

因为一阶顺序主子式 $D_1 = -b<0$,当二阶顺序主子式 $D_2 = [4bk(1-\varphi_n) - (\lambda+p_c eb)^2]/4>0$ 时,$H_7(w,\beta)$ 为负定矩阵,此时 $E(\pi_{mn}^c)$ 为 w 和 β 的凹函数。令 $\partial E(\pi_{mn}^c)/\partial w=0$,$\partial E(\pi_{mn}^c)/\partial\beta=0$,并联立方程组,可得各成员行为中性契约协调决策时的最优批发价格和碳减排率:

$$w_n^c = \frac{2k(1-\varphi_n)(\bar{s}+bc+p_c eb) - (\lambda+p_c eb)(p_c e\bar{s}+p_c e\lambda+c\lambda)}{4bk(1-\varphi_n) - (\lambda+p_c eb)^2} \qquad (4\text{-}5)$$

$$\beta_n^c = \frac{(\bar{s}-bc-p_c eb)(\lambda+p_c eb)}{4bk(1-\varphi_n) - (\lambda+p_c eb)^2} \qquad (4\text{-}6)$$

将(4-5)式和(4-6)式代入 $q=s-bp+\lambda\beta$ 和(4-3)式,可得各成员行为中性契约协调决策时的最优订购量和零售价格分别为:

$$q_n^c = \frac{bk(1-\varphi_n)(\bar{s}-bc-p_c eb)}{4bk(1-\varphi_n) - (\lambda+p_c eb)^2} \qquad (4\text{-}7)$$

$$p_n^c = \frac{k(1-\varphi_n)(3\bar{s}+bc+p_c eb) - (\lambda+p_c eb)(p_c e\bar{s}+p_c e\lambda+c\lambda)}{4bk(1-\varphi_n) - (\lambda+p_c eb)^2} \qquad (4\text{-}8)$$

将公式(4-5)—(4-8)代入(4-1)式和(4-2)式,可得行为中性契约协调决策时各成员的期望利润函数及系统总的期望利润函数如下:

$$E(\pi_m^c) = \frac{k(\bar{s}-bc-p_c eb)^2[2bk(1-\varphi_n) - \varphi_n(\lambda+p_c eb)^2]}{2[4bk(1-\varphi_n) - (\lambda+p_c eb)^2]^2} \qquad (4\text{-}9)$$

$$E(\pi_{mn}^c) = \frac{k(1-\varphi_n)(\bar{s}-bc-p_c eb)^2}{2[4bk(1-\varphi_n) - (\lambda+p_c eb)^2]} + p_c A \qquad (4\text{-}10)$$

$$E(\pi_{scn}^c) = \frac{k\,(\bar{s}-bc-p_ceb)^2\,[6bk\,(1-\varphi_n)^2-(\lambda+p_ceb)^2]}{2\,[4bk(1-\varphi_n)-(\lambda+p_ceb)^2]^2} + p_cA \quad (4\text{-}11)$$

命题 4-1 各成员行为中性协调决策时,(1)碳减排率 β_n^c 和订购量 q_n^c 与碳减排成本分担系数 φ_n 正相关;(2)当 $\lambda>p_ceb$ 时,批发价格 w_n^c 与碳减排成本分担系数 φ_n 正相关,反之则负相关;(3)当 $3\lambda>p_ceb$ 时,零售价格 p_n^c 与碳减排成本分担系数 φ_n 正相关,反之则负相关。

证明:将 β_n^c 和 q_n^c 分别对碳减排成本分担系数 φ_n 求导有:

$$\frac{\partial \beta_n^c}{\partial \varphi_n} = \frac{4bk(\lambda+p_ceb)(\bar{s}-bc-p_ceb)}{[4bk(1-\varphi_n)-(\lambda+p_ceb)^2]^2} \quad (4\text{-}12)$$

$$\frac{\partial q_n^c}{\partial \varphi_n} = \frac{bk\,(\lambda+p_ceb)^2(\bar{s}-bc-p_ceb)}{[4bk(1-\varphi_n)-(\lambda+p_ceb)^2]^2} \quad (4\text{-}13)$$

与前面类似,由于 $\bar{s}-bc-p_ceb>0$,易得 $\partial\beta_n^c/\partial\varphi_n>0$,$\partial q_n^c/\partial\varphi_n>0$。

将 w_n^c 和 p_n^c 分别对碳减排成本分担系数 φ_n 求导有:

$$\frac{\partial w_n^c}{\partial \varphi_n} = \frac{2k(\lambda-p_ceb)(\lambda+p_ceb)(\bar{s}-bc-p_ceb)}{[4bk(1-\varphi_n)-(\lambda+p_ceb)^2]^2} \quad (4\text{-}14)$$

$$\frac{\partial p_n^c}{\partial \varphi_n} = \frac{k(3\lambda-p_ceb)(\lambda+p_ceb)(\bar{s}-bc-p_ceb)}{[4bk(1-\varphi_n)-(\lambda+p_ceb)^2]^2} \quad (4\text{-}15)$$

由于 $\bar{s}-bc-p_ceb>0$,当 $\lambda>p_ceb$ 时,易得 $\partial w_n^c/\partial\varphi_n>0$,反之,有 $\partial w_n^c/\partial\varphi_n<0$。当 $3\lambda>p_ceb$ 时,易得 $\partial p_n^c/\partial\varphi_n>0$,反之,有 $\partial p_n^c/\partial\varphi_n<0$。

命题 4-1 表明,各成员行为中性协调决策时,碳减排成本分担系数对决策变量产生了影响。其中,碳减排率 β_n^c 和订购量 q_n^c 随碳减排成本分担系数 φ_n 的增加而增加;而批发价格 w_n^c 与零售价格 p_n^c 的变化趋势则与消费者低碳偏好系数有关。这说明,在低碳供应链成员之间实施成本分担契约可以促使制造商企业进行碳减排投资,从而有利于供应链系统的可持续发展。

命题 4-2 各成员行为中性协调决策时,(1)当碳减排成本分担系数满足关系 $\frac{(\lambda+p_ceb)^2}{8bk}<\varphi_n<\frac{4bk-(\lambda+p_ceb)^2}{4bk}$ 时,零售商利润 $E(\pi_m^c)$ 与碳减排成本分担系数 φ_n 负相关,否则 $E(\pi_m^c)$ 与 φ_n 正相关;(2)制造商利润 $E(\pi_{mn}^c)$ 与碳减排成本分担系数 φ_n 正相关。

证明:将 $E(\pi_m^c)$ 和 $E(\pi_{mn}^c)$ 分别对碳减排成本分担系数 φ_n 求导有:

$$\frac{\partial E(\pi_m^c)}{\partial \varphi_n} = \frac{k\,(\bar{s}-bc-p_ceb)^2(\lambda+p_ceb)^2[8bk\varphi_n-(\lambda+p_ceb)^2]}{-2\,[4bk(1-\varphi_n)-(\lambda+p_ceb)^2]^3} \quad (4\text{-}16)$$

$$\frac{\partial E(\pi_{mn}^c)}{\partial \varphi_n} = \frac{k\,(\lambda + p_c eb)^2\,(\bar{s} - bc - p_c eb)^2}{2\left[4bk(1-\varphi_n) - (\lambda + p_c eb)^2\right]^2} \tag{4-17}$$

显然,当系数满足 $\dfrac{(\lambda + p_c eb)^2}{8bk} < \varphi_n < \dfrac{4bk - (\lambda + p_c eb)^2}{4bk}$ 时,$\partial E(\pi_m^c)/\partial \varphi_n <$

0。而当 $\varphi_n < \dfrac{(\lambda + p_c eb)^2}{8bk}$ 或 $\dfrac{4bk - (\lambda + p_c eb)^2}{4bk} < \varphi_n$ 时,易得 $\partial E(\pi_m^c)/\partial \varphi_n > 0$。另

外由公式(4-17)易得 $\partial E(\pi_{mn}^c)/\partial \varphi_n > 0$。

命题 4-2 表明,各成员行为中性协调决策时,碳减排成本分担系数有利于制造企业利润的提高,而对零售商而言,则应根据实际情形选择合适的成本分担系数值以确保自身利润的提高。

二、契约参数设计

命题 4-3 行为中性决策下,(1)当 $0 < \varphi_n < \dfrac{(\lambda + p_c eb)^2\left[4bk - (\lambda + p_c eb)^2\right]}{2bk\left[8bk - (\lambda + p_c eb)^2\right]}$

时,系统各成员之间可以达成碳减排成本分担契约并实现各自绩效的提高;

(2)当 $\dfrac{5\,(\lambda + p_c eb)^2 - 8bk}{16bk} < \varphi_n < \dfrac{(\lambda + p_c eb)^2\left[4bk - (\lambda + p_c eb)^2\right]}{2bk\left[8bk - (\lambda + p_c eb)^2\right]}$ 时,最优的成本

分担系数为 $\varphi_n^* = \dfrac{(\lambda + p_c eb)^2}{8bk}$;(3)当 $0 < \varphi_n \leqslant \dfrac{5\,(\lambda + p_c eb)^2 - 8bk}{16bk}$ 时,零售商的

期望利润函数 $E(\pi_m^c)$ 为 φ_n 的下凸函数,此时 $\varphi_n^* = 0$。

证明:(1)对比第三章中行为中性分散决策过程,碳减排成本分担契约若能实现利润帕累托改进,则制造商的期望利润须满足 $E(\pi_{mn}^c) > E(\pi_m^n)$,零售商的期望利润需要满足 $E(\pi_m^c) > E(\pi_r^n)$。由 $E(\pi_{mn}^c) > E(\pi_m^n)$ 可以推出成本分担系数满足:

$$\varphi_n < \frac{4bk - (\lambda + p_c eb)^2}{4bk} \tag{4-18}$$

由 $E(\pi_m^c) > E(\pi_r^n)$ 可以推出成本分担系数满足:

$$\varphi_n < \frac{(\lambda + p_c eb)^2\left[4bk - (\lambda + p_c eb)^2\right]}{2bk\left[8bk - (\lambda + p_c eb)^2\right]} \tag{4-19}$$

令:

$$\frac{4bk - (\lambda + p_c eb)^2}{4bk} = \varphi_1 \tag{4-20}$$

$$\frac{(\lambda + p_c eb)^2\left[4bk - (\lambda + p_c eb)^2\right]}{2bk\left[8bk - (\lambda + p_c eb)^2\right]} = \varphi_2 \tag{4-21}$$

比较 φ_1 和 φ_2 的大小,可以得到:

$$\varphi_1 - \varphi_2 = \frac{[4bk - (\lambda + p_c eb)^2][8bk - 3(\lambda + p_c eb)^2]}{4bk[8bk - (\lambda + p_c eb)^2]} \tag{4-22}$$

因为 $2bk - (\lambda + p_c eb)^2 > 0$,易得 $\varphi_1 - \varphi_2 > 0$。再结合成本分担系数 φ_n 的可行性条件:$0 < \varphi_n < 1$,可得成本分担系数取值范围 $0 < \varphi_n < \frac{(\lambda + p_c eb)^2[4bk - (\lambda + p_c eb)^2]}{2bk[8bk - (\lambda + p_c eb)^2]}$。

(2)对零售商的期望利润函数 $E(\pi_m^c)$ 求成本分担系数 φ_n 的二阶导数可以得到:

$$\frac{\partial^2 E(\pi_m^c)}{\partial \varphi_n^2} = \frac{-2bk^2(\bar{s} - bc - p_c eb)^2(\lambda + p_c eb)^2[8bk + 16bk\varphi_n - 5(\lambda + p_c eb)^2]}{[4bk(1 - \varphi_n) - (\lambda + p_c eb)^2]^4} \tag{4-23}$$

很显然,当成本分担系数满足 $\varphi_n > \frac{5(\lambda + p_c eb)^2 - 8bk}{16bk}$ 时,容易推出 $\partial^2 E(\pi_m^c)/\partial \varphi_n^2 < 0$。令:

$$\frac{(\lambda + p_c eb)^2[4bk - (\lambda + p_c eb)^2]}{2bk[8bk - (\lambda + p_c eb)^2]} = M_1 \tag{4-24}$$

$$\frac{5(\lambda + p_c eb)^2 - 8bk}{16bk} = M_2 \tag{4-25}$$

比较 M_1 和 M_2,易得:

$$M_1 - M_2 = \frac{[8bk - 3(\lambda + p_c eb)^2][8bk + (\lambda + p_c eb)^2]}{16bk[8bk - (\lambda + p_c eb)^2]} \tag{4-26}$$

因为 $2bk - (\lambda + p_c eb)^2 > 0$,有 $M_1 - M_2 > 0$。则当:

$$\frac{5(\lambda + p_c eb)^2 - 8bk}{16bk} < \varphi_n < \frac{(\lambda + p_c eb)^2[4bk - (\lambda + p_c eb)^2]}{2bk[8bk - (\lambda + p_c eb)^2]} \tag{4-27}$$

易得 $\partial^2 E(\pi_m^c)/\partial \varphi_n^2 < 0$。此时,令 $\partial E(\pi_m^c)/\partial \varphi_n = 0$,可得零售商确定的最优碳减排成本分担系数为 $\varphi_n^* = \frac{(\lambda + p_c eb)^2}{8bk}$。

(3)当 $0 < \varphi_n \leqslant \frac{5(\lambda + p_c eb)^2 - 8bk}{16bk}$ 时,$\partial^2 E(\pi_m^c)/\partial \varphi_n^2 \geqslant 0$。此时,零售商的期望利润函数 $E(\pi_m^c)$ 为成本分担系数 φ_n 的下凸函数,极大值只可能在 $\left[0, \frac{5(\lambda + p_c eb)^2 - 8bk}{16bk}\right]$ 端点取得。将成本分担系数 $\varphi_n = 0$ 代入零售商期望利

润函数 $E(\pi_m^c)$ 的表达式并令其为 M_3，将成本分担系数 $\varphi_n = \dfrac{5(\lambda+p_ceb)^2-8bk}{16bk}$ 代入零售商期望利润函数 $E(\pi_m^c)$ 的表达式并令其为 M_4。

则有：

$$M_3 = \frac{bk^2(\bar{s}-bc-p_ceb)^2}{[4bk-(\lambda+p_ceb)^2]^2} \tag{4-28}$$

$$M_4 = \frac{(\bar{s}-bc-p_ceb)^2[72bk+5(\lambda+p_ceb)^2]^2}{144b[8bk-3(\lambda+p_ceb)^2]^2} \tag{4-29}$$

比较 M_3 和 M_4，易得：

$$M_3-M_4 = \frac{(\bar{s}-bc-p_ceb)^2(\lambda+p_ceb)^2[8bk-5(\lambda+p_ceb)^2][8bk+(\lambda+p_ceb)^2]}{144b[8bk-3(\lambda+p_ceb)^2][4bk-(\lambda+p_ceb)^2]^2} \tag{4-30}$$

因为 $2bk-(\lambda+p_ceb)^2>0$，有 $M_3-M_4>0$。因此成本分担系数取 $\varphi_n^*=0$。

命题 4-3 给出了各成员行为中性协调决策时，零售商需要承担的碳减排投资成本分担比例，并且上述碳减排投资成本契约使得各成员的期望利润比契约前都要高。此外，该契约无法实现供应链系统的全协调，仅能改善各成员的绩效。

第三节 考虑行为偏好的低碳供应链协调定价决策

一、考虑公平关切的协调定价决策

类似于第三章公平关切决策过程，假设制造商因减排技术投资表现出公平关切特征，并引入制造商公平关切系数 $\eta_m>0$。为了提高制造商的低碳积极性，零售商选择主动承担部分低碳措施费用，并约定零售商支付碳减排投资成本的比例为 φ_m，则制造商承担的比例为 $(1-\varphi_m)$（为区分不同决策情形下的契约参数，用 φ_m 代替第二节中的 φ_n）。此时，制造商与零售商的效用函数分别为：

$$U(\pi_{mn}^c) = E(\pi_{mn}^c) - \eta_m[E(\pi_m^c)-E(\pi_{mn}^c)] =$$
$$(1+\eta_m)\{[w-c-p_c(1-\beta)](\bar{s}-bp+\lambda\beta)+p_cA-(1-\varphi_m)k\beta^2/2\} -$$
$$\eta_m[(p-w)(\bar{s}-bp+\lambda\beta)-\varphi_mk\beta^2/2] \tag{4-31}$$

$$U(\pi_{rm}^c) = E(\pi_m^c) = (p-w)(\bar{s}-bp+\lambda\beta) - \varphi_m k\beta^2/2 \tag{4-32}$$

类似地,采用逆向推导法。由于 $\partial^2 U(\pi_m^c)/\partial p^2 = -2b < 0$,令 $\partial U(\pi_m^c)/\partial p = 0$,则可得销售单价为:

$$p_m^c = \frac{\bar{s}+\lambda\beta+bw}{2b} \tag{4-33}$$

将(4-33)式代入(4-31)式,$U(\pi_{rm}^c)$ 关于批发价格 w 和碳减排率 β 的 Hessian 矩阵 $H_8(w,\beta)$ 为:

$$H_8(w,\beta) =$$

$$\begin{bmatrix} \dfrac{-2b-3b\eta_m}{2} & \dfrac{(1+\eta_m)(\lambda-p_ceb)+\lambda\eta_m}{2} \\ \dfrac{(1+\eta_m)(\lambda-p_ceb)+\lambda\eta_m}{2} & (1+\eta_m)[p_ce\lambda-k(1-\varphi_m)]-\dfrac{\lambda^2\eta_m+2bk\varphi_m}{2b} \end{bmatrix}$$

$$\tag{4-34}$$

因为一阶顺序主子式 $D_1 = (-2b-3b\eta_m)/2 < 0$,当二阶顺序主子式 $D_2 = \{(1+\eta_m)^2[4bk-(\lambda+p_ceb)^2]+(1+\eta_m)2bk\eta_m-2k\eta_m\varphi_m(2b+3b\eta_m)\}/4 > 0$ 时,$H_8(w,\beta)$ 为负定矩阵,此时 $U(\pi_{rm}^c)$ 为 w 和 β 的凹函数。令 $\partial U(\pi_{rm}^c)/\partial w = 0$,$\partial U(\pi_{rm}^c)/\partial \beta = 0$,并联立方程组,可得制造商公平关切下契约协调决策时的最优批发价格和碳减排率:

$$w_m^c = \frac{2k(\eta_m-2\varphi_m\eta_m+1-\varphi_m)[(\bar{s}+bc+p_ceb)(1+\eta_m)+\bar{s}\eta_m]-(1+\eta_m)^2(\lambda+p_ceb)(p_ce\bar{s}+p_ce\lambda+c\lambda)}{2bk(3\eta_m+2)(\eta_m-2\varphi_m\eta_m+1-\varphi_m)-(1+\eta_m)^2(\lambda+p_ceb)^2} \tag{4-35}$$

$$\beta_m = \frac{(\bar{s}-bc-p_ceb)(\lambda+p_ceb)(1+\eta_m)^2}{2bk(3\eta_m+2)(\eta_m-2\varphi_m\eta_m+1-\varphi_m)-(1+\eta_m)^2(\lambda+p_ceb)^2} \tag{4-36}$$

将(4-35)式和(4-36)式代入 $q=s-bp+\lambda\beta$ 的表达式和(4-33)式可得制造商公平关切下契约协调决策时的最优订购量和零售价格分别为:

$$q_m^c = \frac{bk(1+\eta_m)(\bar{s}-bc-p_ceb)(\eta_m-2\varphi_m\eta_m+1-\varphi_m)}{2bk(3\eta_m+2)(\eta_m-2\varphi_m\eta_m+1-\varphi_m)-(1+\eta_m)^2(\lambda+p_ceb)^2} \tag{4-37}$$

$$p_m^c = \frac{-(1+\eta_m)(\lambda+p_ceb)(p_ce\bar{s}+p_ce\lambda+c\lambda)}{2bk(3\eta_m+2)(\eta_m-2\varphi_m\eta_m+1-\varphi_m)-(1+\eta_m)^2(\lambda+p_ceb)^2} \tag{4-38}$$

将公式(4-35)—(4-38)代入(4-1)式和(4-2)式可得制造商公平关切下契约协调决策时零售商、制造商的期望利润函数,进一步求得系统整体的期望利润函数如下:

$$E(\pi_{rm}^c) = \frac{k(1+\eta_m)^2(\bar{s}-bc-p_ceb)^2[2bk(\eta_m-2\varphi_m\eta_m+1-\varphi_m)^2-\varphi_m(1+\eta_m)^2(\lambda+p_ceb)^2]}{2[2bk(3\eta_m+2)(\eta_m-2\varphi_m\eta_m+1-\varphi_m)-(1+\eta_m)^2(\lambda+p_ceb)^2]^2}$$

(4-39)

$$E(\pi_{mm}^c) = \frac{[4bk(1+2\eta_m)(\eta_m-2\varphi_m\eta_m+1-\varphi_m)^2-(1+\eta_m)^3(\lambda+p_ceb)^2 \cdot (1-\varphi_m)]k(\bar{s}-bc-p_ceb)^2(1+\eta_m)}{2[2bk(3\eta_m+2)(\eta_m-2\varphi_m\eta_m+1-\varphi_m)-(1+\eta_m)^2(\lambda+p_ceb)^2]^2} + p_cA$$

(4-40)

$$E(\pi_{scm}^c) = \frac{[2bk(3+5\eta_m)(\eta_m-2\varphi_m\eta_m+1-\varphi_m)^2-(1+\eta_m)^3(\lambda+p_ceb)^2] \cdot k(\bar{s}-bc-p_ceb)^2(1+\eta_m)}{2[2bk(3\eta_m+2)(\eta_m-2\varphi_m\eta_m+1-\varphi_m)-(1+\eta_m)^2(\lambda+p_ceb)^2]^2} + p_cA$$

(4-41)

命题 4-4 制造商公平关切协调决策时,(1)碳减排率 β_m 和订购量 q_m^c 与碳减排成本分担系数 φ_m 正相关;(2)当 $\lambda > (p_ceb+p_ceb\eta_m)/(2\eta_m+1)$ 时,批发价格 w_m^c 与碳减排成本分担系数 φ_m 正相关,反之则负相关;(3)当 $\lambda > (p_ceb+p_ceb\eta_m)/(5\eta_m+3)$ 时,零售价格 p_m^c 与碳减排成本分担系数 φ_m 正相关,反之则负相关。

证明:将 β_m 和 q_m^c 分别对碳减排成本分担系数 φ_m 求导有:

$$\frac{\partial\beta_m}{\partial\varphi_m} = \frac{2bk(1+2\eta_m)(3\eta_m+2)(\lambda+p_ceb)(\bar{s}-bc-p_ceb)(1+\eta_m)^2}{[2bk(3\eta_m+2)(\eta_m-2\varphi_m\eta_m+1-\varphi_m)-(1+\eta_m)^2(\lambda+p_ceb)^2]^2}$$

(4-42)

$$\frac{\partial q_m^c}{\partial\varphi_m} = \frac{(1+2\eta_m)(\bar{s}-bc-p_ceb)(\lambda+p_ceb)^2(1+\eta_m)^3}{[2bk(3\eta_m+2)(\eta_m-2\varphi_m\eta_m+1-\varphi_m)-(1+\eta_m)^2(\lambda+p_ceb)^2]^2}$$

(4-43)

与前面类似,由于 $\bar{s}-bc-p_ceb>0$,易得 $\partial\beta_m/\partial\varphi_m>0$,$\partial q_m^c/\partial\varphi_m>0$。

将 w_m^c 和 p_m^c 分别对碳减排成本分担系数 φ_m 求导有:

$$\frac{\partial w_m^f}{\partial\varphi_m} = \frac{2k(1+2\eta_m)(\lambda+p_ceb)(\bar{s}-bc-p_ceb)(2\lambda\eta_m+\lambda-p_ceb-p_ceb\eta_m)(1+\eta_m)^2}{[2bk(3\eta_m+2)(\eta_m-2\varphi_m\eta_m+1-\varphi_m)-(1+\eta_m)^2(\lambda+p_ceb)^2]^2}$$

(4-44)

$$\frac{\partial p_m^c}{\partial\varphi_m} = \frac{k(1+2\eta_m)(\lambda+p_ceb)(\bar{s}-bc-p_ceb)(5\lambda\eta_m+3\lambda-p_ceb-p_ceb\eta_m)(1+\eta_m)^2}{[2bk(3\eta_m+2)(\eta_m-2\varphi_m\eta_m+1-\varphi_m)-(1+\eta_m)^2(\lambda+p_ceb)^2]^2}$$

(4-45)

由于 $\bar{s}-bc-p_ceb>0$,当 $\lambda > (p_ceb+p_ceb\eta_m)/(2\eta_m+1)$ 时,易得 $\partial w_m^c/\partial\varphi_m$

>0,反之,有 $\partial w_m^c/\partial \varphi_m<0$。当 $\lambda>(p_ceb+p_ceb\eta_m)/(5\eta_m+3)$ 时,易得 $\partial p_m^c/\partial \varphi_m$ >0,反之,有 $\partial p_m^c/\partial \varphi_m<0$。

命题 4-4 表明,制造商公平关切协调决策时,碳减排成本分担系数对决策变量产生了影响。其中,碳减排率 β_m 和订购量 q_c 随碳减排成本分担系数 φ_m 的增加而增加;而批发价格 w_m 与零售价格 p_m 的变化趋势则与消费者低碳偏好系数有关。这说明,当制造商具有公平关切特性,在成员之间实施成本分担契约可以促使制造商企业进行碳减排投资,从而有利于供应链系统的可持续发展。

命题 4-5 制造商公平关切协调决策情形下,(1)当成本分担契约参数满足

$$0<\varphi_m<\frac{(1+\eta_m)\{(1+\eta_m)[4bk-(\lambda+p_ceb)^2]+2bk\eta_m\}[2bk\eta_m+(1+\eta_m)(\lambda+p_ceb)^2]}{2bk(1+2\eta_m)^2\{(1+\eta_m)[8bk-(\lambda+p_ceb)^2]+4bk\eta_m\}}$$

时,系统各成员之间可以达成碳减排成本分担契约并实现各自绩效的提高;
(2)当消费者低碳偏好系数满足 $(8\eta_m+5)(\lambda+p_ceb)^2<4bk(3\eta_m+2)$ 时,最优碳减排成本分担系数为 $\varphi_m^*=\dfrac{(\eta_m+1)[(\eta_m+1)(\lambda+p_ceb)^2+2bk\eta_m]}{2bk(7\eta_m+4)(2\eta_m+1)}$;(3)当消费者低碳偏好系数满足 $(8\eta_m+5)(\lambda+p_ceb)^2>4bk(3\eta_m+2)$ 时,如果碳减排成本分担系数满足如下关系:$\dfrac{(1+\eta_m)^2[(8\eta_m+5)(\lambda+p_ceb)^2-4bk(3\eta_m+2)]}{2bk(3\eta_m+2)(2\eta_m+1)(7\eta_m+4)}<\varphi_m$,则最优碳减排成本分担系数为 $\varphi_m^*=\dfrac{(\eta_m+1)[(\eta_m+1)(\lambda+p_ceb)^2+2bk\eta_m]}{2bk(7\eta_m+4)(2\eta_m+1)}$;(4)当碳减排成本分担系数满足如下关系:$0<\varphi_m<\dfrac{(1+\eta_m)^2[(8\eta_m+5)(\lambda+p_ceb)^2-4bk(3\eta_m+2)]}{2bk(3\eta_m+2)(2\eta_m+1)(7\eta_m+4)}$,零售商的期望利润函数 $E(\pi_{rm}^c)$ 为 φ_m 的下凸函数,此时 $\varphi_m^*=0$。

证明:(1)对比第三章中制造商公平关切分散决策过程,碳减排成本分担契约若能实现利润帕累托改进,则制造商的期望利润须满足 $E(\pi_{mm}^c)>E(\pi_m^m)$,零售商的期望利润需要满足 $E(\pi_{rm}^c)>E(\pi_r^m)$。由 $E(\pi_{mm}^c)>E(\pi_m^m)$ 可以推出成本分担系数满足:

$$\varphi_m<\frac{(1+\eta_m)\{(1+\eta_m)[4bk-(\lambda+p_ceb)^2]+2bk\eta_m\}\cdot[2bk(7\eta_m^2+7\eta_m+2)-(1+\eta_m)^2(\lambda+p_ceb)^2]}{bk(1+2\eta_m)^2[bk(2+3\eta_m)(2+5\eta_m)-2\eta_m(1+\eta_m)(\lambda+p_ceb)^2]}$$

$$(4\text{-}46)$$

由 $E(\pi_{rm}^c)>E(\pi_r^m)$ 可以推出成本分担系数满足:

$$\varphi_m < \frac{(1+\eta_m)\{(1+\eta_m)[4bk-(\lambda+p_ceb)^2]+2bk\eta_m\}\cdot[2bk\eta_m+(1+\eta_m)(\lambda+p_ceb)^2]}{2bk\,(1+2\eta_m)^2\{(1+\eta_m)[8bk-(\lambda+p_ceb)^2]+4bk\eta_m\}} \tag{4-47}$$

令：

$$\frac{(1+\eta_m)\{(1+\eta_m)[4bk-(\lambda+p_ceb)^2]+2bk\eta_m\}\cdot[2bk(7\eta_m^2+7\eta_m+2)-(1+\eta_m)^2(\lambda+p_ceb)^2]}{bk\,(1+2\eta_m)^2[bk(2+3\eta_m)(2+5\eta_m)-2\eta_m(1+\eta_m)(\lambda+p_ceb)^2]}=\varphi_3 \tag{4-48}$$

$$\frac{(1+\eta_m)\{(1+\eta_m)[4bk-(\lambda+p_ceb)^2]+2bk\eta_m\}\cdot[2bk\eta_m+(1+\eta_m)(\lambda+p_ceb)^2]}{2bk\,(1+2\eta_m)^2\{(1+\eta_m)[8bk-(\lambda+p_ceb)^2]+4bk\eta_m\}}=\varphi_4 \tag{4-49}$$

比较 φ_3 和 φ_4 的大小，可以得到：

$$\varphi_3-\varphi_4=\frac{(1+\eta_m)\{(1+\eta_m)[4bk-(\lambda+p_ceb)^2]+2bk\eta_m\}^2\cdot[2bk(3\eta_m+2)^2-(1+\eta_m)(3+5\eta_m)(\lambda+p_ceb)^2]}{bk\,(1+2\eta_m)^2[bk(2+3\eta_m)(2+5\eta_m)-(1+2\eta_m)(1+\eta_m)(\lambda+p_ceb)^2]\cdot\{(1+\eta_m)[8bk-(\lambda+p_ceb)^2]+4bk\eta_m\}} \tag{4-50}$$

因为 $2bk-(\lambda+p_ceb)^2>0$，易得 $\varphi_3-\varphi_4>0$。再结合成本分担系数 φ_m 的可行性条件：$0<\varphi_m<1$，可得制造商公平关切情形下，碳减排成本分担系数取值范围 $0<\varphi_m<\dfrac{(1+\eta_m)\{(1+\eta_m)[4bk-(\lambda+p_ceb)^2]+2bk\eta_m\}\cdot[2bk\eta_m+(1+\eta_m)(\lambda+p_ceb)^2]}{2bk\,(1+2\eta_m)^2\{(1+\eta_m)[8bk-(\lambda+p_ceb)^2]+4bk\eta_m\}}$。

（2）对零售商的期望利润函数 $E(\pi_{rm}^r)$ 求成本分担系数 φ_m 的二阶导数可以得到：

$$\frac{\partial^2 E(\pi_{rm}^r)}{\partial \varphi_m^2}=\frac{2bk^2\,(1+\eta_m)^4(\bar{s}-bc-p_ceb)^2(\lambda+p_ceb)^2\{(1+\eta_m)^2[(8\eta_m+5)(\lambda+p_ceb)^2-4bk(3\eta_m+2)]-2bk\varphi_m(3\eta_m+2)(2\eta_m+1)(7\eta_m+4)\}}{[(1+\eta_m)^2(\lambda+p_ceb)^2-2bk(3\eta_m+2)(\eta_m-2\eta_m\varphi_m+1-\varphi_m)]^4} \tag{4-51}$$

很显然，当 $(8\eta_m+5)(\lambda+p_ceb)^2<4bk(3\eta_m+2)$ 时，容易推出 $\partial^2 E(\pi_{rm}^r)/\partial\varphi_m^2<0$。令 $\partial E(\pi_{rm}^r)/\partial\varphi_m=0$，可得零售商确定的最优碳减排成本分担系数为 $\varphi_m^*=\dfrac{(\eta_m+1)[(\eta_m+1)(\lambda+p_ceb)^2+2bk\eta_m]}{2bk(7\eta_m+4)(2\eta_m+1)}$。

（3）当 $(8\eta_m+5)(\lambda+p_ceb)^2>4bk(3\eta_m+2)$ 时，如果成本分担系数满足：

$$\varphi_m>\frac{(1+\eta_m)^2[(8\eta_m+5)(\lambda+p_ceb)^2-4bk(3\eta_m+2)]}{2bk(3\eta_m+2)(2\eta_m+1)(7\eta_m+4)} \tag{4-52}$$

容易推出 $\partial^2 E(\pi_{rm})/\partial\varphi_m^2 < 0$。令：

$$\frac{(1+\eta_m)\{(1+\eta_m)[4bk-(\lambda+p_ceb)^2]+2bk\eta_m\}[2bk\eta_m+(1+\eta_m)(\lambda+p_ceb)^2]}{2bk(1+2\eta_m)^2\{(1+\eta_m)[8bk-(\lambda+p_ceb)^2]+4bk\eta_m\}}=M_5$$

$$\tag{4-53}$$

$$\frac{(1+\eta_m)^2[(8\eta_m+5)(\lambda+p_ceb)^2-4bk(3\eta_m+2)]}{2bk(3\eta_m+2)(2\eta_m+1)(7\eta_m+4)}=M_6 \tag{4-54}$$

比较 M_5 和 M_6，易得：

$$M_5-M_6=\frac{\begin{array}{c}(1+\eta_m)[(\eta_m+1)^2(\lambda+p_ceb)^2+2bk(3\eta_m+2)(5\eta_m+2)]\cdot\\ {[2bk(3\eta_m+2)^2-(\eta_m+1)(5\eta_m+3)(\lambda+p_ceb)^2]}\end{array}}{2bk(2\eta_m+1)^2(3\eta_m+2)(7\eta_m+4)\{(\eta_m+1)[8bk-(\lambda+p_ceb)^2]+2bk\eta_m\}}$$

$$\tag{4-55}$$

因为 $2bk-(\lambda+p_ceb)^2>0$，有 $M_5-M_6>0$。则当：

$$M_6<\varphi_m<M_5 \tag{4-56}$$

易得 $\partial^2 E(\pi_{rm}^c)/\partial\varphi_m^2<0$。此时，令 $\partial E(\pi_{rm}^c)/\partial\varphi_m=0$，可得零售商确定的最

优碳减排成本分担系数为 $\varphi_m^*=\dfrac{(\eta_m+1)[(\eta_m+1)(\lambda+p_ceb)^2+2bk\eta_m]}{2bk(7\eta_m+4)(2\eta_m+1)}$。

(4)当系数满足 $0<\varphi_m<\dfrac{(1+\eta_m)^2[(8\eta_m+5)(\lambda+p_ceb)^2-4bk(3\eta_m+2)]}{2bk(3\eta_m+2)(2\eta_m+1)(7\eta_m+4)}$，

可得 $\partial^2 E(\pi_{rm}^c)/\partial\varphi_m^2\geqslant 0$。此时，零售商的期望利润函数 $E(\pi_{rm}^c)$ 为 φ_m 的下凸函数，

极大值只可能在 $\left[0,\dfrac{(1+\eta_m)^2[(8\eta_m+5)(\lambda+p_ceb)^2-4bk(3\eta_m+2)]}{2bk(3\eta_m+2)(2\eta_m+1)(7\eta_m+4)}\right]$ 端点取得。

将成本分担系数 $\varphi_m=0$ 代入零售商期望利润函数 $E(\pi_{rm}^c)$ 的表达式并令其为

M_7，将成本分担系数 $\varphi_m=\dfrac{(1+\eta_m)^2[(8\eta_m+5)(\lambda+p_ceb)^2-4bk(3\eta_m+2)]}{2bk(3\eta_m+2)(2\eta_m+1)(7\eta_m+4)}$ 代

入零售商期望利润函数 $E(\pi_{rm}^c)$ 的表达式并令其为 M_8。则有

$$M_7=\frac{bk^2(1+\eta_m)^2(\bar{s}-bc-p_ceb)^2}{\{(\eta_m+1)[4bk-(\lambda+p_ceb)^2]+2bk\eta_m\}} \tag{4-57}$$

$$M_8=\frac{\begin{array}{c}[(8\eta_m+5)(1+\eta_m)^2(\lambda+p_ceb)^2+18bk(1+2\eta_m)\cdot\\ (3\eta_m+2)^2](1+\eta_m)^2(\bar{s}-bc-p_ceb)^2\end{array}}{36b(2\eta_m+1)(3\eta_m+2)^2[2bk(2+3\eta_m)^2-(\eta_m+1)(5\eta_m+3)(\lambda+p_ceb)^2]}$$

$$\tag{4-58}$$

比较 M_7 和 M_8，易得：

$$M_7 - M_8 = \frac{(1+\eta_m)^4(\bar{s}-bc-p_ceb)^2(\lambda+p_ceb)^2[4bk(3\eta_m+2)-(\lambda+p_ceb)^2] \cdot}{36b(2\eta_m+1)(3\eta_m+2)^2[2bk(2+3\eta_m)^2-(\eta_m+1)]} \\ \frac{[(1+\eta_m)^2(\lambda+p_ceb)^2+2bk(3\eta_m+2)(5\eta_m+2)]}{(5\eta_m+3)(\lambda+p_ceb)^2]\{(\eta_m+1)[4bk-(\lambda+p_ceb)^2]+bk\eta_m\}}$$

$$(4-59)$$

因为 $2bk-(\lambda+p_ceb)^2>0$，有 $M_7-M_8>0$。因此成本分担系数取 $\varphi_m^*=0$。

命题 4-5 给出了制造商公平关切协调决策时，零售商需要承担的碳减排投资成本分担比例，并且上述碳减排投资成本契约使得各成员的期望利润比契约前都要高。

二、考虑风险规避的协调定价决策

类似于第三章风险规避决策过程，假设制造商因减排技术投资表现出风险规避特征，并引入制造商风险规避系数 $\mu_m>0$。为了提高制造商的低碳积极性，零售商选择主动承担部分低碳措施费用，并约定零售商支付碳减排投资成本的比例为 φ_a，则制造商承担的比例为 $(1-\varphi_a)$（为区分不同决策情形下的契约参数，用 φ_a 代替第二节中的 φ_n）。此时，制造商与零售的效用函数分别为：

$$U(\pi_{ma}^c)=E(\pi_{mn}^c)-\mu_m\sqrt{VarE(\pi_{mn}^c)}=$$
$$[w-c-p_ce(1-\beta)](\bar{s}-bp+\lambda\beta)+p_cA-(1-\varphi_a)k\beta^2/2-\mu_m\delta_s[w-c-p_ce(1-\beta)]$$

$$(4-60)$$

$$U(\pi_{ra}^c)=E(\pi_{rn}^c)=(p-w)(\bar{s}-bp+\lambda\beta)-\varphi_ak\beta^2/2 \qquad (4-61)$$

同理，采用逆向推导法。由于 $\partial^2 U(\pi_{ra}^c)/\partial p^2=-2b<0$，令 $\partial U(\pi_{ra}^c)/\partial p=0$，则可得零售价格为：

$$p_a^c=\frac{\bar{s}+\lambda\beta+bw}{2b} \qquad (4-62)$$

将(4-62)式代入(4-60)式，$U(\pi_{ma}^c)$ 关于批发价格 w 和碳减排率 β 的 Hessian矩阵 $H_9(w,\beta)$ 可以表述为：

$$H_9(w,\beta)=\begin{pmatrix} -b & \dfrac{\lambda-p_ceb}{2} \\ \dfrac{\lambda-p_ceb}{2} & p_ce\lambda-k(1-\varphi_a) \end{pmatrix} \qquad (4-63)$$

因为一阶顺序主子式 $D_1=-b<0$，当二阶顺序主子式 $D_2=[4bk(1-\varphi_a)-(\lambda+p_ceb)^2]/4>0$ 时，$H_9(w,\beta)$ 为负定矩阵，此时 $U(\pi_{ma}^c)$ 为 w 和 β 的凹函数。令

$\partial U(\pi^c_{ma})/\partial w=0, \partial U(\pi^c_{ma})/\partial \beta=0$,并联立方程组,可以得到制造商风险规避契约协调决策下的最优批发价格和碳减排率:

$$w^c_a = \frac{2k(1-\varphi_a)(\bar{s}+bc+p_ceb-2\mu_m\delta_s)-(\lambda+p_ceb)(p_ce\bar{s}+p_ce\lambda+c\lambda-2\eta\delta_sp_ce)}{4bk(1-\varphi_a)-(\lambda+p_ceb)^2}$$

(4-64)

$$\beta_a = \frac{(\bar{s}-bc-p_ceb-2\mu_m\delta_s)(\lambda+p_ceb)}{4bk(1-\varphi_a)-(\lambda+p_ceb)^2}$$ (4-65)

将(4-64)式和(4-65)式代入 $q=s-bp+\lambda\beta$ 和(4-62)式,得最优的订购量和零售价格分别为:

$$q^c_a = \frac{bk(1-\varphi_a)(\bar{s}-bc-p_ceb)+\mu_m\delta_s[2bk(1-\varphi_a)-(\lambda+p_ceb)^2]}{4bk(1-\varphi_a)-(\lambda+p_ceb)^2}$$ (4-66)

$$p^c_a = \frac{bk(1-\varphi_a)(3\bar{s}+bc+p_ceb-2\mu_m\delta_s)-(\lambda+p_ceb)(p_ceb\bar{s}+p_ceb\lambda+cb\lambda)}{b[4bk(1-\varphi_a)-(\lambda+p_ceb)^2]}$$

$$-\frac{(\lambda+p_ceb)(-p_ceb\mu_m\delta_s+\mu_m\delta_s\lambda)}{b[4bk(1-\varphi_a)-(\lambda+p_ceb)^2]}$$ (4-67)

将公式(4-64)—(4-67)代入(4-1)式和(4-2)式可得制造商风险规避下契约协调决策时零售商、制造商的期望零利润函数,进一步求得系统整体的期望利润函数如下:

$$E(\pi^c_{ra}) = \frac{[bk(1-\varphi_a)(\bar{s}-bc-p_ceb+2\mu_m\delta_s)-\mu_m\delta_s(\lambda+p_ceb)^2]^2}{b[4bk(1-\varphi_a)-(\lambda+p_ceb)^2]^2}-$$

$$\frac{\varphi_ak(\lambda+p_ceb)^2(\bar{s}-bc-p_ceb-2\mu_m\delta_s)^2}{2[4bk(1-\varphi_a)-(\lambda+p_ceb)^2]^2}$$ (4-68)

$$E(\pi^c_{ma}) = \frac{k(1-\varphi_a)(\bar{s}-bc-p_ceb-2\mu_m\delta_s)(\bar{s}-bc-p_ceb+2\mu_m\delta_s)}{2[4bk(1-\varphi_a)-(\lambda+p_ceb)^2]}+p_cA$$

(4-69)

$$E(\pi^c_{xa}) = \frac{[bk(1-\varphi_a)(\bar{s}-bc-p_ceb+2\mu_m\delta_s)-\mu_m\delta_s(\lambda+p_ceb)^2]^2}{b[4bk(1-\varphi_a)-(\lambda+p_ceb)^2]^2}+p_cA+$$

$$\frac{k(\bar{s}-bc-p_ceb-2\mu_m\delta_s)\{(\bar{s}-bc-p_ceb)[1-\varphi_a-\varphi_a(\lambda+p_ceb)^2]+2\mu_m\delta_s[1-\varphi_a+\varphi_a(\lambda+p_ceb)^2]\}}{2[4bk(1-\varphi_a)-(\lambda+p_ceb)^2]^2}$$ (4-70)

命题 4-6 制造商风险规避协调决策时,(1)碳减排率 β_a 和订购量 q^c_a 与碳减排成本分担系数 φ_a 正相关;(2)当 $\lambda>p_ceb$ 时,批发价格 w^c_a 与碳减排成本分担系数 φ_a 正相关,反之则负相关;(3)当 $3\lambda>p_ceb$ 时,零售价格 p^c_a 与碳减排成本分担系数 φ_a 正相关,反之则负相关。

证明: 将 β_a 和 q_a^c 分别对碳减排成本分担系数 φ_a 求导有:

$$\frac{\partial \beta_a}{\partial \varphi_a} = \frac{4bk(\lambda + p_c eb)(\bar{s} - bc - p_c eb - 2\delta_s \mu_m)}{[4bk(1-\varphi_a)-(\lambda+p_c eb)^2]^2} \tag{4-71}$$

$$\frac{\partial q_a^c}{\partial \varphi_a} = \frac{bk(\lambda+p_c eb)^2(\bar{s}-bc-p_c eb-2\delta_s \mu_m)}{[4bk(1-\varphi_a)-(\lambda+p_c eb)^2]^2} \tag{4-72}$$

与前面类似,由于 $\bar{s}-bc-p_c eb > 2\mu_m \delta_s$,易得 $\partial \beta_a/\partial \varphi_a > 0$,$\partial q_a^c/\partial \varphi_a > 0$。

将 w_a 和 p_a^c 分别对碳减排成本分担系数 φ_a 求导有:

$$\frac{\partial w_a}{\partial \varphi_a} = \frac{2k(\lambda - p_c eb)(\lambda + p_c eb)(\bar{s} - bc - p_c eb - 2\delta_s \mu_m)}{[4bk(1-\varphi_a)-(\lambda+p_c eb)^2]^2} \tag{4-73}$$

$$\frac{\partial p_a^c}{\partial \varphi_a} = \frac{k(3\lambda - p_c eb)(\lambda + p_c eb)(\bar{s} - bc - p_c eb - 2\delta_s \mu_m)}{[4bk(1-\varphi_n)-(\lambda+p_c eb)^2]^2} \tag{4-74}$$

由于 $\bar{s}-bc-p_c eb > 2\mu_m \delta_s$,当 $\lambda > p_c eb$ 时,易得 $\partial w_a/\partial \varphi_a > 0$,反之,可得 $\partial w_a/\partial \varphi_a < 0$。当 $3\lambda > p_c eb$ 时,易得 $\partial p_a^c/\partial \varphi_a > 0$,反之,可得 $\partial p_a^c/\partial \varphi_a < 0$。

命题 4-6 表明,制造商风险规避协调决策时,碳减排成本分担系数对决策变量产生了影响。其中,碳减排率 β_a 和订购量 q_a^c 随碳减排成本分担系数 φ_a 的增加而增加;而批发价格 w_a 与零售价格 p_a^c 的变化趋势则与消费者低碳偏好系数有关。

命题 4-7　制造商风险规避协调决策时,(1)当碳减排成本分担系数满足关系 $\dfrac{(\bar{s}-bc-p_c eb)(\lambda+p_c eb)^2+2\delta_s\mu_m[8bk-3(\lambda+p_c eb)^2]}{8bk(\bar{s}-bc-p_c eb)} < \varphi_a < \dfrac{4bk-(\lambda+p_c eb)^2}{4bk}$,零售商利润 $E(\pi_{ra}^c)$ 与碳减排成本分担系数 φ_a 负相关,否则 $E(\pi_{ra}^c)$ 与 φ_a 正相关;(2)制造商利润 $E(\pi_{ma}^c)$ 与碳减排成本分担系数 φ_a 正相关。

证明: 将 $E(\pi_{ra}^c)$ 和 $E(\pi_{ma}^c)$ 分别对碳减排成本分担系数 φ_a 求导有:

$$\frac{\partial E(\pi_{ra}^c)}{\partial \varphi_a} = \frac{k(\bar{s}-bc-p_c eb-2\delta_s\mu_m)(\lambda+p_c eb)^2\{(\bar{s}-bc-p_c eb)[8bk\varphi_a-(\lambda+p_c eb)^2]-2\delta_s\mu_m[8bk-3(\lambda+p_c eb)^2]\}}{-2[4bk(1-\varphi_a)-(\lambda+p_c eb)^2]^3} \tag{4-75}$$

$$\frac{\partial E(\pi_{ma}^c)}{\partial \varphi_a} = \frac{k(\lambda+p_c eb)^2(\bar{s}-bc-p_c eb-2\delta_s\mu_m)(\bar{s}-bc-p_c eb+2\delta_s\mu_m)}{2[4bk(1-\varphi_a)-(\lambda+p_c eb)^2]^2} \tag{4-76}$$

令:

$$\frac{(\bar{s}-bc-p_c eb)(\lambda+p_c eb)^2+2\delta_s\mu_m[8bk-3(\lambda+p_c eb)^2]}{8bk(\bar{s}-bc-p_c eb)} = M_9 \tag{4-77}$$

$$\frac{4bk-(\lambda+p_c eb)^2}{4bk} = M_{10} \tag{4-78}$$

比较 M_9 和 M_{10}，易得：

$$M_{10} - M_9 = \frac{(\bar{s} - bc - p_c eb - 2\delta_s \mu_m)[8bk - 3(\lambda + p_c eb)^2]}{8bk(\bar{s} - bc - p_c eb)} \tag{4-79}$$

由于 $\bar{s} - bc - p_c eb > 2\mu_m \delta_s$，易得 $M_{10} > M_9$。显然，当减排成本分担系数满足 $M_9 < \varphi_a < M_{10}$ 时，$\partial E(\pi_{ra}) / \partial \varphi_a < 0$。而当 $\varphi_a < M_9$ 或 $M_{10} < \varphi_a$ 时，有 $\partial E(\pi_{ra}) / \partial \varphi_a > 0$。另外，由公式(4-76)易得 $\partial E(\pi_{ma}) / \partial \varphi_a > 0$。

命题 4-7 表明，制造商风险规避协调决策时，碳减排成本分担系数有利于制造企业利润的提高，而对零售商而言，则应根据实际情形选择合适的成本分担系数值以确保自身利润的提高。

命题 4-8 当制造商风险规避协调决策时，令 $bk = B, (\lambda + p_c eb) = C, (\bar{s} - bc - p_c eb) = S, \mu_m \delta_s = H$，(1)当 $0 < \varphi_a < \dfrac{(4B - C^2)[C^2 S + (16B - 6C^2)H]}{2B[(8B - C^2)S + (16B - 6C^2)H]}$ 时，系统各成员之间可以达成碳减排成本分担契约并实现各自绩效的提高；(2)当 $\dfrac{5C^2 S + 3H(16B - 6C^2) - 8BS}{16BS} < \varphi_a < \dfrac{(4B - C^2)[C^2 S + (16B - 6C^2)H]}{2B[(8B - C^2)S + (16B - 6C^2)H]}$ 时，最优的成本分担系数为 $\varphi_a^* = \dfrac{C^2 S + (16B - 6C^2)H}{8BS}$；（3）当 $0 < \varphi_a \leqslant \dfrac{5C^2 S + 3H(16B - 6C^2) - 8BS}{16BS}$ 时，零售商效用函数 $E(\pi_{ra})$ 为 φ_a 的下凸函数，当 $S(8B - 5C^2) > 6H(8B - 3C^2)$ 时，最优成本分担系数 $\varphi_a^* = 0$；而当 $S(8B - 5C^2) < 6H(8B - 3C^2)$ 时，最优成本分担系数 $\varphi_a^* = \dfrac{5C^2 S + 3H(16B - 6C^2) - 8BS}{16BS}$。

证明：(1)对比第三章中制造商风险规避分散决策过程，碳减排成本分担契约若能实现利润帕累托改进，则制造商的期望利润需满足 $E(\pi_{ma}) > E(\pi_m^c)$，零售商的期望利润需满足 $E(\pi_{ra}) > E(\pi_r^c)$。由 $E(\pi_{ma}) > E(\pi_m^c)$ 可以推出成本分担系数满足：

$$\varphi_a < \frac{4B - C^2}{4B} \tag{4-80}$$

由 $E(\pi_{ra}) > E(\pi_r^c)$ 可以推出成本分担系数满足：

$$\varphi_a < \frac{(4B - C^2)[C^2 S + (16B - 6C^2)H]}{2B[(8B - C^2)S + (16B - 6C^2)H]} \tag{4-81}$$

令：

$$\frac{4B - C^2}{4B} = \varphi_5 \tag{4-82}$$

$$\frac{(4B-C^2)\left[C^2S+(16B-6C^2)H\right]}{2B\left[(8B-C^2)S+(16B-6C^2)H\right]}=\varphi_6 \tag{4-83}$$

通过对比成本分担系数 φ_5 和 φ_6，可以得到：

$$\varphi_5-\varphi_6=\frac{(4B-C^2)(S-2H)(8B-3C^2)}{4B\left[(8B-C^2)S+(16B-6C^2)H\right]} \tag{4-84}$$

由前面可行性条件 $2B>C^2>0$，$S>2H>0$，易得 $\varphi_5-\varphi_6>0$。再结合 φ_a 的可行性条件：$0<\varphi_a<1$，可得制造商风险规避协调决策时的成本分担系数满足的条件：

$$0<\varphi_a<\frac{(4B-C^2)\left[C^2S+(16B-6C^2)H\right]}{2B\left[(8B-C^2)S+(16B-6C^2)H\right]} \tag{4-85}$$

(2)对零售商的效用函数 $E(\pi_{ra})$ 求成本分担系数 φ_a 的二阶导数可以得到：

$$\frac{\partial^2 E(\pi_{ra}^{\varepsilon})}{\partial \varphi_a^2}=\frac{-2B^2C^2(S-2H)\left[8BS+16BS\varphi_a-5C^2S-3H(16B-6C^2)\right]}{b\left[4B(1-\varphi_a)-C^2\right]^4} \tag{4-86}$$

很显然，当成本分担系数满足：

$$\varphi_a>\frac{5C^2S+3H(16B-6C^2)-8BS}{16BS} \tag{4-87}$$

容易得到 $\partial^2 E(\pi_{ra}^{\varepsilon})/\partial \varphi_a^2<0$。

令：

$$\frac{(4B-C^2)\left[C^2S+(16B-6C^2)H\right]}{2B\left[(8B-C^2)S+(16B-6C^2)H\right]}=M_{11} \tag{4-88}$$

$$\frac{5C^2S+3H(16B-6C^2)-8BS}{16BS}=M_{12} \tag{4-89}$$

通过比较 M_{11} 和 M_{12} 的大小可得：

$$M_{11}-M_{12}=\frac{\left[(8B-3C^2)(S-2H)\right]\left[(8B+C^2)S+3H(16B-6C^2)\right]}{16BS\left[(16B-6C^2)H+(8B-C^2)S\right]} \tag{4-90}$$

由于 $2B>C^2>0$，$S>2H>0$，容易推出 $M_{11}-M_{12}>0$。因此，当

$$\frac{5C^2S+3H(16B-6C^2)-8BS}{16BS}<\varphi_a<\frac{(4B-C^2)\left[C^2S+(16B-6C^2)H\right]}{2B\left[(8B-C^2)S+(16B-6C^2)H\right]} \tag{4-91}$$

易得 $\partial^2 E(\pi_{ra}^{\varepsilon})/\partial \varphi_a^2<0$。此时，令 $\partial E(\pi_{ra}^{\varepsilon})/\partial \varphi_a=0$，可得制造商风险规避协调决策时的最优碳减排成本分担系数为：

$$\varphi_a^*=\frac{C^2S+(16B-6C^2)H}{8BS} \tag{4-92}$$

(3)当 $0 < \varphi_a \leqslant \dfrac{5C^2 S + 3H(16B - 6C^2) - 8BS}{16BS}$ 时，$\partial^2 E(\pi_{ra}^{\epsilon})/\partial \varphi_a^2 \geqslant 0$。此时，零售商的期望利润函数 $E(\pi_{ra}^{\epsilon})$ 为成本分担系数 φ_a 的下凸函数，极大值只可能在 $\left[0, \dfrac{5C^2 S + 3H(16B - 6C^2) - 8BS}{16BS}\right]$ 端点取得。将成本分担系数 $\varphi_a = 0$ 代入零售商期望利润函数 $E(\pi_{ra}^{\epsilon})$ 的表达式并令其为 M_{13}，将成本分担系数 $\varphi_a = \dfrac{5C^2 S + 3H(16B - 6C^2) - 8BS}{16BS}$ 代入零售商期望利润函数 $E(\pi_{ra}^{\epsilon})$ 的表达式，并令其为 M_{14}。则有：

$$M_{13} = \frac{\left[H(2B - C^2) - BS\right]^2}{b(4B - C^2)^2} \tag{4-93}$$

$$M_{14} = \frac{S^2(72B + 5C^2) + 36H(S + H)(8B - 3C^2)}{144b(8B - 3C^2)} \tag{4-94}$$

比较 M_{13} 和 M_{14}，易得：

$$M_{13} - M_{14} = \frac{C^2\left[S(8B + C^2) + 6H(8B - 3C^2)\right]\left[S(8B - 5C^2) - 6H(8B - 3C^2)\right]}{144b(8B - 3C^2)(4B - C^2)^2}$$

$$\tag{4-95}$$

因为 $2B > C^2 > 0$，$S > 2H > 0$，当 $S(8B - 5C^2) > 6H(8B - 3C^2)$ 时，易得到 $M_{13} - M_{14} > 0$，则最优成本分担系数取 $\varphi_a^* = 0$。而当 $S(8B - 5C^2) < 6H(8B - 3C^2)$ 时，易得到 $M_{13} - M_{14} < 0$，则最优成本分担系数取 $\varphi_a^* = \dfrac{5C^2 S + 3H(16B - 6C^2) - 8BS}{16BS}$。

命题 4-8 给出了制造商风险规避协调决策时，零售商须承担的最优碳减排投资成本分担比例，并且上述碳减排投资成本契约使得各成员的期望利润比契约前都要高。

第四节　算例分析

参照 Bai 等[1]的算例背景，下面通过数值分析探讨不同行为偏好下成本分担契约系数对低碳供应链决策的影响。本章的有关参数取值为：市场容量均值

① BAI Q G, XU J T, CHAUHAN S. Effects of sustainability investment and risk aversion on a two-stage supply chain coordination under a carbon tax policy[J]. Computers & Industrial Engineering, 2020, 142:1-23.

$\bar{s}=300$，标准差 $\delta_s=5$，零售价格敏感系数 $b=5$，单位产品生产成本 $c=4$，碳投资减排系数 $k=1200$，单位碳交易价格 $p_c=6$，单位产品初始碳排放 $e=2$，低碳偏好系数 $\lambda=1$，政府免费碳配额 $A=500$。

一、结果分析

为了验证本章所建契约协调模型的可行性，分别考虑制造商行为中性情形（$\eta_m=0$、$\mu_m=0$）、制造商公平关切情形（$\eta_m=0.5$）以及制造商风险规避情形（$\mu_m=10$），并结合其他参数一起代入不同决策模式，可得决策变量的取值如表 4-1 所示：

表 4-1　不同决策模式下参数比较分析

决策模式	η_m	μ_m	φ	q	p	β	w	π_r	π_m
行为中性	—	—	0	65.092	47.114	0.661	34.096	847.393	4432.023
协调决策	—	—	0.1	68.221	46.861	0.751	33.571	849.228	4461.827
公平关切	0.5	—	0	54.368	49.237	0.553	38.363	591.175	4393.154
协调决策	0.5	—	0.1	55.681	48.994	0.653	37.858	594.473	4423.136
风险规避	—	10	0	85.505	42.971	0.361	25.870	1462.211	4136.151
协调决策	—	10	0.3	88.535	42.405	0.560	24.698	1511.309	4233.122

由表 4-1 可知，不管是行为中性决策还是行为偏好决策，本章设计的碳减排成本分担契约都能够实现低碳供应链各成员之间利润的协调，并且都能够确保减排率的提高。因此，碳交易背景下，在决策者之间实施碳减排成本分担契约，可以有效实现低碳供应链系统经济与环境的可持续发展。

二、灵敏度分析

为了探究成本分担系数变化对减排率、定价以及成员利润的影响，下面将相关参数代入不同决策情形进行灵敏度分析。

（一）成本分担系数对低碳供应链成员利润的影响

将上述参数代入不同决策情形中零售商和制造商的期望利润函数，可得行为中性协调决策、制造商公平关切协调决策以及制造商风险规避协调决策时，零售商和制造商的期望利润随成本分担系数 φ 的变化趋势（图 4-2、图 4-3、图 4-4）。

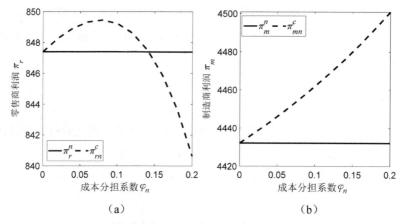

图4-2 行为中性协调决策下供应链成员利润比较图

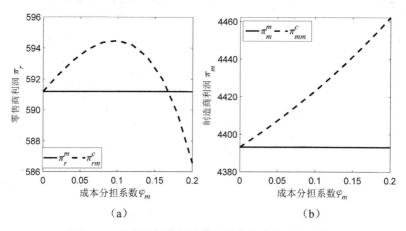

图4-3 公平关切协调决策下供应链成员利润比较图

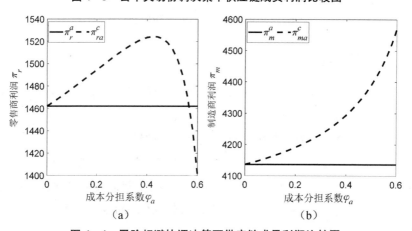

图4-4 风险规避协调决策下供应链成员利润比较图

由图4-2、图4-3、图4-4可知,当各成员行为中性协调决策或者行为偏好协调决策时,零售商的期望利润都是先随成本分担系数φ的增加而增加,然后随成本分担系数φ的增加而降低,而制造商的期望利润都始终与成本分担系数φ正相关。这可以理解为,当零售商对碳减排成本进行分担时,一方面,制造商的减排成本被有效降低,从而提升了制造商进行碳减排技术投资的积极性,最终导致供应链系统获得了较高的产品市场需求。由于产品市场需求增加,零售商的利润将逐步提高,而当成本分担系数达到一定值时,零售商又因为过高的分担成本而出现利润下降的趋势。另一方面,由于碳减排成本被分担,制造商的期望利润持续上涨。显然,当成本分担系数φ达到一定值时,制造商和零售商的期望利润均高于分散决策情形。这说明,不管成员行为中性协调决策还是行为偏好协调决策,该成本分担契约在成本分担系数φ取适当值时,都可以改进该低碳供应链系统成员的绩效。

(二)成本分担系数对减排率和订购量的影响

将上述参数代入不同决策情形中减排率和订购量的表达式,可得行为中性协调决策、制造商公平关切协调决策以及制造商风险规避协调决策时,碳减排率和产品订购量随成本分担系数φ的变化趋势(图4-5、图4-6、图4-7)。

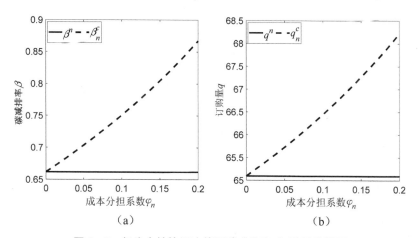

(a)　　　　　　　　　　(b)

图4-5　行为中性协调决策下碳减排率、订购量比较图

由图4-5、图4-6、图4-7可知,当各成员行为中性协调决策或行为偏好协调时,碳减排率和产品订购量都随成本分担系数φ的增加而增加。此可以理解为,当零售商对碳减排成本进行分担时,一方面,制造商的风险被有效降低,而为了获得更多的低碳产品需求市场,制造商采取提高碳减排率的策略。另一方面,由于产品碳减排率提高,从而导致低碳产品市场需求量上涨。显然,当成本分担系数 φ 达到一定值时,碳减排率和产品订购量均高于分散决策情形。这说明,不管成员行为中性协调决策还是行为偏好协调决策,该成本分担契约在成本分担系数 φ 取适当值时,都可以降低该供应链系统的碳排放量并提高产品的订购,从而有利于确保供应链环保目标的可持续性。

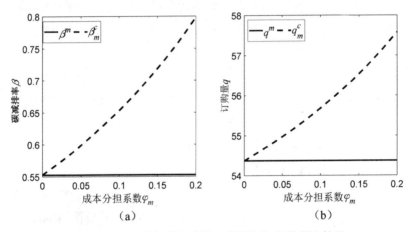

图 4-6　公平关切协调决策下碳减排率、订购量比较图

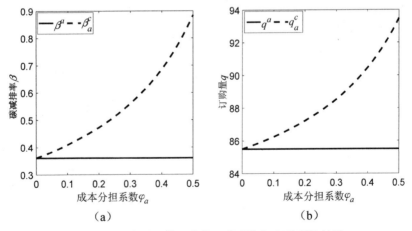

图 4-7　风险规避协调决策下碳减排率、订购量比较图

(三)成本分担系数对批发价格和零售价格的影响

将上述参数代入不同决策情形中批发价格和零售价格的表达式,可得行为中性协调决策、制造商公平关切协调决策以及制造商风险规避协调决策时,批发价格和零售价格随成本分担系数 φ 的变化趋势(图 4-8、图 4-9、图 4-10)。

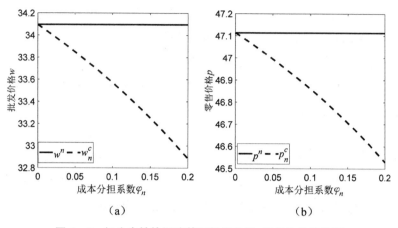

（a）　　　　　　　　　　　（b）

图 4 - 8　行为中性协调决策下批发价格、零售价格比较图

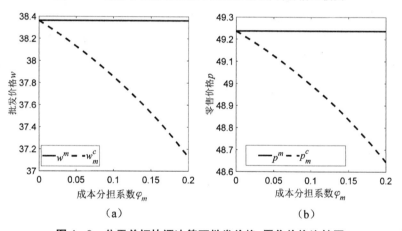

（a）　　　　　　　　　　　（b）

图 4 - 9　公平关切协调决策下批发价格、零售价格比较图

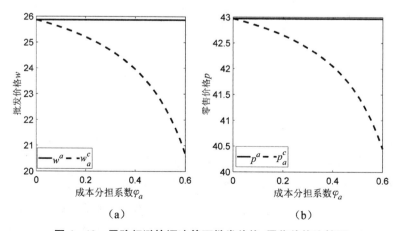

（a）　　　　　　　　　　　（b）

图 4 - 10　风险规避协调决策下批发价格、零售价格比较图

由图4-8、图4-9、图4-10可知,当各成员行为中性协调决策或行为偏好协调决策时,产品批发价格和零售价格都随成本分担系数φ的增加而降低。此可以理解为,当零售商对碳减排成本进行分担时,一方面,制造商的风险被有效降低,而为了提高产品市场销售量,制造商采取降低批发价格的策略。另一方面,由于批发价格下降,零售商同样采取降低零售价格的策略以提高产品订购量来确保自身收益。这说明,不管成员行为中性协调决策还是行为偏好协调决策,该成本分担契约在成本分担系数φ取适当值时,都可以降低有效降低产品的批发价格和零售价格,从而有利于提升企业的市场竞争力。

(四)碳交易价格对低碳供应链协调定价决策的影响

为了分析碳交易价格变化对低碳供应链协调定价决策、碳减排决策以及利润的影响,本节改变碳交易价格的取值,并将上述参数代入不同决策情形中相关变量的表达式,可得到不同协调决策模式下,批发价格、零售价格与碳交易价格p_c的关系(图4-11),碳减排率、订购量与碳交易价格p_c的关系(图4-12),零售商利润、制造商利润与碳交易价格p_c的关系(图4-13)。

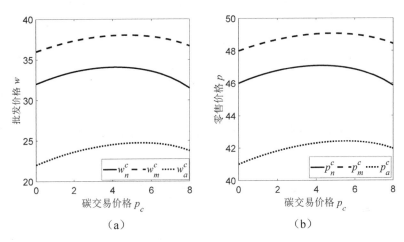

图4-11 碳交易价格p_c与批发价格w、零售价格p的关系图

由图4-11、图4-12和图4-13可知,在低碳供应链协调决策过程中,随着碳交易价格的增加,制造商决定的产品碳减排率不断上升。这说明,碳交易机制有利于促使企业进行碳减排投资以提高产品的碳减排水平。另外,随着碳交易价格的增加,批发价格和零售价格表现出先增后降的变化趋势,而产品订购量则表现出先减后增的变化趋势。此可以理解为,当碳交易价格增加时,一方面,为了避免因超碳限额而生产过多的碳成本,制造商采取了降低产品生产量的策略,从而使得零售商的产品订购量减少,并进一步导致产品批发价格和零售价格上涨。另一方面,在低碳供应链契约协调决策模式下,零售商通过分担碳减排投资成本降低了制造商的风险顾虑。因此,为了从产品销售市场获得更多利润,当碳交易价格达到一定值时,制造商又将加大对产品的生产,从而使得零售商的产品订购量增加,并进一步使得产品批发价格和零售价格下降。

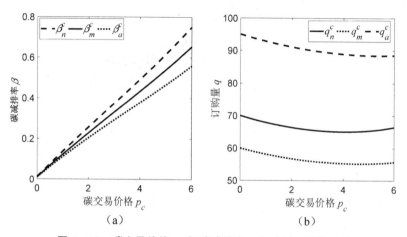

图 4 - 12　碳交易价格 p_c 与碳减排率 β、订购量 q 的关系图

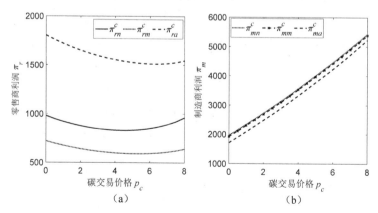

图 4 - 13　碳交易价格 p_c 与零售商利润 π_r、制造商利润 π_m 的关系图

利润方面,随着碳交易价格的增加,制造商的利润快速增长,而零售商的利润则呈现出先减后增的变化趋势。这主要是由于,随着碳交易价格的增加,制造商不仅可以通过对批发价格进行决策以提高自身利润,还可以通过对碳排放量进行决策以实现自身利润最大化,从而使得利润不断上涨。而作为跟随者,起初受产品订购量减少的影响,零售商的利润表现出下降的变化趋势,但随着碳交易价格的增加,制造商因零售商分担成本将加大对产品进行碳减排投资的力度,并进一步扩大产品生产,最终提高了零售商的销售收入,从而使得零售商的利润呈现出上涨的变化趋势。

本章小结

本章利用契约协调理论和 Stackelberg 博弈理论,研究了碳交易机制下成员具有公平关切与风险规避特征的低碳供应链协调定价决策问题。主要结论如下:

(1)从利润分配的角度来看,在行为中性协调决策和行为偏好协调决策条件下,成本分担契约模型都可以确保供应链成员实现利润提升。为弥补因投资低碳技术而增加的成本,制造企业应根据碳减排率要求与零售商进行谈判来确定成本分担系数,并以此确保自身利益。这不仅可以达到减少碳排放量的目标,而且还提高了供应链企业的碳减排积极性。

(2)从降低碳排放的角度来看,在行为中性协调决策和行为偏好协调决策条件下,成本分担契约都可以有效降低供应链系统的碳排放量。为满足政府有关的碳排放约束和消费者对产品的低碳偏好需求,制造企业和零售企业可以从供应链可持续发展的角度进行协商来确定成本分担系数,并以此确保各自长远的利益。

(3)尽管从契约选择的角度来看,成本分担契约可以确保系统成员实现经济与环保双赢的局面,但该契约无法实现集中式低碳供应链决策情形下的系统收益,仅能改善各成员的绩效。因此,为了进一步鼓励制造商自主减排,可以对制造企业的减排行为进行合理补贴以提高其减排积极性。

第五章
碳交易机制下考虑行为偏好的
低碳供应链网络均衡定价决策

　　在现实经济活动中,每个企业都处于多个供应链中,企业之间业务的相互交织,就构成复杂的供应链网络。网络中众多企业之间的竞争与合作关系也更加复杂,由此为企业的相关决策带来了更多不确定性因素。在低碳供应链网络中,由于存在不同的碳减排投资成本和产品展销成本,同层级的各成员都将表现出一定的竞争行为。与单条供应链定价决策相比,网络视角下的企业定价决策不仅与上下级成员有关,更受同层级成员决策的影响,这将进一步增加网络中各成员的利益冲突。因此,为了协调网络中各成员的竞争关系,有必要对网络的均衡条件进行分析,包括均衡定价以及最优利润等。本章考虑由多个制造商和多个零售商构成的供应链网络,研究碳交易机制下考虑行为偏好的低碳供应链网络均衡定价决策问题,重点探索公平关切系数、风险规避系数、库存容量约束因子、碳交易价格对低碳供应链网络的产品流、减排率、定价及利润的影响规律。

第一节　问题描述与符号定义

一、问题描述

　　一方面,为了提高产品的品牌竞争力,制造商进行碳减排技术投资将表现出一定的公平关切特征。另一方面,由于直接面对不确定且多样性的市场需求,零售商往往表现出更强的风险规避倾向。此时,决策者的行为偏好以及有限的库存能力,将必然会对低碳供应链成员的定价决策产生影响。因此,在低碳供应链定价决策中,可将成员公平关切行为特征、风险规避行为特征与库存能力约束,融入低碳供应链网络均衡决策过程,分析公平关切特征、风险规避特征与库存能力对网络均衡定价决策、利润分配以及减排决策的影响规律。

本章针对复杂的低碳供应链网络,考虑碳交易机制和减排技术投资,采用 FS 模型和分段效应函数刻画制造商的公平关切特征和零售商的风险规避特征,分别构建了零售商库存能力约束下的变分不等式模型。最后通过数值算例重点探讨了公平关切特征、风险规避特征、碳交易价格以及库存能力约束对系统网络均衡定价以及利润的影响。

所研究的低碳供应链网络如图 5-1 所示。

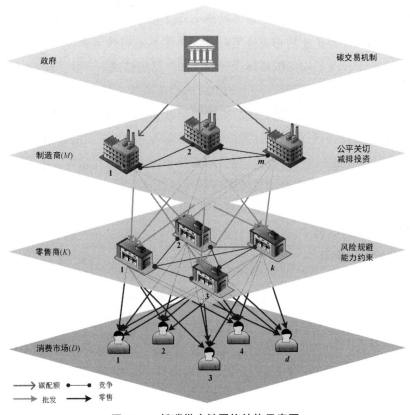

图 5-1 低碳供应链网络结构示意图

网络由 K 个($k=1,2,\cdots,K$)零售商和 M 个($m=1,2,\cdots,M$)制造商组

成,并且面向 D 个($d=1,2,\cdots,D$)消费市场,其中制造商负责产品生产并实施碳减排技术投资,而零售商负责低碳产品销售。受碳排放额度的影响,制造商结合碳配额上限和公平关切特征进行产量、减排率、批发价格等的最优决策。零售商在库存能力约束下考虑风险规避行为进行最优决策,包括订购量、零售价格等。

本章的研究试图解决以下问题:(1)碳交易价格如何影响低碳供应链网络的均衡决策? (2)碳交易法规下,制造商公平关切特性、零售商风险规避特性如何影响低碳供应链网络定价与利润? (3)行为中性与行为偏好对低碳供应链网络的定价决策有何差异? (4)零售商库存容量约束对低碳供应链网络决策有何影响?

二、符号定义

本章涉及的符号详细说明如下:

$k(k=1,2,\cdots,K)$:表示零售商索引;

$m(m=1,2,\cdots,M)$:表示制造商索引;

$d(d=1,2,\cdots,D)$:表示消费市场索引;

q_{mk}:表示制造商 m 向零售商 k 提供的订购量,并将订购量 q_{mk} 归入 MK 维的列向量 $Q \in R_+^{MK}$;

P_k:表示零售商 k 的单位产品零售价格;

$c_k = c_k(Q)$:表示零售商 k 的产品展销成本,其与同层级所有零售商的展销成本有关;

q_d^k:表示零售商 k 与所有制造商之间的交易量,则有 $q_d^k = \sum_{m=1}^{M} q_{mk}$;

$q_d = (q_d^1, q_d^2, \cdots, q_d^K)^T \in R_+^K$:表示产品订购总量;

w_{mk}:表示制造商 m 对零售商 k 的单位产品批发价格;

$f_m = f_m(Q)$:表示制造商 m 的产品生产成本,其与同层级所有制造商的生产成本有关;

$c_{mk} = c_{mk}(q_{mk})$:表示制造商 m 与零售商 k 之间的产品交易成本;

q_c^m:表示制造商 m 与所有零售商之间的交易量,则有 $q_c^m = \sum_{k=1}^{K} q_{mk}$;

$q_c = (q_c^1, q_c^2, \cdots, q_c^M)^T \in R_+^M$:表示产品生产总量;

A_m:表示政府免费给制造商 m 分配的碳配额;

e_m:表示制造商 m 的单位初始碳排放量;

P_m:表示制造商 m 的单位碳交易价格;

α_m:表示制造商 m 的单位产品减排率;

T_m:表示制造商 m 的碳减排投资成本系数;

π_m:表示制造商的期望利润;

π_k:表示零售商的期望利润。

为方便建立模型进行计算分析,作出以下合理假设:

假设1 零售商存在库存能力约束行为,并且令 Q_k 为零售商 k 的总库存能力约束,s_k 为零售商 k 的产品单位库存占用。

假设2 制造商为降低产品制造过程中产生的碳排放量,投入一些费用引进或改进生产工艺或技术。参照 Zou 等[①]的研究,制造商 m 的工艺改造费用(碳减排成本)描述为碳减排投资成本系数和单位产品减排率的函数:$C_m = T_m \alpha_m^2 / 2$。

第二节　考虑行为偏好的低碳供应链网络均衡定价决策

一、考虑公平关切的网络均衡定价决策

(一) 制造商竞争均衡分析

制造商 m 先根据零售商 k 的产品订购量 q_{mk} 对产品进行生产,然后在与零售商 k 交易的过程中,以批发价格 w_{mk} 进行产品批发。为了满足政府碳交易规制并落实企业减排的目标,制造商须投入一定的费用改善生产工艺。如果制造商的排放量低于政府给定上限,其可通过出售剩余的碳信用获利。如果制造商的排放量超过政府给定上限,他们将不得不以卖方价格从市场上购买更多的信用。因此对制造商 m 而言,成本主要包括生产成本 $f_m(Q)$、碳减排成本 $\frac{1}{2}T_m\alpha_m^2$ 和产品交易成本 $\sum_{k=1}^{K} c_{mk}(q_{mk})$,收益即为批发产品所得收入 $\sum_{k=1}^{K} w_{mk}q_{mk}$

---

① ZOU F, ZHOU Y, YUAN C. The impact of retailers' low-carbon investment on the supply chain under carbon tax and carbon trading policies[J]. Sustainability, 2020, 12(9):1-27.

和出卖碳配额收入 $P_m\left[A_m - e_m(1-\alpha_m)\sum\limits_{k=1}^{K} q_{mk}\right]$。此时，零售商 k 存在库存能力约束下制造商 m 的最大利润优化模型可以表示为：

$$\max \pi_m = \sum_{k=1}^{K} w_{mk}q_{mk} + P_m\left[A_m - e_m(1-\alpha_m)\sum_{k=1}^{K} q_{mk}\right] -$$

$$\sum_{k=1}^{K} c_{mk}(q_{mk}) - f_m(Q) - \frac{1}{2}T_m\alpha_m^2 \tag{5-1}$$

$$q_c^m = \sum_{k=1}^{K} q_{mk} \qquad k = 1, 2, \cdots, K \tag{5-2}$$

$$q_{mk} \geqslant 0 \qquad k = 1, 2, \cdots, K \tag{5-3}$$

其中(5-2)式表示制造商 m 的产量与零售商的订购量相等。假设制造商之间因减排技术投资水平不同而表现出公平关切特征，此时各制造商不仅关注自身利润，更关注相互竞争的同层级企业的利润。参照 FS 模型[①]对决策者有利和不利的不公平关切行为进行刻画，令 $\pi_1 > \pi_2 > \cdots > \pi_m > \cdots > \pi_{M-1} > \pi_M$。记 $t \in [1, m-1]$，$h \in [m+1, M]$，则制造商 m 的效应函数可以表示为：

$$U(\pi_m) = \pi_m - \frac{\theta_m}{M-1}\sum_{1\leqslant t\leqslant m-1}(\pi_t - \pi_m) - \frac{\gamma_m}{M-1}\sum_{m+1\leqslant h\leqslant M}(\pi_m - \pi_h) =$$

$$\left[1 + \frac{\theta_m(m-1)}{M-1} - \frac{\gamma_m(M-m)}{M-1}\right]\pi_m - \frac{\theta_m}{M-1}\sum_{1\leqslant t\leqslant m-1}\pi_t + \frac{\gamma_m}{M-1}\sum_{m+1\leqslant h\leqslant M}\pi_h =$$

$$\left[1 + \frac{\theta_m(m-1)}{M-1} - \frac{\gamma_m(M-m)}{M-1}\right]\left\{ \begin{matrix} \sum\limits_{k=1}^{K} w_{mk}q_{mk} + P_m\left[A_m - e_m(1-\alpha_m)\sum\limits_{k=1}^{K} q_{mk}\right] - \\ \sum\limits_{k=1}^{K} c_{mk}(q_{mk}) - f_m(Q) - \frac{1}{2}T_m\alpha_m^2 \end{matrix} \right\}$$

$$\frac{\theta_m}{M-1}\sum_{1\leqslant t\leqslant m-1}\left\{ \begin{matrix} \sum\limits_{k=1}^{K} w_{tk}q_{tk} + P_t\left[A_t - e_t(1-\alpha_t)\sum\limits_{k=1}^{K} q_{tk}\right] - \\ \sum\limits_{k=1}^{K} c_{tk}(q_{tk}) - f_t(Q) - \frac{1}{2}T_t\alpha_t^2 \end{matrix} \right\} +$$

$$\frac{\gamma_m}{M-1}\sum_{m+1\leqslant h\leqslant M}\left\{ \begin{matrix} \sum\limits_{k=1}^{K} w_{hk}q_{hk} + P_h\left[A_h - e_h(1-\alpha_h)\sum\limits_{k=1}^{K} q_{hk}\right] - \\ \sum\limits_{k=1}^{K} c_{hk}(q_{hk}) - f_h(Q) - \frac{1}{2}T_h\alpha_h^2 \end{matrix} \right\} \tag{5-4}$$

---

① 郑英杰，周岩. 基于横向和纵向公平偏好的二层供应链网络均衡决策[J]. 中国管理科学，2019，27(4):136-148.

其中 θ_m 和 γ_m 分别表示制造商 m 的不利和有利不公平厌恶系数,且满足 $\theta_m \geqslant \gamma_m, 0 \leqslant \gamma_m \leqslant 1$。假设生产成本、交易成本和碳减排成本均是连续可微的凸函数,且令 q_{mk}^* 为零售商订购量 q_{mk} 的均衡值,α_m^* 为单位产品减排率 α_m 的均衡值,则制造商公平关切下实现最优决策建模为以下变分不等式:

$$\sum_{m=1}^{M} \sum_{k=1}^{K} \left\{ \left[1 + \frac{\theta_m(m-1)}{M-1} - \frac{\gamma_m(M-m)}{M-1} \right] \cdot \right.$$

$$\left. \left[-w_{mk}^* + P_m e_m (1-\alpha_m) + \frac{\partial c_{mk}(q_{mk}^*)}{\partial q_{mk}} + \frac{\partial f_m(Q^*)}{\partial q_{mk}} \right] \right\}$$

$$\times (q_{mk} - q_{mk}^*) + \sum_{m=1}^{M} \left\{ \left[1 + \frac{\theta_m(m-1)}{M-1} - \frac{\gamma_m(M-m)}{M-1} \right] \cdot \right.$$

$$\left. \left(-P_m e_m \sum_{k=1}^{K} q_{mk} + T_m \alpha_m \right) \right\} \times (\alpha_m - \alpha_m^*) \geqslant 0 \quad \forall (Q^*, \alpha^*, \beta^*) \in R_+^{MK+M+K}$$

$$\tag{5-5}$$

(二) 零售商竞争均衡分析

假定零售商 k 面临的产品市场需求量 D_k 为随机分布,并且为产品零售价格 P_k 的相关函数,记其密度函数为 $f_k(x, P_k)$,分布函数为 $F_k(x, P_k) = \int_0^x f_k(x, P_k) dx$,同时考虑零售商 k 的产品订购量为 $q_d^k = \sum_{m=1}^{M} q_{mk}$,则零售商 k 的产品剩余量可以表示为 $\Delta_k^+ = \max(0, q_d^k - D_k)$,产品缺货量可以表示为 $\Delta_k^- = \max(0, D_k - q_d^k)$,并且记单位产品剩余成本为 λ_k^+,单位产品缺货成本为 λ_k^-,此时零售商 k 的利润模型可以表示为:

$$\pi_k = \begin{cases} \pi_{k1} = P_k D_k - c_k(Q) - \sum_{m=1}^{M} w_{mk} q_{mk} - \lambda_k^+ (q_d^k - D_k) & q_d^k \geqslant D_k \\ \\ \pi_{k2} = P_k q_d^k - c_k(Q) - \sum_{m=1}^{M} w_{mk} q_{mk} - \lambda_k^- (D_k - q_d^k) & q_d^k < D_k \end{cases}$$

$$\tag{5-6}$$

令 q_{mk1} 和 q_{mk2} 分别为(5-6)式订购量的盈亏平衡点,易得:

$$q_{mk1} = \frac{\sum_{m=1}^{M} w_{mk} q_{mk} + c_k(Q) + \lambda_k^+ q_d^k}{P_k + \lambda_k^+}$$

$$\tag{5-7}$$

$$q_{mk2} = \frac{P_k q_d^k - c_k(Q) - \sum_{m=1}^{M} w_{mk} q_{mk} + \lambda_k^- q_d^k}{\lambda_k^-}$$

$$\tag{5-8}$$

记 $D_{k1} = \sum_{m=1}^{M} q_{mk1}$, $D_{k2} = \sum_{m=1}^{M} q_{mk2}$,则当 $D_k < D_{k1}$ 或者 $D_k > D_{k2}$ 时,零售商 k 的利润为负值,当 $D_{k1} < D_k < D_{k2}$ 时,零售商 k 的利润为正值。库存能力约束下,零售商 k 的最大期望利润优化模型为:

$$\max E(\pi_k) = E[P_k \times \min(q_d^k, D_k)] - E[\lambda_k^+ \Delta_k^+ + \lambda_k^- \Delta_k^-] - c_k(Q) - \sum_{m=1}^{M} w_{mk} q_{mk}$$
$$(5\text{-}9)$$

$$\sum_{m=1}^{M} s_k q_{mk} \leqslant Q_k \qquad k = 1, 2, \cdots, K \qquad (5\text{-}10)$$

$$q_{mk} \geqslant 0 \qquad k = 1, 2, \cdots, K \qquad (5\text{-}11)$$

其中(5-9)式右端第一项表示零售商销售收入,第二项表示剩余或缺货成本,第三项表示产品展销成本,第四项表示产品采购成本。(5-10)式为零售商的库存能力约束。由于 $\min(q_d^k, D_k) = D_k - \Delta_k^-$,根据文献[1]有:

$$\frac{\partial E(\Delta_k^+)}{\partial q_{mk}} = F_k(q_{mk}, P_k), \frac{\partial E(\Delta_k^-)}{\partial q_{mk}} = F_k(q_{mk}, P_k) - 1 \qquad (5\text{-}12)$$

设展销成本是连续可微的凸函数,则对零售商 k 存在库存能力约束下实现最优决策建模为以下变分不等式:

$$\sum_{m=1}^{M} \sum_{k=1}^{K} \left\{ (P_k + \lambda_k^-)[F_k(q_{mk}^*, P_k) - 1] + \lambda_k^+ F_k(q_{mk}^*, P_k) + \right.$$
$$\left. \frac{\partial c_k(Q^*)}{\partial q_{mk}} + w_{mk} + \beta_k^* s_k \right\} \times (q_{mk} - q_{mk}^*) +$$
$$\sum_{k=1}^{K} \left(Q_k - \sum_{m=1}^{M} s_k q_{mk}^* \right) \times (\beta_k - \beta_k^*) \geqslant 0 \quad \forall (Q^*, \beta^*) \in R_+^{MK+K} \quad (5\text{-}13)$$

其中 β_k 为零售商 k 关于公式(5-10)的拉格朗日乘子。

(三)消费市场竞争均衡分析

对需求市场而言,有类似于空间价格的均衡条件[2],随机需求下消费市场的均衡条件可以表示为:

---

① WU H X, XU B, ZHANG D. Closed-loop supply chain network equilibrium model with subsidy on green supply chain technology investment[J]. Sustainability, 2019, 11(16):1-26.

② NAGURNEY A, DONG J, ZHANG D. A supply chain network equilibrium model[J]. Transportation Research Part E:Logistics and Transportation Review, 2002, 38(5):281-303.

$$D_k(P_k) \begin{cases} \leqslant \sum_{m=1}^{M} q_{mk}^* & P_k^* = 0 \\ = \sum_{m=1}^{M} q_{mk}^* & P_k^* > 0 \end{cases} \quad (5\text{-}14)$$

公式(5-14)表明,当零售商 k 的产品订购量 $\sum_{m=1}^{M} q_{mk}$ 等于其面临的市场需求量 $D_k(P_k)$ 时,零售商 k 将以零售价格 $P_k > 0$ 进行产品销售;而当零售商 k 的产品订购量 $\sum_{m=1}^{M} q_{mk}$ 大于其面临的市场需求量 $D_k(P_k)$ 时,零售商 k 的产品零售价格 $P_k = 0$。此时,销售市场的均衡条件为:

$$\sum_{k=1}^{K} \left[\sum_{m=1}^{M} q_{mk}^* - D_k(P_k^*) \right] \times (P_k - P_k^*) \geqslant 0 \quad \forall P_k \in R_+^K \quad (5\text{-}15)$$

其中零售价格 P_k 为 K 维列向量。

(四)网络均衡模型构建

低碳供应链网络均衡是指碳交易机制背景下,整个网络中所有进行减排技术投资的制造商、低碳产品销售的零售商以及消费市场之间的交易量和价格同时满足最优行为。即零售商的最优销售单价与消费者愿意支付的费用相等,而制造商的最优生产量和零售商的最优订购量及消费市场的需求量相等。则公平关切型制造商存在库存能力约束下供应链网络实现最优决策建模为以下变分不等式:

$$\sum_{m=1}^{M} \sum_{k=1}^{K} \left\{ \begin{array}{l} \left[1 + \dfrac{\theta_m(m-1)}{M-1} - \dfrac{\gamma_m(M-m)}{M-1} \right] \left[-w_{mk}^* + P_m e_m(1-\alpha_m) + \dfrac{\partial c_{mk}(q_{mk}^*)}{\partial q_{mk}} + \dfrac{\partial f_m(Q^*)}{\partial q_{mk}} \right] \\ + (P_k + \lambda_k^-)[F_k(q_{mk}^*, P_k) - 1] + \lambda_k^+ F_k(q_{mk}^*, P_k) + \dfrac{\partial c_k(Q^*)}{\partial q_{mk}} + w_{mk} + \beta_k^* s_k \end{array} \right\} \times$$

$$(q_{mk} - q_{mk}^*) + \sum_{m=1}^{M} \left\{ \left[1 + \dfrac{\theta_m(m-1)}{M-1} - \dfrac{\gamma_m(M-m)}{M-1} \right] \left(-P_m e_m \sum_{k=1}^{K} q_{mk} + T_m \alpha_m \right) \right\} \times (\alpha_m - \alpha_m^*) +$$

$$\sum_{k=1}^{K} \left(Q_k - \sum_{m=1}^{M} s_k q_{mk}^* \right) \times (\beta_k - \beta_k^*) + \sum_{k=1}^{K} \left[\sum_{m=1}^{M} q_{mk}^* - D_k(P_k^*) \right] \times (P_k - P_k^*) \geqslant 0$$

$$\forall (Q, \alpha_m, \beta_k, P_k) \in R_+^{MK+M+K+K} \quad (5\text{-}16)$$

公式(5-16)表明,在均衡状态下,制造商与零售商的订购量等于零售商与消费市场之间的需求量。同时当 $q_{mk}^* > 0$ 时,由于制造商 m 对零售商 k 的产品批发价格 w_{mk} 为内生变量,则由均衡条件(5-5)式可得批发价格 w_{mk} 和单位

产品减排率 α_m 分别为：

$$w_{mk}^* = P_m e_m (1-\alpha_m) + \frac{\partial c_{mk}(q_{mk}^*)}{\partial q_{mk}} + \frac{\partial f_m(Q^*)}{\partial q_{mk}} \tag{5-17}$$

$$\alpha_m^* = \frac{P_m e_m}{T_m} \sum_{k=1}^{K} q_{mk} \tag{5-18}$$

同时根据零售商均衡条件(5-13)式，可得批发价格 w_{mk} 满足以下条件：

$$w_{mk} = -\left\{ (P_k+\lambda_k^-)[F_k(q_{mk}^*, P_k)-1] + \lambda_k^+ F_k(q_{mk}^*, P_k) + \frac{\partial c_k(Q^*)}{\partial q_{mk}} + \beta_k^* s_k \right\} \tag{5-19}$$

为了方便表示和计算，令

$$F^1 = \sum_{m=1}^{M} \sum_{k=1}^{K} \left\{ \begin{array}{l} \left[1 + \frac{\theta_m(m-1)}{M-1} - \frac{\gamma_m(M-m)}{M-1}\right]\left[-w_{mk}^* + P_m e_m(1-\alpha_m) + \frac{\partial c_{mk}(q_{mk}^*)}{\partial q_{mk}} + \frac{\partial f_m(Q^*)}{\partial q_{mk}}\right] \\ + (P_k+\lambda_k^-)[F_k(q_{mk}^*, P_k)-1] + \lambda_k^+ F_k(q_{mk}^*, P_k) + \frac{\partial c_k(Q^*)}{\partial q_{mk}} + w_{mk} + \beta_k^* s_k \end{array} \right\} \tag{5-20}$$

$$F^2 = \sum_{m=1}^{M} \left\{ \left[1 + \frac{\theta_m(m-1)}{M-1} - \frac{\gamma_m(M-m)}{M-1}\right]\left(-P_m e_m \sum_{k=1}^{K} q_{mk} + T_m \alpha_m\right) \right\} \tag{5-21}$$

$$F^3 = \sum_{k=1}^{K} \left(Q_k - \sum_{m=1}^{M} s_k q_{mk}^* \right) \tag{5-22}$$

$$F^4 = \sum_{k=1}^{K} \left[\sum_{m=1}^{M} q_{mk}^* - D_k(P_k^*) \right] \tag{5-23}$$

则利用向量内积的形式可以将变分不等式(5-16)表示为：

$$(F^1, F^2, F^3, F^4) \times (q_{mk} - q_{mk}^*, \alpha_m - \alpha_m^*, \beta_k - \beta_k^*, P_k - P_k^*) \geqslant 0 \quad \forall (Q, \alpha, \beta, P) \in R_+^{MK+M+K+K} \tag{5-24}$$

二、考虑风险规避的网络均衡定价决策

(一)制造商竞争均衡分析

假设制造商进行风险中性决策，结合公式(5-1)、(5-2)和(5-3)，可以得到制造商实现最优决策建模为以下变分不等式：

$$\sum_{m=1}^{M} \sum_{k=1}^{K} \left[-w_{mk}^* + P_m e_m(1-\alpha_m) + \frac{\partial c_{mk}(q_{mk}^*)}{\partial q_{mk}} + \frac{\partial f_m(Q^*)}{\partial q_{mk}} \right] \times$$

$$(q_{mk} - q_{mk}^*) + \sum_{m=1}^{M} \left(-P_m e_m \sum_{k=1}^{K} q_{mk} + T_m \alpha_m \right) \times (\alpha_m - \alpha_m^*) \geqslant 0$$

$$\forall (Q^*, \alpha^*, \beta^*) \in R_+^{MK+M+K} \tag{5-25}$$

(二) 零售商竞争均衡分析

参考 Chan 等[①]的研究,假设零售商因不确定市场需求而具有风险规避特征,且为分段性的效应函数,具体形式为:

$$U_k(\pi_k) = \begin{cases} \pi_k & \pi_k \geqslant 0 \\ \mu_k \pi_k & \pi_k < 0 \end{cases} \tag{5-26}$$

其中,$\mu_k \geqslant 1$ 表示零售商 k 的损失规避度。当 $\mu_k > 1$ 时表示零售商 k 具有对风险的规避程度,而且 μ_k 值越大,表示零售商 k 面对风险的规避度越大;当 $\mu_k = 1$ 时表示零售商 k 具有风险中性的决策行为。此时零售商 k 风险规避特性下的期望效用函数为:

$$U_k(\pi_k) = \int_{D_{k1}}^{D_k} \pi_{k1} dF(q_{mk}) + \int_{D_k}^{D_{k2}} \pi_{k2} dF(q_{mk}) +$$

$$\mu_k \left[\int_0^{D_{k1}} \pi_{k1} dF(q_{mk}) + \int_{D_{k2}}^{\infty} \pi_{k2} dF(q_{mk}) \right] =$$

$$E(\pi_k) + (\mu_k - 1) \left[\int_0^{D_{k1}} \pi_{k1} dF(q_{mk}) + \int_{D_{k2}}^{\infty} \pi_{k2} dF(q_{mk}) \right] =$$

$$E(\pi_k) + (\mu_k - 1) \left\{ \int_0^{D_{k1}} \left[P_k D_k - c_k(Q) - \sum_{m=1}^{M} w_{mk} q_{mk} - \lambda_k^+ (q_d^k - D_k) \right] dF(q_{mk}) + \right.$$

$$\left. \int_{D_{k2}}^{+\infty} \left[P_k q_d^k - c_k(Q) - \sum_{m=1}^{M} w_{mk} q_{mk} - \lambda_k^- (D_k - q_d^k) \right] dF(q_{mk}) \right\} \tag{5-27}$$

设展销成本是连续可微的凸函数,并结合公式(5-9)、(5-10)、(5-11) 和 (5-12),则对零售商 k 存在库存能力约束下实现最优决策建模为以下变分不等式:

$$\sum_{m=1}^{M} \sum_{k=1}^{K} \left\{ \begin{array}{l} (P_k + \lambda_k^-)[F_k(q_{mk}^*, P_k) - 1] + \lambda_k^+ F_k(q_{mk}^*, P_k) + \dfrac{\partial c_k(Q^*)}{\partial q_{mk}} + \\[2mm] w_{mk} + \beta_k^* s_k + (\mu_k - 1) \times \left\{ \left[\lambda_k^+ + w_{mk} + \dfrac{\partial c_k(Q^*)}{\partial q_{mk}} \right] F_k(q_{mk1}^*, P_k) + \right. \\[2mm] \left. \left[-P_k + \dfrac{\partial c_k(Q^*)}{\partial q_{mk}} + w_{mk} - \lambda_k^- \right] [F_k(q_{mk2}^*, P_k) - 1) \right] \right\} \end{array} \right\} \times$$

---

① CHAN C K, ZHOU Y, WONG K H. An equilibrium model of the supply chain network under multi-attribute behaviors analysis[J]. European Journal of Operational Research, 2019, 275(2): 514-535.

$$(q_{mk} - q_{mk}^*) + \sum_{k=1}^{K} \left(Q_k - \sum_{m=1}^{M} s_k q_{mk}^* \right) \times (\beta_k - \beta_k^*) \geqslant 0$$

$$\forall (Q^*, \beta^*) \in R_+^{MK+K} \qquad (5\text{-}28)$$

其中 β_k 为零售商 k 关于公式(5-10)的拉格朗日乘子。

(三) 消费市场竞争均衡分析

与前述消费市场竞争均衡分析相同,随机需求下消费市场的均衡条件可以表示为:

$$D_k(P_k) \begin{cases} \leqslant \sum_{m=1}^{M} q_{mk}^* & P_k^* = 0 \\[2mm] = \sum_{m=1}^{M} q_{mk}^* & P_k^* > 0 \end{cases} \qquad (5\text{-}29)$$

进一步获得销售市场的均衡条件为:

$$\sum_{k=1}^{K} \left[\sum_{m=1}^{M} q_{mk}^* - D_k(P_k^*) \right] \times (P_k - P_k^*) \geqslant 0 \qquad \forall P_k \in R_+^{K} \quad (5\text{-}30)$$

其中零售价格 P_k 为 K 维列向量。

(四) 网络均衡模型构建

与公平关切下的网络均衡模型构建类似,可得风险规避型零售商存在库存能力约束下供应链网络实现最优决策建模为以下变分不等式:

$$\sum_{m=1}^{M} \sum_{k=1}^{K} \left\{ \begin{matrix} (P_k + \lambda_k^-)\left[F_k(q_{mk}^*, P_k) - 1\right] + \lambda_k^+ F_k(q_{mk}^*, P_k) + P_m e_m(1 - a_m^*) + \\[2mm] \beta_k^* s_k + \dfrac{\partial c_k(Q^*)}{\partial q_{mk}} + (\mu_k - 1) \times \left\{ \left[\lambda_k^+ + w_{mk} + \dfrac{\partial c_k(Q^*)}{\partial q_{mk}} \right] \times F_k(q_{mk1}, P_k) + \right. \\[2mm] \left. \left[w_{mk} - P_k + \dfrac{\partial c_k(Q^*)}{\partial q_{mk}} - \lambda_k^- \right] \times \left[F_k(q_{mk2}, P_k) - 1 \right] \right\} + \dfrac{\partial f_m(Q^*)}{\partial q_{mk}} + \dfrac{\partial c_{mk}(q_{mk}^*)}{q_{mk}} \end{matrix} \right\} \times$$

$$(q_{mk} - q_{mk}^*) + \sum_{m=1}^{M} \left(-P_m e_m \sum_{k=1}^{K} q_{mk}^* + T_m a_m^* \right) \times (a_m - a_m^*) +$$

$$\sum_{k=1}^{K} \left(Q_k - \sum_{m=1}^{M} s_k q_{mk}^* \right) \times (\beta_k - \beta_k^*) +$$

$$\sum_{k=1}^{K} \left[\sum_{m=1}^{M} q_{mk}^* - D_k(P_k^*) \right] \times (P_k - P_k^*) \geqslant 0$$

$$\forall (Q, a_m, \beta_k, P_k) \in R_+^{MK+M+K+K} \qquad (5\text{-}31)$$

公式(5-31)表明,在均衡状态下,制造商与零售商的订购量等于零售商与消费市场之间的需求量。同时当 $q_{mk}^* > 0$ 时,由于制造商 m 对零售商 k 的产品批发价格 w_{mk} 为内生变量,则由均衡条件(6-25)式可得批发价格 w_{mk} 和单

位产品减排率 α_m 分别为:

$$w_{mk}^* = P_m e_m (1 - \alpha_m) + \frac{\partial c_{mk}(q_{mk}^*)}{\partial q_{mk}} + \frac{\partial f_m(Q^*)}{\partial q_{mk}} \tag{5-32}$$

$$\alpha_m^* = \frac{P_m e_m}{T_m} \sum_{k=1}^{K} q_{mk} \tag{5-33}$$

同时根据零售商均衡条件(5-28)式,可得批发价格 w_{mk} 满足以下条件:

$$(P_k + \lambda_k^-) \times [F_k(q_{mk}, P_k) - 1] + \lambda_k^+ F_k(q_{mk}, P_k) + \frac{\partial c_k(Q^*)}{\partial q_{mk}} + \beta_k^* s_k +$$

$$(\mu_k - 1) \times \left\{ \left[\lambda_k^+ + \frac{\partial c_k(Q^*)}{\partial q_{mk}} \right] \times F_k(q_{mk1}^*, P_k) + \left[-P_k + \frac{\partial c_k(Q^*)}{\partial q_{mk}} - \lambda_k^- \right] \times \right.$$

$$\left. [F_k(q_{mk2}^*, P_k) - 1] \right\} = \{ (\mu_k - 1)[1 - F_k(q_{mk2}^*, P_k) - F_k(q_{mk1}^*, P_k)] - 1 \} \times w_{mk} \tag{5-34}$$

为了方便表示和计算,令

$$F^5 = \sum_{m=1}^{M} \sum_{k=1}^{K} \left\{ \begin{array}{l} (P_k + \lambda_k^-)[F_k(q_{mk}^*, P_k) - 1] + \lambda_k^+ F_k(q_{mk}^*, P_k) + P_m e_m (1 - \alpha_m^*) + \\[2mm] \beta_k^* s_k + (\mu_k - 1) \times \left\{ \left[\lambda_k^+ + w_{mk} + \frac{\partial c_k(Q^*)}{\partial q_{mk}} \right] \times F_k(q_{mk1}^*, P_k) + \right. \\[2mm] \left. [F_k(q_{mk2}^*, P_k) - 1] \times \left[w_{mk} - P_k - \lambda_k^- + \frac{\partial c_k(Q^*)}{\partial q_{mk}} \right] \right\} + \\[2mm] \frac{\partial f_m(Q^*)}{\partial q_{mk}} + \frac{\partial c_{mk}(q_{mk}^*)}{q_{mk}} + \frac{\partial c_k(Q^*)}{\partial q_{mk}} \end{array} \right\} \tag{5-35}$$

$$F^6 = \sum_{k=1}^{K} \left(-P_m e_m \sum_{k=1}^{K} q_{mk}^* + T_m \alpha_m^* \right) \tag{5-36}$$

$$F^7 = \sum_{k=1}^{K} \left(Q_k - \sum_{m=1}^{M} s_k q_{mk}^* \right) \tag{5-37}$$

$$F^8 = \sum_{k=1}^{K} \left[\sum_{m=1}^{M} q_{mk}^* - D_k(P_k^*) \right] \tag{5-38}$$

则利用向量内积的形式可以将变分不等式(5-31)表示为:

$$(F^5, F^6, F^7, F^8) \times (q_{mk} - q_{mk}^*, \alpha_m - \alpha_m^*, \beta_k - \beta_k^*, P_k - P_k^*) \geqslant 0$$

$$\forall (Q, \alpha, \beta, P) \in R_+^{MK+M+K+K} \tag{5-39}$$

三、解的存在性证明与算法设计

(一) 解的存在性证明

假设 $Z = (Q, \alpha, \beta, P)$, $F(Z) = (F_{mk}, F_m, F_k, F_k)_{m=1,2,\dots M; k=1,2,\dots K}$, $Y =$

(Q,α,β,P)，$F(Y) = (F_{mk},F_m,F_k,F_k)_{m=1,2,\dots M;k=1,2,\dots K}$，$F(Z)$ 的分量为公式 (5-24) 乘号前面的函数项 (F^1,F^2,F^3,F^4)，$F(Y)$ 的分量为公式 (5-39) 乘号前面的函数项 (F^5,F^6,F^7,F^8)。

将变分不等式 (5-24)、(5-39) 重写为：$Z^* \in H, Y^* \in H$，其中

$$H = \{(Q,\alpha,\beta,P) \mid (Q,\alpha,\beta,P) \in R_+^{MK+M+K+K}\} \tag{5-40}$$

满足

$$\langle F(Z^*),Z-Z^* \rangle \geqslant 0, \quad Z \in H \tag{5-41}$$

$$\langle F(Y^*),Y-Y^* \rangle \geqslant 0, \quad Y \in H \tag{5-42}$$

即使不等式 (5-41) 和 (5-42) 中的函数 F 是连续的，但可行域 H 不一定总是密闭的。然而可以对 H 施加一个弱条件来保证其存在。令

$$H_b = \{(Q,\alpha,\beta,P) \mid 0 \leqslant Q \leqslant b_1; 0 \leqslant \alpha \leqslant b_2; 0 \leqslant \beta \leqslant b_3; 0 \leqslant P \leqslant b_4\} \tag{5-43}$$

$$H_c = \{(Q,\alpha,\beta,P) \mid 0 \leqslant Q \leqslant c_1; 0 \leqslant \alpha \leqslant c_2; 0 \leqslant \beta \leqslant c_3; 0 \leqslant P \leqslant c_4\} \tag{5-44}$$

其中可行域 H_b 满足 $b = (b_1,b_2,b_3,b_4) \geqslant 0$，并且 $Q \leqslant b_1, \alpha \leqslant b_2, \beta \leqslant b_3$，$P \leqslant b_4$，意味着 $q_{mk} \leqslant b_1, \alpha_m \leqslant b_2, \beta_k \leqslant b_3, P_k \leqslant b_4$ 对所有 m 和 k 都成立；可行域 H_c 满足 $c = (c_1,c_2,c_3,c_4) \geqslant 0$，并且 $Q \leqslant c_1, \alpha \leqslant c_2, \beta \leqslant c_3, P \leqslant c_4$，意味着 $q_{mk} \leqslant c_1, \alpha_m \leqslant c_2, \beta_k \leqslant c_3, P_k \leqslant c_4$ 对所有 m 和 k 都成立。此时 H_b 和 H_c 为 $R_+^{MK+M+K+K}$ 上有界闭凸子集。根据变分不等式的标准理论，由于 H_b 密闭、F 连续，则以下变分不等式 (5-45) 至少有一个解 $Z^b \in H_b$：

$$\langle F(Z^b),Z-Z^b \rangle \geqslant 0, Z^b \in H_b \tag{5-45}$$

同理，由于 H_c 密闭、F 连续，则以下变分不等式 (5-46) 至少有一个解 $Y^c \in H_c$：

$$\langle F(Y^c),Y-Y^c \rangle \geqslant 0, Y^c \in H_c \tag{5-46}$$

根据 Kinderlehrer 和 Stampacchia(1980)[①] 中的定理 4.2[另见 Nagurney(1999)[②] 中的定理 1.5]，我们得到了引理 5-1 如下：

引理5-1　式 (5-43) 有解的充要条件是 $\exists b > 0$，使得变分不等式 (5-45)

———————

　① KINDERLEHRER D, STAMPACCHIA G. An introduction to variational inequalities and their application[M]. New York : Academic Press, 1980.

　② NAGURNEY A. Network economics: a variational inequality approach[M]. 2th ed. Boston: Kluwer Academic Publishers, 1999.

在 H_b 上有解且满足：

$$Q < b_1; \alpha < b_2; \beta < b_3; P < b_4 \tag{5-47}$$

式(5-44)有解的充要条件是 $\exists c > 0$，使得变分不等式(5-46)在 H_c 上有解且满足：

$$Q < c_1; \alpha < c_2; \beta < c_3; P < c_4 \tag{5-48}$$

在下述定理5-1中的条件下，原变分不等式问题的解的存在性由引理5-1保证[见 Nagurney 和 Zhao(1993) ①]。

定理 5-1(存在性)　　假设存在正常数 S, N 和 $R(S < R)$，如下所示：

$$\eta_m \alpha_m \geqslant R \quad \forall \alpha \quad 有 \alpha_m \geqslant N, \forall m \tag{5-49}$$

$$D_k(P_k) \leqslant N \quad \forall P \quad 有 P_k \geqslant S, \forall k \tag{5-50}$$

$$\left[1 + \frac{\theta_m(m-1)}{M-1} - \frac{\gamma_m(M-m)}{M-1}\right]\left[\frac{\partial c_{mk}(q_{mk}^*)}{\partial q_{mk}} + \frac{\partial f_m(Q^*)}{\partial q_{mk}}\right] +$$

$$(P_k + \lambda_k^- + \lambda_k^+)F_k(q_{mk}^*, P_k) + \frac{\partial c_k(Q^*)}{\partial q_{mk}} \geqslant R$$

$$\forall Q \quad 有 q_{mk} \geqslant N, \forall m, k \tag{5-51}$$

则式(5-16)有解。

$$(P_k + \lambda_k^- + \lambda_k^+)F_k(q_{mk}, P_k) + \frac{\partial c_k(Q)}{\partial q_{mk}} + \frac{\partial c_{mk}(q_{mk})}{\partial q_{mk}} + \frac{\partial f_m(Q)}{\partial q_{mk}} +$$

$$(\mu_k - 1)\left\{\left[\lambda_k^+ + w_{mk} + \frac{\partial c_k(Q)}{\partial q_{mk}}\right] \times F_k(q_{mk1}, P_k) +\right.$$

$$\left.\left[w_{mk} + \frac{\partial c_k(Q)}{\partial q_{mk}} - P_k - \lambda_k^-\right] \times F_k(q_{mk2}, P_k) - \frac{\partial c_k(Q)}{\partial q_{mk}}\right\} \geqslant R$$

$$\forall Q \quad 有 q_{mk} \geqslant N, \forall m, k \tag{5-52}$$

则式(5-31)有解。

证明： 遵循引理 5-1。另见 Nagurney 和 Zhao (1993)② 中命题 1 的存在性证明。

(二) 改进投影收缩算法设计

求解变分不等式的方法有很多，例如：投影收缩算法、拟牛顿算法、罚函数

---

①　NAGURNEY A, ZHAO L. Variational inequalities and Networks in the formulation and computation of market equilibria and disequilibria：the case of direct demand functions[J]. Transportation Science，1993，27(1)：4-15.

②　NAGURNEY A, ZHAO L. Variational inequalities and Networks in the formulation and computation of market equilibria and disequilibria：the case of direct demand functions[J]. Transportation Science，1993，27(1)：4-15.

法等。由于投影收缩算法易于实施,且可以获取所有决策变量和约束条件的 Lagrange 乘子。因此,本章采用改进的投影收缩算法对库存能力约束下的低碳供应链网络均衡进行求解。为了便于简化描述投影收缩算法,本节将变分不等式(5-16)精简为变分不等式(5-41)。详细的算法步骤如下:

步骤 0 初始化参数

设置初始可行解 $Z^{-1}, Z^0, Z_* \in H$,并令投影步长 $\psi^0 = \psi^1 > 0$,迭代次数 $r = 0$ 并,允许误差 $\varepsilon > 0$,设置下降步长 α,其中 $0 < \alpha \leqslant 1/L, L$ 为变分不等式 (5-24) 中函数的 Lipschitz 常数。

步骤 1 计算与修正

计算 $\bar{Z}^r = Z^r + \alpha^r(Z^r - Z^{r-1})$ 和 $Z_*^r = P_H[Z^r - \psi^r \nabla F(Z^r)]$。

步骤 2 收敛性检验

若投影残差 $\|\bar{Z}^r - Z_*^r\| \leqslant \varepsilon$ 成立,停止迭代,输出最优解;否则,转至步骤 3。

步骤 3 计算下降距离

寻找 ψ^r 使得 $Z_*^r = P_H[\bar{Z}^r - \psi^r \nabla F(\bar{Z}^r)]$,令

$$d(Z^r, \psi^r) = F(Z^r) - F\{P_H[Z^r - \psi^r \nabla F(Z^r)]\}.$$

步骤 4 计算步长

计算 $\alpha^r = \dfrac{(\bar{Z}^r - Z_*^r)^T d(Z^r, \psi^r)}{\|d(Z^r, \psi^r)\|^2}$,并产生新的迭代点

$$Z^{r+1} = P_H[Z^r - \alpha^r d(Z^r, \psi^r)].$$

步骤 5 迭代数更新 $r = r + 1$,转至步骤 1。

上述投影收缩算法(步骤 4)在迭代的后期可能会造成累积两次的搜索方向变化很小,甚至可能不会改变方向。这意味着该算法选择的步长比较保守,而使目标函数沿下降方向的降低幅度过小。为此,本文对步长改进如下:

$$\alpha^r = \begin{cases} \dfrac{(\bar{Z}^r - Z_*^r)^T d(Z^r, \psi^r)}{\|d(Z^r, \psi^r)\|^2}, & \dfrac{\langle d(Z^r, \psi^r), d(Z^{r-1}, \psi^{r-1})\rangle}{\|d(Z^r, \psi^r)\| \cdot \|d(Z^{r-1}, \psi^{r-1})\|} > \gamma \\[4mm] \dfrac{\mu(\bar{Z}^r - Z_*^r)^T d(Z^r, \psi^r)}{\|d(Z^r, \psi^r)\|^2}, & \dfrac{\langle d(Z^r, \psi^r), d(Z^{r-1}, \psi^{r-1})\rangle}{\|d(Z^r, \psi^r)\| \cdot \|d(Z^{r-1}, \psi^{r-1})\|} \leqslant \gamma \end{cases}$$

$$(5-53)$$

其中,$\gamma \in (0,1)$ 和 $\mu \in (1,2)$ 为调节因子。在两次迭代的搜索方向(夹角)较小时,若一直使用原步长,则会增加迭代次数。此时,增大步长会加速算

法收敛。同理，当夹角较大时，保持原步长。

定理 5-2 若变分不等式(5-24)的解集非空，则由改进投影收缩算法得到的序列 $\{Z^r\}$ 全局收敛于变分不等式(5-24)的一个解。

证明： 易知 $(2-\mu)\mu \parallel \bar{Z}^r - Z_*^r \parallel^2 \leqslant \parallel Z^r - Z_* \parallel^2 - \parallel Z^{r+1} - Z_* \parallel^2$，则可得到关系式 $(2-\mu)\mu \sum_{r=0}^{\infty} \parallel \bar{Z}^r - Z_*^r \parallel^2 \leqslant \parallel Z^0 - Z_* \parallel^2 - \lim_{r\to\infty}$ $\parallel Z^{r+1} - Z_* \parallel^2 \leqslant \parallel Z^0 - Z_* \parallel^2$，即 $\lim_{r\to\infty} \parallel Z^{r+1} - Z_* \parallel^2 = 0$。由算法步骤3可知，$\lim_{r\to\infty} \parallel d(Z^r, \psi^r) \parallel \leqslant \lim_{r\to\infty} (1+\delta) \parallel Z^{r+1} - Z_* \parallel = 0$。

由于有序点集 $\{Z^r\}$ 和 $\{\psi^r\}$ 有界，则其组合序列 $\{(Z^r, \psi^r)\}$ 至少存在一个聚点 $\{(\bar{Z}, \bar{\psi})\}$，则有 $\parallel d(\bar{Z}, \bar{\psi}) \parallel = 0$。若 $\bar{\psi} \neq 0$，则可得 $\bar{Z}$ 是变分不等式 (5-24) 的 一个解。 若 $\bar{\psi} = 0$，则 $d(Z^r, \psi^r) = F(Z^r) - F\{P_H[Z^r - \psi^r \nabla F(Z^r)]\} = 0$，即 $Z^r - Z_* = 0$。由此证明 Z^r 是变分不等式 (5-24) 的解。

第三节　　算例分析

参照曲朋朋等[1]和Sun等[2]的算例背景，下面通过数值分析探讨公平关切特性、风险规避特性、库存能力约束以及碳交易价格对低碳供应链网络均衡决策的影响。在考虑公平关切的低碳供应链网络均衡决策中，以三个进行减排技术投资的制造商、两个进行低碳产品销售的零售商和两个产品需求市场组成的低碳供应链网络为例，其中三个制造商的采购成本分别为：$f_1(Q) = 1.0$ $(q_c^1)^2 + 1.0q_c^1, f_2(Q) = 1.5 (q_c^2)^2 + 1.5q_c^2, f_3(Q) = 2.0 (q_c^2)^2 + 2.0q_c^2$；制造商 m 与零售商 k 之间交易成本 $c_{mk}(q_{mk}) = 0.5 (q_{mk})^2 + 3.5q_{mk}(m = 1,2,3;$ $k = 1,2)$；两个零售商产品展销成本都分别表示为：$c_1(Q) = (q_{11} + q_{21} + q_{31})^2, c_2(Q) = (q_{12} + q_{22} + q_{32})^2$。而在考虑风险规避的低碳供应

① 曲朋朋，周岩. 考虑制造商公平关切的闭环供应链网络均衡[J]. 山东大学学报（理学版），2020，55(5)：114-126.

② SUN H, LI J, ZHANG G T. Research on closed-loop supply chain network equilibrium with two-type suppliers, risk-averse manufacturers and capacity constraints[J]. Journal of Industrial Engineering and Management，2015，8(2)：509-529.

链网络均衡决策中,以两个进行减排技术投资的制造商、两个进行低碳产品销售的零售商和两个产品需求市场组成的低碳供应链网络为例,其中两个制造商的采购成本分别为:$f_1(Q) = 2(q_c^1)^2 + q_c^1 q_c^2 + 2q_c^1$,$f_2(Q) = 2(q_c^2)^2 + q_c^1 q_c^2 + 2q_c^2$;制造商 m 与零售商 k 之间交易成本 $c_{mk}(q_{mk}) = 0.5(q_{mk})^2 + 3.5q_{mk}$($m = 1, 2; k = 1, 2$);两个零售商产品展销成本都分别表示为:$c_1(Q) = (q_{11} + q_{21})^2$,$c_2(Q) = (q_{12} + q_{22})^2$。两种情形下,零售商 k 单位产品缺货成本和剩余成本 $\lambda_k^- = \lambda_k^+ = 1 (k = 1, 2)$;零售商 k 的单位产品库存占用 $s_k = 10$;制造商 m 的单位初始碳排放量 $e_m = 0.25$;政府免费给制造商 m 分配的碳配额 $A_m = 1$;制造商 m 的碳减排投资成本系数 $T_m = 2.5$。同时假设随机市场需求量 D_k 服从 $[0, b_k/P_k]$ 上的均匀分布,则分布函数为:$F_k(x, P_k) = xP_k/b_k$,概率密度函数为:$f_k(x, P_k) = P_k/b_k$,期望值为:$E(D_k) = 0.5b_k/P_k (k = 1, 2)$。现令 $b_k = 10$,并在 MATLAB 平台上对均衡模型求解。

一、考虑公平关切的低碳供应链网络均衡决策分析

(一) 有利不公平关切对低碳供应链网络均衡决策的影响

为了探讨制造商有利不公平关切特性对低碳供应链网络成员均衡策略的影响,令碳交易价格 $P_m = 1$,制造商不利不公平关切系数 $\theta_m = 0$,有利不公平关切系数 $\gamma_m = (0, 0.1, 0.2, 0.3, 0.4)$,可得低碳供应链网络均衡模型的解如表 5-1 所示:

表 5-1　制造商有利不公平关切对低碳供应链网络均衡的影响

变量	$\gamma_m = 0$	$\gamma_m = 0.1$	$\gamma_m = 0.2$	$\gamma_m = 0.3$	$\gamma_m = 0.4$
$q_{1k}(k = 1, 2)$	0.256033	0.255629	0.255206	0.254764	0.254300
$q_{2k}(k = 1, 2)$	0.192034	0.193449	0.194927	0.196473	0.198092
$q_{3k}(k = 1, 2)$	0.142406	0.141990	0.141555	0.141100	0.140624
P_k	8.467758	8.459245	8.450373	8.441118	8.431453
w_{mk}	6.017366	6.015365	6.013273	6.011083	6.008787
$\alpha_m(m = 1)$	0.051206	0.051125	0.051041	0.050952	0.050860
$\alpha_m(m = 2)$	0.038406	0.038689	0.038985	0.039294	0.039618
$\alpha_m(m = 3)$	0.028481	0.028398	0.028311	0.028220	0.028124
$\pi_m(m = 1)$	1.324488	1.323464	1.322396	1.321279	1.320110
$\pi_m(m = 2)$	1.038424	1.036031	1.033488	1.030782	1.027897
$\pi_m(m = 3)$	0.894646	0.894915	0.895195	0.895488	0.895794
π_k	1.098234	1.095139	1.091910	1.088538	1.085014

由表5-1可知,当制造商具有有利不公平关切行为时,制造商1、制造商2和零售商的利润都低于公平中性决策情形,且都随有利不公平关切系数 γ_m 的增加而减小。这可以理解为,当制造商处于有利地位时,出于同情心等因素影响而采取降低批发价格的策略并提高了产品的减排率,这将导致低碳供应链网络中所有制造商的批发价格下降,最终使得各自的收益受损。此外,零售商因采取降低销售价格的策略而使得利润减少。

(二) 不利不公平关切对低碳供应链网络均衡决策的影响

为了探讨制造商不利不公平关切特性对低碳供应链网络成员均衡策略的影响,令碳交易价格 $P_m = 1$,制造商有利不公平关切系数 $\gamma_m = 0$,不利不公平关切系数 $\theta_m = (0, 0.5, 0.6, 0.7, 0.8)$,可得低碳供应链网络均衡模型的解如表 5-2 所示:

表 5-2　制造商不利不公平关切对低碳供应链网络均衡的影响

变量	$\theta_m = 0$	$\theta_m = 0.5$	$\theta_m = 0.6$	$\theta_m = 0.7$	$\theta_m = 0.8$
$q_{1k}(k=1,2)$	0.256033	0.262847	0.263948	0.264983	0.265959
$q_{2k}(k=1,2)$	0.192034	0.190955	0.190645	0.190317	0.189975
$q_{3k}(k=1,2)$	0.142406	0.126521	0.124064	0.121784	0.119663
P_k	8.467758	8.615876	8.640675	8.664217	8.686611
w_{mk}	6.017366	6.051093	6.056545	6.061670	6.066499
$\alpha_m(m=1)$	0.051206	0.052569	0.052789	0.052996	0.053191
$\alpha_m(m=2)$	0.038406	0.038191	0.038129	0.038063	0.037995
$\alpha_m(m=3)$	0.028481	0.025304	0.024812	0.024356	0.023932
$\pi_m(m=1)$	1.324488	1.341988	1.344860	1.347571	1.350135
$\pi_m(m=2)$	1.038424	1.052521	1.054926	1.057216	1.059399
$\pi_m(m=3)$	0.894646	0.932921	0.938304	0.943171	0.947589
π_k	1.098234	1.151628	1.160483	1.168865	1.176818

由表5-2可知,当制造商具有不利不公平关切行为时,制造商2、制造商3和零售商的利润都高于公平中性决策情形,且都随不利不公平关切系数 θ_m 的增加而增加。这可以理解为,当制造商处于不利地位时,为了确保自身收益而采取提高批发价格的策略并降低了产品的减排率,这将导致供应链网络中所有制造商的批发价格上涨,最终增加了各自的收益。此外,零售商因采取提高

销售价格的策略而使得利润增加。

(三) 库存能力对低碳供应链网络均衡决策的影响

为了分析制造商公平关切且零售商库存能力约束时低碳供应链网络均衡决策过程,本节在前面(一)和(二)的基础上,进一步探讨零售商库存约束下的低碳供应链网络均衡策略。取碳交易价格 $P_m = 1$,制造商不利不公平关切系数 $\theta_m = 0$,有利不公平关切系数 $\gamma_m = (0, 0.1, 0.2, 0.3, 0.4)$,零售商库存能力因子 $Q_k = 5$,并代入求解低碳供应链网络均衡模型,结果如表 5-3 所示:

表 5-3　制造商有利不公平关切且零售商库存能力约束对低碳供应链网络均衡的影响

变量	$\gamma_m = 0$	$\gamma_m = 0.1$	$\gamma_m = 0.2$	$\gamma_m = 0.3$	$\gamma_m = 0.4$
$q_{1k}(k = 1, 2)$	0.212358	0.211777	0.211175	0.210551	0.209904
$q_{2k}(k = 1, 2)$	0.163561	0.164612	0.165701	0.166830	0.168000
$q_{3k}(k = 1, 2)$	0.124080	0.123609	0.123122	0.122618	0.122094
P_k	10.000000	10.000000	10.000000	10.000000	10.000000
w_{mk}	5.801175	5.798297	5.795317	5.792230	5.789029
$\alpha_m(m = 1)$	0.042471	0.042355	0.042235	0.042110	0.041980
$\alpha_m(m = 2)$	0.032712	0.032922	0.033140	0.033366	0.033600
$\alpha_m(m = 3)$	0.024816	0.024721	0.024624	0.024523	0.024418
$\pi_m(m = 1)$	1.223226	1.222005	1.220745	1.219443	1.218097
$\pi_m(m = 2)$	0.994373	0.992186	0.989893	0.987485	0.984956
$\pi_m(m = 3)$	0.874906	0.875189	0.875484	0.875791	0.876111
π_k	1.849412	1.850851	1.852341	1.853884	1.855485
β_k	0.165051	0.166037	0.167057	0.168115	0.169211

由表 5-3 可知,当零售商存在库存能力约束时,拉格朗日乘子 β_k 为正数,说明库存能力约束对低碳供应链的网络均衡状态产生了影响,且随着制造商有利不公平关切系数的增加而增加。当存在库存能力约束时,所有零售商的订购量总和不变,与制造商有利不公平关切系数无关。这主要是由于受库存能力约束的限制,零售商只能优先通过现有库存能力进行订购。同时,由于零售商的零售价格只与系统订购量有关,因此其值也保持不变。

另外,为分析有无库存能力约束下有关参数随有利不公平关切系数变化情况,对比表 5-1 和 5-3,将批发价格 w_{mk}、拉格朗日乘子 β_k、制造商利润 π_m、

零售商利润 π_k 与制造商有利不公平关切系数 γ_m 的关系进行仿真如图5-2和图5-3所示：

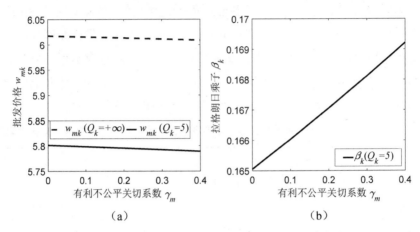

（a） （b）

图5-2 有无库存能力约束时 w_{mk}、β_k 与 γ_m 的关系

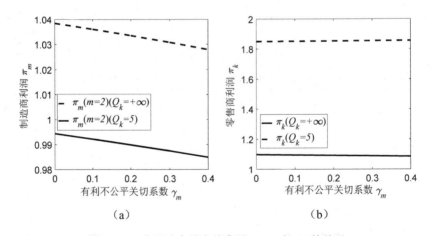

（a） （b）

图5-3 有无库存能力约束时 π_m、π_k 与 γ_m 的关系

由图5-2可知,拉格朗日乘子随制造商有利不公平关切系数的增大而增加。这说明制造商有利不公平关切特性进一步增加了库存能力约束对低碳供应链网络均衡决策的影响。同时,能力约束时的批发价格低于无能力约束情形,且随有利不公平关切系数的增加而减少。这主要是由于能力约束降低了产品订购量,制造商采取降低产品批发价格的策略。由图5-3可知,能力约束时制造商的利润低于无能力约束情形,且随有利不公平关切系数的增加而减少;而零售商的利润趋势相反。这主要是由于库存能力约束时,产品零售价格和产品订购量总和不变,批发价格不断降低,从而导致制造商利润下降,零售商则应零售价格不变而利润上涨。这说明,当零售商存在库存能力约束时,制造商有利不公平关切行为不利于系统成员关系的长远发展。

为了分析不利不公平关切行为与库存能力约束对低碳供应链网络均衡决策的影响,取碳交易价格 $P_m = 1$,制造商有利不公平关切系数 $\gamma_m = 0$,不利不公平关切系数 $\theta_m = (0, 0.5, 0.6, 0.7, 0.8)$,零售商库存能力因子 $Q_k = 5$,并代入求解低碳供应链网络均衡模型,结果如表 5-4 所示。另外,为分析有无库存能力约束下有关参数随不利不公平关切系数变化情况,对比表 5-2 和 5-4,将批发价格 w_{mk}、拉格朗日乘子 β_k、制造商利润 π_m、零售商利润 π_k 与制造商不利不公平关切系数 θ_m 的关系进行仿真如图 5-4 和图 5-5 所示。

表 5-4 制造商不利不公平关切且零售商库存能力约束对低碳供应链网络均衡的影响

变量	$\theta_m = 0$	$\theta_m = 0.5$	$\theta_m = 0.6$	$\theta_m = 0.7$	$\theta_m = 0.8$
$q_{1k}(k=1,2)$	0.212358	0.222917	0.224701	0.226396	0.228009
$q_{2k}(k=1,2)$	0.163561	0.165767	0.166026	0.166240	0.166416
$q_{3k}(k=1,2)$	0.124080	0.111314	0.109272	0.107362	0.105573
P_k	10.000000	10.000000	10.000000	10.000000	10.000000
w_{mk}	5.801175	5.853442	5.862270	5.870661	5.878648
$\alpha_m(m=1)$	0.042471	0.044583	0.044940	0.045279	0.045601
$\alpha_m(m=2)$	0.032712	0.033153	0.033205	0.033248	0.033283
$\alpha_m(m=3)$	0.024816	0.022262	0.021854	0.021472	0.021114
$\pi_m(m=1)$	1.223226	1.245976	1.249928	1.253713	1.257342
$\pi_m(m=2)$	0.994373	1.009084	1.011731	1.014288	1.016758
$\pi_m(m=3)$	0.874906	0.912130	0.917669	0.922744	0.927408
π_k	1.849412	1.823278	1.818864	1.814669	1.810675
β_k	0.165051	0.147154	0.144131	0.141258	0.138523

由图 5-4 可知,能力约束时的批发价格低于无能力约束情形,且随不利

不公平关切系数的增加而上涨。此外,拉格朗日乘子随制造商不利不公平关切系数的增大而减小。这说明制造商不利不公平关切特性进一步降低了库存能力约束对低碳供应链网络均衡决策的影响。

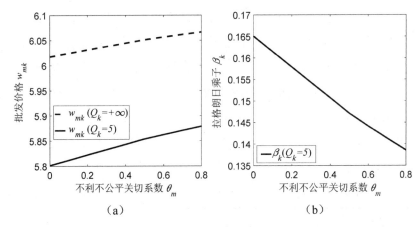

图5-4 有无库存能力约束时 w_{mk}、β_k 与 θ_m 的关系

由图5-5可知,能力约束时制造商的利润低于无能力约束情形,且随不利不公平关切系数的增加而快速上涨。而能力约束时零售商的利润高于无能力约束情形,且随不利不公平关切系数的增加而下降。这主要是由于制造商基于不利不公平关切行为决策时,提高了产品批发价格,从而使得利润上涨。此外,由于存在库存能力约束,产品零售价格和产品订购量总和不变,从而导致零售商的利润下降。

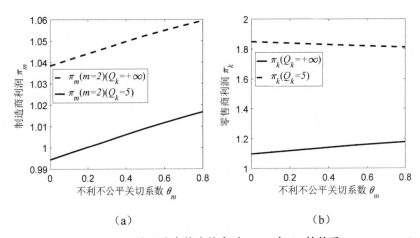

图5-5 有无库存能力约束时 π_m、π_k 与 θ_m 的关系

二、考虑风险规避的低碳供应链网络均衡决策分析

(一) 碳交易价格对低碳供应链网络均衡决策的影响

为了分析碳交易价格变化对低碳供应链网络成员均衡策略及利润的影响,取碳交易价格 $P_m = (1,2,3,4,5)$,可得这些情形下低碳供应链网络均衡模型的解,详见表 5-5。

表 5-5　碳交易价格变化对低碳供应链网络均衡的影响

变量	$P_m = 1$	$P_m = 2$	$P_m = 3$	$P_m = 4$	$P_m = 5$
q_{mk}	0.2197	0.2157	0.2122	0.2091	0.2063
P_k	11.3793	11.5899	11.7828	11.9582	12.1162
w_{mk}	8.1557	8.3296	8.4884	8.6324	8.7618
α_m	0.0439	0.0863	0.1273	0.1672	0.2063
π_m	1.4320	2.4095	3.3849	4.3584	5.3300
π_k	1.2233	1.2204	1.2180	1.2159	1.2137

表 5-5 表明,随碳交易价格的增加,零售商对产品的订购量不断减少,而制造商的产品减排率不断增加。此可以理解为,当碳交易价格增加时,制造商选择降低产量不仅可以出售剩余碳限额获利,也可以避免因超碳限额而产生过多碳成本,从而使得零售商的产品订购量降低。同时,制造商为了获得更多的剩余碳限额,也会选择努力提高产品减排率。价格方面,碳交易价格的增加导致产品批发价格和零售价格均上涨。这是由于碳交易价格的增加导致产品订购量降低并使得市场供给不断缩小,进而抬高了批发价格和零售价格。利润方面,随碳交易价格的增加,制造商的利润快速增长,而零售商的利润逐渐减少。这主要是由于碳排放量作为一个可交易的产品,制造商可以充分利用并使得自身利润最大化,而零售商的利润减少是因为订购量降低了。

(二) 风险规避对低碳供应链网络均衡决策的影响

为了探讨零售商风险规避特征对低碳供应链网络成员均衡策略的影响,本节将分别比较决策者具有风险中性、相同风险规避度以及不同风险规避度对系统网络成员均衡决策以及利润的影响。首先令碳交易价格 $P_m = 1$,零售商风险规避度 $\mu_k = (1,2,3,4,5)$,可得低碳供应链网络均衡模型的解如表 5-6 所示:

表 5-6 零售商风险规避特征对低碳供应链网络均衡的影响

变量	$\mu_k = 1$	$\mu_k = 2$	$\mu_k = 3$	$\mu_k = 4$	$\mu_k = 5$
q_{mk}	0.2197	0.2162	0.2158	0.2156	0.2155
P_k	11.3793	11.5630	11.5839	11.5919	11.5961
w_{mk}	8.1557	8.1175	8.1132	8.1116	8.1107
α_m	0.04390	0.04324	0.04316	0.04313	0.04311
π_m	1.4320	1.4184	1.4169	1.4163	1.4160
π_k	1.2233	1.3029	1.3117	1.3151	1.3170

表 5-6 表明,随风险规避系数的增加,零售商的产品订购量和制造商的产品减排率均减少。因此,当零售商存在风险规避特性时,其采取减少订购量的策略来规避因产品剩余或缺货引起的风险,并且订购量的减少也降低了制造商生产的积极性。由于制造商获得一定的碳配额,其可以适当增加制造碳排放量以减少碳减排投资成本。在价格方面,随风险规避系数的增加,产品零售价格逐渐上涨而批发价格却逐渐降低。这主要是由于风险规避系数的增加导致产品订购量降低,使得市场供给不断缩小,进而提高了零售价格。同时,考虑到产品订购量降低导致原材料采购成本下降,产品的批发价格也随之降低。在利润方面,随风险规避系数的增加,制造商的利润逐渐降低而零售商的利润逐渐上涨。这主要是由于订购量降低导致制造商利润下降,而零售商由于存在规避风险的特性,其利润反而升高。

为了分析零售商风险规避系数不相等时低碳供应链网络均衡决策过程,取其中一个零售商具有风险中性情形,令 $\mu_1 = 1$,并逐渐增加另一个零售商对产品需求不确定风险的规避态度,令 $\mu_2 = (1,2,3,4,5)$,可得此种情形下低碳供应链网络均衡模型的解如表 5-7 所示:

表 5-7 零售商风险规避系数不同时低碳供应链网络均衡分析

变量	$\mu_2 = 1$	$\mu_2 = 2$	$\mu_2 = 3$	$\mu_2 = 4$	$\mu_2 = 5$
q_{mk}	$\begin{pmatrix} 0.2197 \\ 0.2197 \end{pmatrix}$	$\begin{pmatrix} 0.22008 \\ 0.21585 \end{pmatrix}$	$\begin{pmatrix} 0.22013 \\ 0.21542 \end{pmatrix}$	$\begin{pmatrix} 0.22014 \\ 0.21526 \end{pmatrix}$	$\begin{pmatrix} 0.22015 \\ 0.21517 \end{pmatrix}$
P_k	$\begin{pmatrix} 11.3793 \\ 11.3793 \end{pmatrix}$	$\begin{pmatrix} 11.3590 \\ 11.5821 \end{pmatrix}$	$\begin{pmatrix} 11.3568 \\ 11.6049 \end{pmatrix}$	$\begin{pmatrix} 11.3559 \\ 11.6137 \end{pmatrix}$	$\begin{pmatrix} 11.3555 \\ 11.6183 \end{pmatrix}$

（续表）

变量	$\mu_2 = 1$	$\mu_2 = 2$	$\mu_2 = 3$	$\mu_2 = 4$	$\mu_2 = 5$
w_{mk}	$\begin{pmatrix} 8.1557 \\ 8.1557 \end{pmatrix}$	$\begin{pmatrix} 8.1389 \\ 8.1347 \end{pmatrix}$	$\begin{pmatrix} 8.1370 \\ 8.1323 \end{pmatrix}$	$\begin{pmatrix} 8.1363 \\ 8.1314 \end{pmatrix}$	$\begin{pmatrix} 8.1360 \\ 8.1310 \end{pmatrix}$
α_m	$\begin{pmatrix} 0.04390 \\ 0.04390 \end{pmatrix}$	$\begin{pmatrix} 0.04359 \\ 0.04359 \end{pmatrix}$	$\begin{pmatrix} 0.04355 \\ 0.04355 \end{pmatrix}$	$\begin{pmatrix} 0.04354 \\ 0.04354 \end{pmatrix}$	$\begin{pmatrix} 0.04353 \\ 0.04353 \end{pmatrix}$
π_m	$\begin{pmatrix} 1.4320 \\ 1.4320 \end{pmatrix}$	$\begin{pmatrix} 1.4252 \\ 1.4252 \end{pmatrix}$	$\begin{pmatrix} 1.4245 \\ 1.4245 \end{pmatrix}$	$\begin{pmatrix} 1.4242 \\ 1.4242 \end{pmatrix}$	$\begin{pmatrix} 1.4241 \\ 1.4241 \end{pmatrix}$
π_k	$\begin{pmatrix} 1.2233 \\ 1.2233 \end{pmatrix}$	$\begin{pmatrix} 1.22367 \\ 1.30190 \end{pmatrix}$	$\begin{pmatrix} 1.22370 \\ 1.31055 \end{pmatrix}$	$\begin{pmatrix} 1.22371 \\ 1.31385 \end{pmatrix}$	$\begin{pmatrix} 1.22372 \\ 1.31559 \end{pmatrix}$

由表5-7可知,随风险规避系数的增加,风险中性零售商的订购量增加,而风险规避零售商的订购量减少,并且前者大于后者。此可以解释为风险规避零售商为了规避产品剩余和缺货损失风险,降低了产品的订购量,此行为使得市场需求向风险中性零售商转移,从而使得风险中性零售商订购量增加。在价格方面,随风险规避系数的增加,风险中性零售商的零售价格减少,而风险规避零售商的零售价格增加,并且前者一直小于后者。这主要是由于风险中性零售商市场需求增加,其采用降低零售价格的策略,而风险规避零售商为了规避风险,采取提高零售价格的策略。在利润方面,随风险规避系数的增加,风险中性和风险规避零售商的利润都增加,但前者的增幅小于后者且前者的值一直小于后者。这主要是由于风险规避零售商采用提高零售价格的策略,使得自身利润不断提高,而风险中性零售商虽然订购量增加,但采取降低零售价格的策略,故利润缓慢增长。同时,由于零售商风险规避行为使得供应链系统的订购量降低,从而使得制造商的批发价格、减排率和利润都随风险规避系数的增加而减少。

（三）库存能力对低碳供应链网络均衡决策的影响

为了探讨零售商库存能力约束对系统网络均衡策略的影响,本节分别比较决策者具有无库存约束、不同库存约束以及同时存在风险规避与库存约束情形。首先取碳交易价格 $P_m = 1$,损失规避度 $\mu_k = 1$,零售商库存能力因子 $Q_k = (+\infty, 4, 3.5, 3, 2.5)$,并代入求解低碳供应链网络均衡模型,结果如表5-8所示。为了分析零售商库存能力约束不相等时低碳供应链网络均衡决策过程,取 $Q_1 = +\infty, Q_2 = (+\infty, 4, 3.5, 3, 2.5)$,代入求解低碳供应链网络均衡模型,结果如表5-9所示。

表5-8　　零售商库存能力约束对低碳供应链网络均衡的影响

变量	$Q_k = +\infty$	$Q_k = 4$	$Q_k = 3.5$	$Q_k = 3$	$Q_k = 2.5$
q_{mk}	0.2197	0.2000	0.1750	0.1500	0.1250
P_k	11.3793	12.5000	14.2857	16.6667	20.0000
w_{mk}	8.1557	7.9400	7.6662	7.3925	7.1187
α_m	0.0439	0.0400	0.0350	0.0300	0.0250
π_m	1.4320	1.3580	1.2740	1.2013	1.1398
π_k	1.2233	1.6640	2.1943	2.6922	3.1578
β_k	0.0000	0.1135	0.2848	0.5007	0.7881

表5-9　　零售商库存能力约束不同时低碳供应链网络均衡分析

变量	$Q_2 = +\infty$	$Q_2 = 4$	$Q_2 = 3.5$	$Q_2 = 3$	$Q_2 = 2.5$
q_{mk}	$\binom{0.2197}{0.2197}$	$\binom{0.22172}{0.20000}$	$\binom{0.22432}{0.17500}$	$\binom{0.22698}{0.15000}$	$\binom{0.22969}{0.12500}$
P_k	$\binom{11.3793}{11.3793}$	$\binom{11.2755}{12.5000}$	$\binom{11.1444}{14.2857}$	$\binom{11.0139}{16.6667}$	$\binom{10.8841}{20.0000}$
w_{mk}	$\binom{8.1557}{8.1557}$	$\binom{8.0698}{8.0480}$	$\binom{7.9610}{7.9116}$	$\binom{7.8525}{7.7755}$	$\binom{7.7443}{7.6396}$
α_m	$\binom{0.04390}{0.04390}$	$\binom{0.0422}{0.0422}$	$\binom{0.0399}{0.0399}$	$\binom{0.0377}{0.0377}$	$\binom{0.0355}{0.0355}$
π_m	$\binom{1.4320}{1.4320}$	$\binom{1.3980}{1.3980}$	$\binom{1.3574}{1.3574}$	$\binom{1.3195}{1.3195}$	$\binom{1.2842}{1.2842}$
π_k	$\binom{1.2233}{1.2233}$	$\binom{1.2249}{1.6207}$	$\binom{1.2270}{2.1084}$	$\binom{1.2291}{2.5773}$	$\binom{1.2313}{3.0276}$
β_k	$\binom{0.0000}{0.0000}$	$\binom{0.0000}{0.1027}$	$\binom{0.0000}{0.2603}$	$\binom{0.0000}{0.4624}$	$\binom{0.0000}{0.7360}$

由表5-8可知,当零售商存在库存能力约束时,拉格朗日乘子变为正数,这说明库存能力约束对低碳供应链的网络均衡状态产生了影响,且随着库存约束的增强其影响不断增加。其中,零售商库存能力约束增加使得订购量不断下降,造成产品供应市场紧张的局面,从而使得零售价格急速上涨,最终提高了零售商的利润。此外,由于库存能力约束限制,零售商降低了产品订购量,从而迫使制造商采取降低批发价格的策略,最终使得制造商利润下降。

由表 5-9 可知,随库存能力约束的增加,无能力约束零售商的订购量增加,而能力约束型的订购量减少,并且前者大于后者。此可以理解为受库存能力约束影响,产品市场需求由能力约束型零售商向无能力约束零售商转移,从而使得无能力约束零售商订购量增加。价格方面,无能力约束零售商的零售价格随库存能力约束的增加而减少,能力约束型零售商的零售价格随自身库存能力约束的增加而增加,且前者小于后者。这主要是由于无能力约束零售商市场需求增加,其采用降低零售价格的策略,而能力约束型零售商受库存约束影响,采取提高零售价格的策略。利润方面,无能力约束零售商的利润随库存能力约束的增加而缓慢增长,能力约束型零售商的利润随自身库存能力约束的增加而快速增长,且前者都小于后者。这主要是由于能力约束型零售商采用提高零售价格的策略,使得自身利润不断提高,而无能力约束零售商虽然订购量增加,但采取降低零售价格的策略,故利润缓慢增长。

为了分析零售商风险规避且库存能力约束时低碳供应链网络均衡决策过程,分别取 $Q_k = 4$, $\mu_k = (1,2,3)$ 和 $\mu_k = 2$, $Q_k = (+\infty, 4.2, 4.0, 3.8)$,并代入求解低碳供应链网络均衡模型,结果如表 5-10 所示:

表 5-10 零售商风险规避且库存能力约束对低碳供应链网络均衡的影响

变量	$\mu_k = 1$	$\mu_k = 2$	$\mu_k = 3$	$Q_k = +\infty$	$Q_k = 4.2$	$Q_k = 4.0$	$Q_k = 3.8$
q_{mk}	0.2000	0.2000	0.2000	0.2162	0.2100	0.2000	0.1900
P_k	12.5000	12.5000	12.5000	11.5630	11.9048	12.5000	13.1579
w_{mk}	7.9400	7.9400	7.9400	8.1175	8.04950	7.9400	7.8305
α_m	0.0400	0.0400	0.0400	0.04324	0.0420	0.0400	0.0380
π_m	1.3580	1.3580	1.3580	1.4184	1.3947	1.3580	1.3230
π_k	1.6640	1.6640	1.6640	1.3029	1.4428	1.6640	1.8800
β_k	0.1135	0.5286	0.9438	0.0000	0.1800	0.5286	0.9647

由表 5-10 可知,当固定库存能力约束而变化风险规避系数时,零售商的订购量不变,与自身风险规避系数无关。这与制造商公平关切偏好决策情形一致,由于存在库存能力约束,零售商进行订购决策时将较少考虑行为偏好的影响。同时,由于零售商的零售价格、制造商的批发价格和碳减排率都只与系统订购量有关,因此其值也保持不变。这说明,当存在库存能力约束时,零售商对风险偏好的考量将削弱,而适合进行风险中性行为决策。此外,当固定风险规

避系数而变化库存能力约束时,发现库存能力约束变动空间较小,说明风险规避行为增强了库存的限制作用。两种情形下,拉格朗日乘子都随零售商风险规避系数和库存能力约束的变大而快速增加,这与单独考虑库存能力约束时的缓慢变化趋势形成鲜明对比,表明零售商风险规避特性进一步增加了库存能力约束对低碳供应链网络均衡决策的影响。

本章小结

本章利用 FS 模型、分段效应函数和变分不等式理论,研究了考虑碳交易机制、公平关切和风险规避的低碳供应链网络均衡决策问题。主要结论如下:

(1) 在低碳供应链中,制造商有利的不公平关切行为不利于自身利润的增加,而不利不公平关切行为却能使其获得更多收益,并且零售商的利润也表现出相同的变化趋势。另外,当零售商存在库存能力限制时,制造商的有利不公平关切行为会进一步加深能力约束对低碳网络均衡定价决策的影响程度,而不利不公平关切行为则表现出相反的作用。

(2) 在碳排放的约束下,零售商的风险规避行为会有利于其收益的增加,但伴随的是低碳供应链中制造商的利润会降低,这就会迫使制造商采取降低碳减排率等措施以减少损失。这在一定程度上会打击制造商的积极性,也不利于企业的可持续发展。因此,为了推动制造商积极实施碳减排,可以采用合理的补贴政策,鼓励制造商投资低碳减排技术。

(3) 零售商因库存能力限制控制对产品的订购量,这样当市场需求量不断增加时,就很有可能出现供不应求的现象,从而推动产品的零售价格上涨。而制造商也会因为旺盛的市场需求而选择降低甚至放弃碳减排投资策略以减少成本增加收益。为了降低零售商扩大库存能力的风险顾虑,制造商可以采用合同契约分担零售商的风险,同时政府也可以利用优惠的土地政策和仓储租赁策略,鼓励零售商扩大仓库规模。

(4) 当零售商同时存在风险规避特性与库存能力约束时,风险规避行为会进一步加深能力约束对低碳网络均衡定价决策的影响程度。另外,受库存能力约束的影响,零售商对风险偏好的考量也会削弱。因此,当零售商存在库存能力约束时,零售商更适宜采取风险中性的态度进行决策。

结 语

一、主要工作及结论

本书基于"双碳"背景,综合运用博弈理论、行为因素理论、变分不等式理论等理论,从碳交易机制与行为因素的角度分析了低碳供应链成员的定价决策、减排决策以及利润分配等问题。主要工作如下:

(1)碳交易机制、减排技术投资以及决策者行为偏好之间的相互影响研究。在低碳供应链的行为特征与决策分析中,通过对低碳供应链内涵的定义,从消费者低碳偏好、供应链企业利润分配公平关切与市场销售风险规避三个角度分析了低碳供应链的行为特征,并从决策行为的视角对低碳供应链的决策动机、决策主体以及决策内容进行科学界定,进一步系统研究了消费者低碳偏好、利润公平关切和市场风险规避行为之间的相互影响。

(2)考虑行为偏好的低碳供应链成员单独定价决策研究。在低碳供应链成员单独定价决策中,制造商的利润分配公平关切行为会降低碳减排率并提高产品批发价格,进一步使得产品零售价格上涨和销量下降,最终降低供应链整体利润水平;而零售商的公平关切行为在提高供应链整体利润水平的同时,降低了产品的碳减排率和制造商的利润。此外,制造商采取规避市场销售风险而降低批发价格时,零售商利润会上涨。与单行为偏好决策相比,制造商同时关注公平与风险时,会进一步降低碳减排率。此外,当消费者低碳偏好需求较强时,零售商的公平关切行为和制造商的风险规避行为都会导致产品零售价格下降,并且也会降低供应链整体利润水平。

(3)考虑行为偏好的低碳供应链协调定价决策研究。在低碳供应链所有成员企业协调定价决策中,在行为中性或行为偏好的条件下,成本分担契约都能有效降低产品的批发价格与零售价格,并进一步提高碳减排率与产品订购量。此外,受价格和订购量的影响,零售商的期望利润随成本分担系数的增加而表现出先增后降的变化趋势,而制造商的期望利润与成本分担系数一直保持正相关。显然,该成本分担系数在取适当值以保证零售商利润增加的同时,必定也可以提高制造商的利润。

(4)考虑行为偏好的低碳供应链网络均衡定价决策研究。在考虑公平关切的低碳供应链网络均衡定价决策中,制造商因有利不公平关切行为而采取降低批发价格的策略,该行为虽然提高了产品订购量,但也降低了自身和零售商的利润。而不利不公平关切行为使制造商选择提高批发价格以获得更多收益,这也使得零售商的利润增加。另外,当零售商存在库存能力限制时,制造商的有利不公平关切行为降低了自身利润的同时却提高了零售商的利润,而制造商的不利不公平关切行为提高了自身利润的同时却降低了零售商的利润。在考虑风险规避的低碳供应链网络均衡定价决策中,为了规避市场风险,零售商采取了提高产品零售价格的策略以获得更高利润,但该行为不仅降低了产品的碳减排率,也降低了制造商的利润水平。而当存在库存能力限制时,虽然零售商的利润随能力约束的增强而上涨,但供不应求的现象将导致制造商采取降低碳减排率的策略。另外,如果零售商同时存在风险规避行为和库存能力约束,虽然风险规避行为增强了库存的限制作用,但零售商对风险的偏好的考量会削弱。

(5)碳交易价格对低碳供应链定价决策的影响分析研究。在低碳供应链定价决策过程中,不管成员是否具有行为偏好,产品的碳减排率始终与碳交易价格保持正相关。此外,在成员单独定价和网络均衡定价决策中,随着碳交易价格的增加,制造商将采取降低生产量的策略以获取更多碳交易市场带来的收益,该策略导致产品订购量不断下降,从而提高了批发价格和零售价格。而在协调定价决策过程中,当碳交易价格达到一定值时,零售商分担碳减排投资成本的行为又将进一步鼓励制造商加大生产,从而使得产品订购量表现出先减后增的变化趋势。与此同时,制造商因可以充分利用碳交易价格而使得自身利润不断上涨,零售商则因订购量与价格的影响,其利润同样呈现出先减后增的变化趋势。

二、研究展望

本书在低碳供应链定价决策问题上取得了一定成果,但由于决策者行为偏好的特殊性以及市场需求环境的复杂性,本书为方便建模与分析做了部分简化。基于本书的研究成果,可以从以下几个方面作进一步探讨。

(1)考虑$CVaR$风险度量法进行低碳供应链定价决策研究。本书考虑均值-方差法和损失规避法对低碳供应链成员的风险规避行为进行度量,并以此进行定价决策,而现实生活中,服从一定概率分布的风险值都是存在的。因此,后续研究可以将$CVaR$风险度量法作为研究的重点。

(2)考虑非线性需求函数和产品竞争特性对低碳供应链定价决策进行研究。本书设计的需求函数是与价格和碳减排率有关的线性形式,并且没有考虑普通产品与低碳产品的竞争特性,而非线性需求函数和产品竞争特性将会更加符合实际。因此,未来可以从需求函数与产品竞争等方面对低碳供应链进一步展开研究。

(3)考虑成本或需求信息不对称研究低碳供应链最优定价决策问题。在低碳供应链中,制造商因进行碳减排投资而对成本较为敏感,在与零售商合作过程中可能会谎报相关成本信息,而零售商因接近消费市场也可能隐瞒相关需求信息。因此,研究信息不对称下的低碳供应链定价决策问题具有一定的实际意义。

参考文献

一、著作类

[1]KINDERLEHRER D，STAMPACCHIA G．An introduction to variational inequalities and their application［M］．New York ：Academic Press，1980.

[2]NAGURNEY A. Network economics：A Variational Inequality Approach ［M］. 2th ed. Boston：Kluwer Academic Publishers，1999.

[3]MARKOWITZ H M. Portfolio selection：efficient diversification of investment［M］. New York：Wiley，1959.

二、论文类

[1]柏庆国,史宝珍,徐健腾.风险规避下二级供应链的低碳减排运营策略[J].系统工程，2019，37(3).

[2]曹细玉,吴晓志.碳税政策下的双渠道供应链碳减排技术创新协作策略[J].华中师范大学学报(自然科学版)，2020，54(5).

[3]曹晓刚,黄美,闻卉.考虑公平关切的闭环供应链差别定价决策及协调策略[J].系统工程理论与实践，2019，39(9).

[4]曹晓刚,郑本荣,夏火松,等.具有风险规避型零售商的闭环供应链网络均衡分析[J].控制与决策，2014，29(4).

[5]邓万江,马士华,关旭.碳交易背景下存在顾客环保偏好的双企业竞争策略研究[J].中国管理科学，2017，25(12).

[6]丁志刚,徐琪.碳限额与交易政策下供应链低碳技术投资时机研究[J].北

京理工大学学报(社会科学版)，2015,17(5).

[7]丁志刚,许惠玮,徐琪.绿色信贷支持下供应链低碳技术采纳决策研究[J].软科学，2020,34(12).

[8]段丁钰,周岩,张华民,等.考虑零售商不公平厌恶行为的供应链网络均衡研究[J].山东大学学报(理学版)，2017,52(5).

[9]范体军,杨鉴,骆瑞玲.碳排放交易机制下减排技术投资的生产库存[J].北京理工大学学报(社会科学版)，2012,14(16).

[10]黄志成,赵林度,王敏,等.碳排放交易制度差异下的国际供应链生产计划问题[J].中国管理科学，2017,25(11).

[11]胡凤英,周艳菊.双公平偏高下零售商主导低碳供应链的最优决策研究[J].系统科学学报，2018,26(4).

[12]姜林,张昱瑶,蹇洁.不同公平关切参照点下两制造商竞争的供应链决策模型[J].计算机集成制造系统，2019,25(1).

[13]蒋雨珊,李波.碳管制与交易政策下企业生产管理优化问题[J].系统工程，2014，32(2).

[14]蓝海燕,刘旭晖.碳税与减排技术投资下制造企业生产—库存运营[J].科技管理研究，2017,37(18).

[15]李广海,陈通.现代决策的基石:理性与有限理性研究述评[J].统计与决策，2008(3).

[16]李友东,夏良杰,王锋正.基于产品替代的低碳供应链博弈与协调模型[J].中国管理科学，2019，27(10).

[17]李波,李宜楠,侯丽婷,等.具有公平关切的零售商对双渠道供应链决策影响分析[J].控制与决策，2015，30(5).

[18]林贵华,冯文秀,杨振平.回收商参与的多阶段绿色闭环供应链竞争模型[J].中国管理科学，2021，29(6).

[19]刘广东,杨天剑,张雪梅.生产成本扰动下的风险规避双渠道供应链定价决策[J].计算机集成制造系统，2020，26(2).

[20]刘名武,万谧宇,付红.碳交易和低碳偏好下供应链低碳技术选择研究[J].中国管理科学，2018,26(1).

[21]刘名武,吴开兰,付红,等.消费者低碳偏好下零售商主导供应链减排合作

与协调[J]. 系统工程理论与实践，2017,37(12).

[22]刘名武,吴开兰,许茂增.面向消费者低碳偏好的供应链减排成本分摊与协调[J]. 工业工程与管理，2016, 21(4).

[23]刘作仪,查勇.行为运作管理:一个正在显现的研究领域[J]. 管理科学学报，2009,12(4).

[24]刘琦铀, 张成科, 宾宁, 等.公平关切及低碳视角下供应链两部定价契约问题研究[J]. 中国管理科学，2016, 24(10).

[25]刘阳,张桂涛.基于企业环保目标和消费者环保意识的闭环供应链网络决策研究[J].中国人口资源与环境，2019, 29(11).

[26]戚佛兰,周岩.考虑渠道公平的双渠道二层供应链网络均衡策略[J].计算机集成制造系统，2021, 27(5).

[27]曲朋朋,周岩.考虑制造商公平关切的闭环供应链网络均衡[J].山东大学学报(理学版)，2020, 55(5).

[28]申成然,刘小媛.考虑风险规避与碳减排的双渠道供应链决策[J].计算机工程与应用，2019,55(1).

[29]石松,颜波,石平.考虑公平关切的自主减排低碳供应链决策研究[J].系统工程理论与实践，2016,36(12).

[30]孙浩,胡劲松,钟永光,等.考虑零售商风险规避的闭环供应链网络均衡模型[J].统计与决策，2014(11).

[31]唐书传,刘云志,肖条军.考虑社会责任的供应链定价与碳减排决策[J].中国管理科学，2020,28(4).

[32]王文隆,王福乐,张涑贤.考虑低碳努力的双渠道供应链协调契约研究[J].管理评论，2021,33(4).

[33]王超胜,周岩,刘京,等.考虑公平关切和质量的服务供应链网络均衡决策研究[J].软科学，2018,32(5).

[34]王道平,赵超,程延平.考虑零售商质量控制和风险规避的供应链网络均衡研究[J].中国管理科学，2019,27(6).

[35]魏守道,周建波.碳税政策下供应链低碳技术研发策略选择[J]管理学报，2016,13(12).

[36]夏良杰,孔清逸,李友东,等.考虑交叉股权的低碳供应链减排与定价决策

研究[J].中国管理科学,2021,29(4).

[37]许民利,聂晓哲,简惠云.不同风险偏好下双渠道供应链定价决策[J].控制与决策,2016,31(1).

[38]许利民,王竟竟.模糊需求下基于 CVaR 的供应链定价与协调[J].计算机集成制造系统,2020,26(8).

[39]姚锋敏,滕春贤.公平关切下的两零售商竞争闭环供应链决策模型[J].计算机集成制造系统,2017,23(8).

[40]于晓辉,李敏,叶兆兴,等.基于公平关切的双渠道低碳供应链博弈分析[J].系统科学与数学,2021,41(1).

[41]余利娥,施国洪,陈敬贤.基于低碳偏好差异的双渠道供应链定价策略[J].统计与决策,2019,3(1).

[42]杨仕辉,肖导东.两级低碳供应链渠道选择与协调[J].软科学,2017,31(3).

[43]张李浩,孔雅雯,王嘉燕.基于策略型消费者低碳偏好的企业两阶段生产博弈均衡[J].计算机集成制造系统,2020,26(11).

[44]张鹏,张杰,马俊.行为供应链决策模型研究文献综述[J].科技管理研究,2014,34(2).

[45]张霖霖,姚忠.基于顾客退货的风险规避双渠道供应链最优策略[J].计算机集成制造系统,2015,21(3).

[46]张桂涛,孙浩,胡劲松.考虑库存能力约束的多周期闭环供应链网络均衡[J].管理工程学报,2017,31(1).

[47]张桂涛,王广钦,赵欣语,等.碳配额交易体系下闭环供应链网络的生产与碳交易策略研究[J].中国管理科学,2021,29(1).

[48]郑英杰,周岩.基于横向和纵向公平偏好的二层供应链网络均衡决策[J].中国管理科学,2019,27(4).

[49]周岩,胡劲松,王新川,等.政府关于碳排放调控机制下的供应链网络 Stackelberg-Nash 均衡研究[J].中国管理科学,2015,23(S1).

[50]AHMADI-JAVID A, HOSEINPOUR P. A location-inventory pricing model in a supply chain distribution network with price-sensitive demands and inventory-capacity constraints[J]. Transportation Research

Part E: Logistics and Transportation Review, 2015,82.

[51]AI X, CHEN J, ZHAO H, et al. Competition among supply chains: implications of full returns policy[J]. International Journal of Production Economics, 2012, 139(1).

[52]ARSHINDER, KANDA A, DESHMUKH S G. Supply chain coordination: Perspectives, empirical studies and research directions[J]. International Journal of Production Economics, 2008,115(2).

[53]BAI Q G,MENG F W. Impact of risk aversion on two-echelon supply chain systems with carbon emission reduction constraints[J]. Journal of Industrial and Management Optimization, 2020,16(4).

[54]BAI Q G,XU J T,CHAUHAN S. Effects of sustainability investment and risk aversion on a two-stage supply chain coordination under a carbon tax policy[J]. Computers & Industrial Engineering, 2020,142.

[55]CHAN C K, ZHOU Y,WONG K H. An equilibrium model of the supply chain network under multi-attribute behaviors analysis[J]. European Journal of Operational Research, 2019, 275(2).

[56]CHEN H K,CHOU H W. Supply chain network equilibrium problem with capacity constraints[J]. Papers in Regional Science, 2008,87(4).

[57]CHEN X, WANG X J, KUMAR V, et al. Low carbon warehouse management under cap-and-trade policy[J]. Journal of Cleaner Production, 2016,139.

[58]CHEN X, LUO Z, WANG X J. Impact of efficiency, investment, and competition on low carbon manufacturing[J]. Journal of Cleaner Production, 2017,143.

[59]CHEN X,WANG X J,CHAN H K. Manufacturer and retailer coordination for environmental and economic competitiveness: a power perspective[J]. Transportation Research Part E, 2017,97.

[60]CHOUDHARY A, SARKAR S, SETTUR S, et al. A carbon market sensitive optimization model for integrated forward-reverse logistics[J]. International Journal of Production Economics, 2015, 164.

[61]CHIU C H,CHOI T M, TANG C S. Price, rebate, and returns supply contracts for coordinating supply chains with price-dependent demands [J]. Production and Operations Management, 2011, 20(1).

[62]CUI T H, RAJU J S, ZHANG Z J. Fairness and channel coordination [J]. Management Science, 2007,53(8).

[63]DAS C, JHARKHARIA S. Low carbon supply chain: a state-of-the-art literature review[J]. Journal of Manufacturing Technology Management, 2018, 29(2).

[64]DING H P, ZHAO Q L, AN Z R, et al. Collaborative mechanism of a sustainable supply chain with environmental constraints and carbon caps [J]. International Journal of Production Economics, 2016,181.

[65]DOMINGUEZ R, PONTE B, CANNELLA S, et al. On the dynamics of closed-loop supply chains with capacity constraints[J]. Computers & Industrial Engineering, 2019,128.

[66]DONG J, ZHANG D, NAGURNEY A. A supply chain network equilibrium model with random demands[J]. European Journal of Operational Research, 2004,156(1).

[67]DU S F,HU L,SONG M L. Production optimization considering environmental performance and preference in the cap-and-trade system[J]. Journal of Cleaner Production, 2016,112.

[68]GHOSH D, SHAH J. A comparative analysis of greening policies across supply chain structures[J]. International Journal of Production Economics, 2012,135 (2).

[69]HALAT K, HAFEZALKOTOB A. Modeling carbon regulation policies in inventory decisions of a multi-stage green supply chain: a game theory approach[J]. Computers & Industrial Engineering, 2019,128.

[70]HAMMOND D, BEULLENS P. Closed-loop supply chain network equilibrium under legislation[J]. European Journal of Operational Research, 2007,183(2).

[71]HE L F,MAO J,HU C L, et al. Carbon emission regulation and opera-

tions in the supply chain supernetwork under stringent carbon policy [J]. Journal of Cleaner Production，2019，238.

[72]HE P，ZHANG W，XU X Y，et al. Production lot-sizing and carbon emissions under cap-and-trade and carbon tax regulations[J]. Journal of Cleaner Production，2015，103.

[73]HEYDARI J，NOROUZINASAB Y. A two-level discount model for coordinating a decentralized supply chain considering stochastic price-sensitive demand[J]. Journal of Industrial Engineering International，2015，11(4).

[74]HEYDARI J，GOVINDAN K，JAFARI A. Reverse and closed loop supply chain coordination by considering government role[J]. Transportation Research Part D：Transport and Environment，2017，52.

[75]HEYDARI J，RASTEGAR M，GLOCK C H. A two-level delay in payments contract for supply chain coordination：the case of credit-dependent demand[J]. International Journal of Production Economics，2017，191(1).

[76]HUANG F Y，HE J，LEI Q. Coordination in a retailer-dominated supply chain with a risk-averse manufacturer under marketing dependency [J]. International Transactions in Operational Research，2020，27(6).

[77]HUANG Y S，FANG C C，LIN Y A. Inventory management in supply chains with consideration of Logistics，green investment and different carbon emissions policies[J]. Computers & Industrial Engineering，2020，139.

[78]JABBOUR C J C，NETO A S，GOBBO J A，et al. Eco-innovations in more sustainable supply chains for a low-carbon economy：a multiple case study of human critical success factors in Brazilian leading companies[J]. International Journal of Production Economics，2015，164.

[79]JIAN J，LI B，ZHANG N，et al. Decision-making and coordination of green closed-loop supply chain with fairness concern[J]. Journal of Cleaner Production，2021，298.

［80］JIANG W,CHEN X. Optimal strategies for low carbon supply chain with strategic customer behavior and green technology investment［J］. Discrete Dynamics in Nature and Society，2016，2016.

［81］JI J N,ZHANG Z Y,YANG L. Carbon emission reduction decisions in the retail-dual-channel supply chain with consumers' preference［J］. Journal of Cleaner Production，2017，141.

［82］KENNEDY M, DINH V N, BASU B. Analysis of consumer choice for low-carbon technologies by using neural networks［J］. Journal of Cleaner Production，2016，112.

［83］KUHN F, GEORGE C. Business cycle implications of capacity constraints under demand shocks［J］. Review of Economic Dynamics，2019，32.

［84］LI B,CHEN P,LI Q H，et al. Dual-channel supply chain pricing decisions with a risk-averse retailer［J］. International Journal of Production Research，2014，52(23).

［85］LI B,ZHU M Y,JIANG Y S, et al. Pricing policies of a competitive dual-channel green supply chain［J］. Journal of Cleaner Production，2016，112.

［86］LI Q Q,XIAO T J,QIU Y Z. Price and carbon emission reduction decisions and revenue-sharing contract considering fairness concerns［J］. Journal of Cleaner Production，2018，190.

［87］LIU L W, CHEN C X, ZHAO Y F, et al. China's carbon-emissions trading：overview, challenges and future［J］. Renewable and Sustainable Energy Reviews，2015，49.

［88］LIU P. Pricing policies and coordination of low-carbon supply chain considering targeted advertisement and carbon emission reduction costs in the big data environment［J］. Journal of Cleaner Production，2019，210.

［89］LIU Z G,WANG J. Supply chain network equilibrium with strategic supplier investment：a real options perspective［J］. International Journal of Production Economics，2019，208.

[90]LIU Z G，WANG J. Supply chain network equilibrium with strategic financial hedging using futures[J]. European Journal of Operational Research，2019，272(3).

[91]LIU Z，LANG L L，HU B，et al. Emission reduction decision of agricultural supply chain considering carbon tax and investment cooperation [J]. Journal of Cleaner Production，2021，249.

[92]LIU Z，ZHENG X X，GONG B G，et al. Joint decision-making and the coordination of a sustainable supply chain in the context of carbon tax regulation and fairness concerns[J]. International Journal of Environmental Research and Public Health，2017，14(12).

[93]LOCH C H，WU Y. Social preferences and supply chain performance：an experimental study [J]. Management Science，2008，54(11).

[94]MICHELI G J L，MANTELLA F. Modeling an environmentally-extended inventory routing problem with demand uncertainty and a heterogeneous fleet under carbon control policies[J]. International Journal of Production Economics，2018，204.

[95]NAGURNEY A，ZHAO L. Variational inequalities and Networks in the formulation and computation of market equlilbria and disequilibria：the case of direct demand functions[J]. Transportation Science，1993，27(1).

[96]NAGURNEY A，DONG J，ZHANG D. A supply chain network equilibrium model [J]. Transportation Research Part E：Logistics and Transportation Review，2002，38(5).

[97]NAGURNEY A，CRUZ J，DONG J，et al. Supply chain networks，electronic commerce，and supply side and demand side risk[J]. European Journal of Operational Research，2005，164(1).

[98]NAGURNEY A，LIU Z G，WOOLLEY T. Sustainable supply chain and transportation networks[J]. International Journal of Sustainable Transportation，2007，1(1).

[99]NAGURNEY A. Supply chain network design under profit maximization and oligopolistic competition[J]. Transportation Research Part E: Logistics and Transportation Review, 2010,46(3).

[100]NAGURNEY A, SALARPOUR M, DANIELE P. An integrated financial and logistical game theory model for humanitarian organizations with purchasing costs, multiple freight service providers, and budget, capacity, and demand constraints[J]. International Journal of Production Economics, 2019, 212.

[101]NOUIRA I, FREIN Y, HADJ-ALOUANE A B. Optimization of manufacturing systems under environmental considerations for a greenness-dependent demand [J]. International Journal of Production Economics, 2014,150.

[102]PASTERNACK B A. Optimal pricing and return policies for perishable commodities[J]. Marketing Science, 1985,4(2).

[103]PENG H J, PANG T, CONG J. Coordination contracts for a supply chain with yield uncertainty and low-carbon preference[J]. Journal of Cleaner Production, 2018, 205.

[104]QI L M,LIU L,JIANG L W, et al. Optimal operation strategies under a carbon cap-and-trade mechanism: a capital-constrained supply chain incorporating risk aversion[J]. Mathematical Problems in Engineering, 2020, 2020.

[105]QI Q, WANG J,BAI Q G. Pricing decision of a two-echelon supply chain with one supplier and two retailers under a carbon cap regulation [J]. Journal of Cleaner Production, 2017,151.

[106]REZAPOUR S, ZANJIRANI - FARAHANI R, GHODSIPOUR S H, et al. Strategic design of competing supply chain networks with foresight[J]. Advances in Engineering Software, 2011,42(4).

[107]SARKAR S,BHALA S. Coordinating a closed loop supply chain with fairness concern by a constant wholesale price contract[J]. European Journal of Operational Research, 2021, 295(1).

[108]SRIVASTAVA S K. Green supply-chain management: a state-of-the-art literature review[J]. International Journal of Management Reviews, 2007,9(1).

[109]SUN L C,CAO X X,ALHAREHI M, et al. Carbon emission transfer strategies in supply chain with lag time of emission reduction technologies and low-carbon preference of consumers[J]. Journal of Cleaner Production, 2020, 264.

[110]SUN H,LI J,ZHANG G T. Research on closed-loop supply chain network equilibrium with two-type suppliers, risk-averse manufacturers and capacity constraints[J]. Journal of Industrial Engineering and Management, 2015,8(2).

[111]TAYLOR T A. Supply chain coordination under channel rebates with sales effort effects[J]. Management Science, 2002,48(8).

[112]WALTHO C, ELHEDHLI S, GZARA F. Green supply chain network design: a review focused on policy adoption and emission quantification[J]. International Journal of Production Economics, 2019, 208.

[113]WANG Y Y,SU M,SHEN L, et al. Decision-making of closed-loop supply chain under Corporate Social Responsibility and fairness concerns[J]. Journal of Cleaner Production, 2021, 284.

[114]WANG S Y,WAN L,LI T S, et al. Exploring the effect of cap-and-trade mechanism on firm's production planning and emission reduction strategy[J]. Journal of Cleaner Production, 2018,172.

[115]WAN X L,JIANG B C,LI Q Q, et al. Dual-channel environmental hotel supply chain network equilibrium decision under altruism preference and demand uncertainty[J]. Journal of Cleaner Production, 2020, 271.

[116]XING E F,SHI C D,ZHANG J X, et al. Double third-party recycling closed-loop supply chain decision under the perspective of carbon trading[J]. Journal of Cleaner Production, 2020, 259.

[117]XIONG H,CHEN B,XIE J. A composite contract based on buy back and quantity flexibility contracts[J]. European Journal of Operational Research, 2011, 210(3).

[118]XU C,HAO G. Sustainable pricing and production policies for two competing firms with carbon emissions tax[J]. International Journal of Production Research, 2015,53(21).

[119]XU G Y,DAN B,ZHANG X M, et al. Coordinating a dual-channel supply chain with risk-averse under a two-way revenue sharing contract[J]. International Journal of Production Economics, 2014,147.

[120]XU L,WANG C X,ZHAO J J. Decision and coordination in the dual-channel supply chain considering cap-and-trade regulation[J]. Journal of Cleaner Production, 2018,197.

[121]XU X Y, XU X P, HE P. Joint production and pricing decisions for multiple products with cap-and-trade and carbon tax regulations[J]. Journal of Cleaner Production, 2016,112.

[122]YANG H, ZHUO W, SHAO L. Equilibrium evolution in a two-echelon supply chain with financially constrained retailers: the impact of equity financing[J]. International Journal of Production Economics, 2017,185.

[123]YANG H X,CHEN W B. Retailer-driven carbon emission abatement with consumer environmental awareness and carbon tax: revenue-sharing versus cost-sharing[J]. Omega, 2018,78.

[124]YANG L,CAI G S,CHEN J. Push, pull, and supply chain risk-averse attitude[J]. Production and Operations Management, 2018, 27(8).

[125] YOSHIHARA R, MATSUBAYASHI N. Channel coordination between manufacturers and competing retailers with fairness concerns [J]. European Journal of Operational Research, 2021, 290(2).

[126]YU M,CRUZ J M,LI D M. The sustainable supply chain network competition with environmental tax policies[J]. International Journal of Production Economics, 2019, 217.

［127］ZAKERI A，DEHGHANIAN F，FAHIMNIA B，et al. Carbon pricing versus emissions trading：a supply chain planning perspective［J］. International Journal of Production Economics，2015，164.

［128］ZHANG B，XU L. Multi-item production planning with carbon cap and trade mechanism［J］. International Journal of Production Economics，2013，144(1).

［129］ZHANG G M，DAI G X，SUN H，et al. Equilibrium in supply chain network with competition and service level between channels considering consumers' channel preferences［J］. Journal of Retailing and Consumer Services，2020，57.

［130］ZHAO S L，ZHU Q H. A risk-averse marketing strategy and its effect on coordination activities in a remanufacturing supply chain under market fluctuation［J］. Journal of Cleaner Production，2018，171.

［131］ZHOU Y J，HU F Y，ZHOU Z L. Pricing decisions and social welfare in a supply chain with multiple competing retailers and carbon tax policy［J］. Journal of Cleaner Production，2018，190.

［132］ZHOU Y J，BAO M J，CHEN X H，et al. Co-op advertising and emission reduction cost sharing contracts and coordination in low-carbon supply chain based on fairness concerns［J］. Journal of Cleaner Production，2016，133.

后　记

本书是在我博士学位论文的基础上修改、完善，并最终成稿。在中南大学交通运输工程学院求学的四年多时间，是我毕生难忘的美好时光。回忆起这段美丽而幸福的历程，我心中充满了无限的感慨与感激。

六年前，我有幸拜师于中南大学秦进教授门下攻读博士学位，非常感激秦老师多年来的谆谆教诲和悉心指导。为了激励我尽早完成博士论文的撰写，秦老师为我制订了明确的写作计划，但由于工作的原因，有时候我还是不能按期完成，当深夜收到秦老师询问论文写作的信息时，心中充满了愧疚。如果没有秦老师每时每刻的关怀，我很难顺利完成博士论文的写作。论文从选题、研究思路、研究方法以及论文撰写等各个方面都凝聚了秦老师的辛勤指导与无私帮助。秦老师渊博的学识、严谨的治学态度、开阔的学术视野、平易近人的作风以及求真务实的学者风范都深深地感染着我，也将使我在今后的工作、学习、生活当中受益终身。在此谨向秦老师及家人致以诚挚的谢意和美好的祝福。

我还要感谢中南大学交通运输工程学院的各位老师们，他们勤勉严谨的治学态度和淡泊名利的高尚品格深深地影响着我。感谢史峰老师、符卓老师、邓连波老师、张得志老师、季彬老师、周文梁老师、徐光明老师等在教学及科研过程中对我的指导与帮助。同时感谢汤兆平、向慧、张威、洪健、申纯燕、侯君红、吴旋科、曾艺佳、屈文萱、周颖靓、苏永逸、谭宇超、陈学伟、郝丽娜、杨康、徐玖龙、黎熙琼、杨淑君、吴志军、叶青、王聪慧等各位师兄、师姐、师弟、师妹们在我写作过程提供的无私帮助。

我还要感谢湖南财政经济学院的领导和同事们的鼓励和支持。学校不仅提供了较好的科研实验平台,而且鼓励和支持广大教师和科研人员撰写具有较高学术价值和处于学术研究前沿的专著,本书获得湖南财政经济学院学术专著资助基金资助出版。正是由于湖南财政经济学院的研究环境和基础设施、领导支持和政策保障、经费和时间等,本书的撰写工作才得以顺利完成。

此外,本书在写作过程中,我参考了许多国内外最新的研究成果和大量的文献资料,他们的思想也为我的写作提供了很大的帮助。在此一并表示衷心的感谢!

邹 浩

2023 年 7 月